Давайте общаться!

Themenwortschatz Russisch

Cornelsen

Inhalt

Abkürzungen:

Abk.	Abkürzung
Adv.	Adverb
Akk.	Akkusativ
allg.	allgemein
Dat.	Dativ
eigentl.	eigentlich
etw.	etwas
Gen.	Genitiv
Instr.	Instrumental
jmdm.	jemandem
jmdn.	jemanden
Komp.	Komparativ
m.	männlich
Nom.	Nominativ
Pers.	Person
Pl.	Plural
Präp.	Präpositiv
Prät.	Präteritum
s. S.	siehe Seite
Sg.	Singular
Subst.	Substantiv
ugs.	umgangssprachlich
w.	weiblich
wörtl.	wörtlich
zielger.	zielgerichtet

1

Über sich und andere | О себе и о других

Wie heißt du?	**Как тебя́ зову́т?**
heißen, nennen	**звать** *кого?* Akk. *как?*
Wie heißt du (heißen Sie, heißt er, sie)?	Как тебя́ (Вас, его́, её) зову́т?
Ich heiße (Er, Sie heißt) ...	Меня́ (Его́, Её) зову́т ...
Name, Vorname	**и́мя** (*Pl.* имена́, имён)
Wie ist dein (Ihr, sein, ihr) Vorname?	Как твоё (Ва́ше, его́, её) и́мя?
Familienname, Nachname	**фами́лия**
Wie ist dein (Ihr, sein, ihr) Familienname?	Как твоя́ (Ва́ша, его́, её) фами́лия?

Neben dem Vor- und dem Nachnamen gibt es im Russischen den Vatersnamen – о́тчество. Die Anrede mit Vor- und Vatersnamen wird im offiziellen Umgang sowie gegenüber älteren und höher gestellten Personen verwendet. О́тчество wird vom Vornamen des Vaters abgeleitet:

Vorname d. Vaters	→	о́тчество für einen Mann	о́тчество für eine Frau
Влади́мир	→	Влади́мир**ович**	Влади́мир**овна**
Пётр	→	Петр**о́вич**	Петр**о́вна**
Серге́й	→	Серге́**евич**	Серге́**евна**
Игорь	→	И́гор**евич**	И́гор**евна**
Ники́та	→	Ники́т**ич**	Ники́т**ична**
Илья́	→	Иль**и́ч**	Иль**и́нична**

In Fragebögen wird die Namensangabe (фами́лия, и́мя, о́тчество) oft mit ФИО abgekürzt.

In der Schule werden wir mit Vornamen, manchmal mit Nachnamen angeredet.	В шко́ле нас называ́ют по и́мени, иногда́ по фами́лии.
Ich habe einen Doppelnamen (Doppelnachnamen).	У меня́ двойно́е и́мя (двойна́я фами́лия).
Mein vollständiger Name ist ...	Моё по́лное и́мя – ...
jmdn. **kennen lernen**	**познако́миться/знако́миться** с *кем?* Instr.
jmdn. miteinander bekannt machen	познако́мить/знако́мить *кого?* Akk. с *кем?* Instr.
sich *jmdm.* **vorstellen**	**предста́виться/представля́ться** *кому?* Dat.
Ich möchte mich vorstellen, ich heiße ...	Разреши́те предста́виться, меня́ зову́т ...
Du kannst mich einfach ... nennen.	Мо́жно про́сто ...
Freunde nennen mich einfach ...	Друзья́ зову́т меня́ про́сто ...
Kennen Sie sich (Kennt ihr euch) nicht?	Вы не знако́мы?
Ich möchte Ihnen (euch) ... vorstellen.	Разреши́те предста́вить вам ... *кого?* Akk.
Machen Sie sich (Macht euch) bekannt, ...	Знако́мьтесь, э́то ...
Sehr angenehm.	О́чень прия́тно.
Nett, Sie (dich) kennen zu lernen.	Прия́тно (с Ва́ми, с тобо́й) познако́миться.
Wir kennen uns schon.	А мы уже́ знако́мы.
~ haben uns schon bekannt gemacht.	~ познако́мились.

Wie alt bist du? / Ско́лько тебе́ лет?

Wie alt bist du (sind Sie, ist er, sie)?	Ско́лько тебе́ (Вам, ему́, ей) лет? *кому?* Dat.

Мне (Тебе́, Ему́, Ей) ...
~ 1 (21, 31 ...) год. ~ 2, 3, 4 (23, 42 ...) го́да. ~ 5–20 (25, 47...) лет.

Im Dezember werde ich 18.	В декабре́ мне бу́дет восемна́дцать.
Sie ist nicht älter als 12 Jahre.	Ей не бо́льше двена́дцати лет.
Alter, im Alter von ... Jahren	**во́зраст**, в во́зрасте *скольких?* Gen. лет
Im Alter von fünf Jahren spielte er schon Geige.	В во́зрасте пяти́ лет он уже́ игра́л на скри́пке.
seit dem Alter von ... Jahren	с(о) *скольких?* лет Gen.
Ich spiele Fußball seit ich sechs bin.	Я игра́ю в футбо́л с шести́ лет.

Ich bin kein Kind mehr. / Я уже́ не ребёнок.

Mensch	**челове́к** (*Pl.* лю́ди)
junger ~, älterer ~, alter ~	молодо́й ~, пожило́й ~, ста́рый ~
Kind	**ребёнок** (*Pl.* де́ти)
Teenager, Teenagerin	**подро́сток** (*Pl.* подро́стки), **де́вочка-подро́сток**
Jugendlicher, junger Mann	ю́ноша, молодо́й челове́к, па́рень *m.*
junges Mädchen, junge Frau	де́вушка
junge Leute	молоды́е лю́ди, молодёжь *w.*

Kindheit; in der ~, seit der ~	де́тство; в де́тстве, с де́тства
Schon als Kind hat er sich für Schach interessiert.	Ещё ребёнком он интересова́лся ша́хматами. ↗ Hobbys: s. S. 44
Jugend, junge Jahre	ю́ность *w.*, мо́лодость *w.*
in der Jugend, seit der Jugend	в ю́ности (в мо́лодости), с мо́лодости
Als junger Mann spielte mein Vater Tennis.	В мо́лодости мой оте́ц игра́л в те́ннис.

volljährig	**совершеннолéтний**
~ werden	стать *каким?* Instr. совершеннолéтним, совершеннолéтней, совершеннолéтними
Volljährigkeit	совершеннолéтие
In einem Jahr werde ich volljährig.	Чéрез год я стáну совершеннолéтним (совершеннолéтней).
erwachsen, Erwachsener	**взрóслый** (*Pl.* взрóслые)
erwachsen werden	стать *каким?* Instr. взрóслым (взрóслой), повзрослéть/взрослéть
Ich möchte schnell erwachsen werden.	Я хочý быстрéе стать взрóслым (взрóслой).
Er ist schnell erwachsen geworden.	Он бы́стро повзрослéл.
Erwachsenenalter, im ~	зрéлый вóзраст, в зрéлом вóзрасте
hohes Alter	стáрость *w.*
im hohen Alter, bis ins hohe Alter	в стáрости, до стáрости

Wann und wo bist du geboren? / Когдá и где ты роди́лся (родилáсь)?

geboren sein	**роди́ться**
Ich bin am 12. Februar 1985 geboren.	Я роди́лся (родилáсь) 12 февраля́ 1985 гóда.
~ 1985 geboren.	~ в 1985 годý. Präp. ↗ Datumsangabe: s. S. 147
Meine Eltern kommen aus Polen, aber mein Bruder und ich sind in Deutschland geboren.	Мои́ роди́тели из Пóльши, но мы с брáтом родили́сь в Гермáнии.
Geburtsdatum und Geburtsort	**дáта и мéсто рождéния**
Geben Sie Ihr Geburtsdatum und -ort an.	Укажи́те дáту и мéсто своегó рождéния.
Welcher Jahrgang bist du?	Какóго ты гóда рождéния?
Meine Mutter ist Jahrgang 75.	Моя́ мáма 75-го гóда рождéния.
Geburtstag	**день рождéния** *чей? у кого?* Gen. ↗ Feste: s. S. 76
Mein Geburtstag ist am 12. April.	Мой день рождéния 12 апрéля.
Mein Bruder hat am 7. Juli Geburtstag.	У моегó брáта день рождéния 7 ию́ля.

Welches Sternzeichen bist du? / Кто ты по гороскóпу?

Sternzeichen	**знак зодиáка**
Ich bin Fisch.	По гороскóпу я – Ры́бы. ↗ Charaktereigenschaften: s. S. 18
Mein Freund ist Krebs.	Мой друг роди́лся под знáком Рáка. *чего?* Gen.
Steinbock	Козерóг (22 декабря́ – 20 января́)
Wassermann	Водолéй (21 января́ – 19 февраля́)
Fische	Ры́бы (20 февраля́ – 20 мáрта)
Widder	Óвен (21 мáрта – 20 апрéля)
Stier	Телéц (21 апрéля – 20 мáя)
Zwillinge	Близнецы́ (21 мáя – 21 ию́ня)
Krebs	Рак (22 ию́ня – 22 ию́ля)
Löwe	Лев (23 ию́ля – 23 áвгуста)

Jungfrau 	Де́ва (24 а́вгуста – 23 сентября́)
Waage 	Весы́ (24 сентября́ – 23 октября́)
Skorpion 	Скорпио́н (24 октября́ – 22 ноября́)
Schütze 	Стреле́ц (23 ноября́ – 21 декабря́)
Horoskope interessieren mich nicht.	Горoско́пы меня́ не интересу́ют.

Woher kommst du? / Отку́да ты ро́дом?

Ich komme aus Berlin.	Я из Берли́на.
Eigentlich komme ich aus Jena, wohne jetzt aber in München.	Вообще́ я из Йе́ны, но сейча́с живу́ в Мю́нхене.
Meine Eltern stammen aus Russland.	Мои́ роди́тели ро́дом из Росси́и.
Herkunft	**происхожде́ние**
von der ~	по происхожде́нию
Ich bin russischer Herkunft, fühle mich aber als Deutscher (Deutsche).	По происхожде́нию я ру́сский (ру́сская), но чу́вствую себя́ не́мцем (не́мкой). ↗ Nationalitäten: s. S. 84–85
Mein Freund ist russisch-deutscher Herkunft.	Мой друг ру́сско-неме́цкого происхожде́ния.
umziehen	перее́хать/переезжа́ть
umsiedeln	пересели́ться/переселя́ться
Spätaussiedler	переселе́нец (*Pl.* переселе́нцы)
Wir sind Spätaussiedler und sind 1994 aus Kasachstan nach Deutschland gekommen.	Мы переселе́нцы, перее́хали в Герма́нию из Казахста́на в 1994 году́.
kommen (*hier:* Wohnsitz aufnehmen, ziehen)	прие́хать/приезжа́ть
Wir sind nach Deutschland gekommen, als ich sechs war.	Мы прие́хали в Герма́нию, когда́ мне бы́ло шесть лет.

Ist deine Familie groß? / У вас больша́я семья́?

Familie	**семья́**
Familienmitglieder	чле́ны семьи́
Eltern	**роди́тели**
Mutter	мать (*Pl.* ма́тери), *ugs.* ма́ма
Vater	оте́ц (*Pl.* отцы́), *ugs.* па́па
Meine Eltern sind geschieden.	Мои́ роди́тели в разво́де/разведены́.
~ leben getrennt.	~ не живу́т вме́сте. ↗ Hochzeit: s. S. 26
alleinerziehende Mutter, alleinerziehender Vater	мать-одино́чка, оте́ц-одино́чка
Ich wohne bei meiner Mutter (bei meinem Vater).	Я живу с ма́мой (с отцо́м).
Stiefvater, Stiefmutter	о́тчим, ма́чеха
Sohn	сын (*Pl.* сыновья́, Gen. сынове́й)
Tochter	дочь (*Pl.* до́чери, Gen. дочере́й), *ugs.* до́чка
Bruder	**брат** (*Pl.* бра́тья, Gen. бра́тьев)
Schwester	**сестра́** (*Pl.* сёстры, Gen. сестёр)
Halb~, Stief~	сво́дный ~, сво́дная ~
Hast du Geschwister?	У тебя́ есть бра́тья и сёстры?

Ich habe keine Geschwister.	У меня́ нет бра́тьев и сестёр.
Ich bin Einzelkind.	Я еди́нственный ребёнок в семье́.
Ich habe einen Bruder, aber keine Schwester.	У меня́ есть брат, но нет сестры́.
Ich habe einen Stiefbruder und eine Stiefschwester.	У меня́ сво́дные брат и сестра́.
Bald bekomme ich ein Geschwisterchen.	Ско́ро у меня́ роди́тся бра́тик и́ли сестрёнка.
jüngerer, der jüngste	мла́дший
älterer, der älteste	ста́рший
Ich habe eine ältere Schwester.	У меня́ есть ста́ршая сестра́.
Ich bin der jüngste (die jüngste) in der Familie.	Я са́мый мла́дший (са́мая мла́дшая) в семье́.
älter (jünger) als	**ста́рше (мла́дше)** *кого?* Gen. на *сколько?* лет
Mein Bruder ist acht Jahre älter als ich.	Мой брат ста́рше меня́ на во́семь лет.
Kinder haben	име́ть дете́й *кого?* Akk.
Sie haben drei Kinder: zwei Söhne und eine Tochter.	У них тро́е дете́й: два сы́на и дочь.
Sie haben keine Kinder.	У них нет дете́й.
Sie haben ein Kind (Kinder) bekommen.	У них роди́лся ребёнок (родили́сь де́ти).
adoptieren *(einen Jungen)*	усынови́ть/усыновля́ть *кого?* Akk.
~ *(ein Mädchen)*	удочери́ть/удочеря́ть *кого?* Akk.
Sie konnten keine eigenen Kinder bekommen und haben einen Jungen (ein Mädchen) adoptiert.	У них не́ было свои́х дете́й, и они́ усынови́ли ма́льчика (удочери́ли де́вочку).

Als was arbeiten deine Eltern? / Чем занима́ются твои́ роди́тели?

Mein Vater ist Ingenieur.	Мой отец по профе́ссии инжене́р. ↗ Berufe: s. S. 40–43
Meine Mutter arbeitet als Krankenschwester.	Ма́ма рабо́тает медсестро́й. *кем?* Instr.
Freiberufler(in), Selbstständige(r)	фрила́нсер
von zu Hause aus arbeiten	рабо́тать на дому́
Hausfrau	домохозя́йка
Meine Mutter ist Hausfrau, sie führt den Haushalt und kümmert sich um die Kindererziehung.	Моя́ ма́ма домохозя́йка, она́ ведёт дома́шнее хозя́йство и занима́ется воспита́нием дете́й. ↗ Haushalt: s. S. 15
Meine Mutter (Mein Vater) ist zur Zeit arbeitslos.	Моя́ мать (Мой оте́ц) сейча́с без рабо́ты. Моя́ мать (Мой оте́ц) сейча́с безрабо́тная (безрабо́тный).
Mein Vater ist schon in Rente.	Мой оте́ц уже́ на пе́нсии.

Hast du viele Verwandte? / У тебя́ мно́го ро́дственников?

der, die Verwandte (*Pl.* die Verwandten)	**ро́дственник, ро́дственница** (*Pl.* ро́дственники)
nahe ~, entfernte ~	бли́зкие ~, да́льние ~
~ mütterlicherseits, ~ väterlicherseits	~ со стороны́ ма́тери, ~ со стороны́ отца́
Wir haben viele Verwandte in Russland.	У нас мно́го ро́дственников в Росси́и.

Onkel, Tante	**дя́дя, тётя**
Cousin, Cousine	двою́родный брат, двою́родная сестра́
Neffe, Nichte	племя́нник, племя́нница
Vor kurzem bin ich Onkel (Tante) geworden.	Неда́вно я стал дя́дей (ста́ла тётей). *кем?* Instr.
Ich habe einen Neffen (eine Nichte) bekommen.	У меня́ роди́лся племя́нник (родила́сь племя́нница).
Großeltern (Oma und Opa)	**ба́бушка и де́душка** (*ugs.* ба́бушка с де́душкой)
Ich bin gern bei meinen Großeltern.	Я люблю́ быва́ть у ба́бушки с де́душкой.
Wir besuchen unsere Großeltern oft.	Мы ча́сто навеща́ем ба́бушку с де́душкой.
Enkel, Enkelin (Enkelkinder).	**внук, вну́чка** (*Pl.* вну́ки)
Meine Großeltern haben fünf Enkelkinder.	У мои́х ба́бушки с де́душкой пять вну́ков.

Hast du ein gutes Verhältnis zu deinen Eltern?

У тебя́ хоро́шие отноше́ния с роди́телями?

Beziehung, Verhältnis	**отноше́ния** (*Pl.*) с *кем*? Instr.
warme(s) ~, freundschaftliche(s) ~	тёплые ~, дру́жеские ~
gespannte(s) ~ , nahe(s) ~, enge(s) ~	натя́нутые ~, бли́зкие ~, те́сные ~
Meine Eltern (Mein Bruder, meine Schwester) und ich haben ein sehr gutes Verhältnis.	У нас с роди́телями (с бра́том, с сестро́й) о́чень хоро́шие отноше́ния.
jmdn. behandeln	отнести́сь/относи́ться к *кому?* Dat. *как?*
liebevoll ~, mit Respekt ~	~ с любо́вью, ~ с уваже́нием
Mein Stiefvater ist sehr gut zu mir.	Мой о́тчим о́чень хорошо́ ко мне отно́сится.
Meine Eltern behandeln mich wie eine(n) Erwachsene(n).	Роди́тели отно́сятся ко мне как ко взро́слому (взро́слой).
Unsere Familie hält eng zusammen.	У нас о́чень дру́жная, кре́пкая семья́.
unterstützen	**поддержа́ть/подде́рживать** *кого?* Akk.
Meine Eltern unterstützen mich in allem.	Мои́ роди́тели во всём меня́ подде́рживают.
aufrechterhalten, pflegen	поддержа́ть/подде́рживать *что?* Akk.
ein enges Verhältnis ~	~ бли́зкие отноше́ния
Familientraditionen ~	~ семе́йные тради́ции ↗ Traditionen: s. S. 80
enge Kontakte ~	~ те́сные конта́кты
lieben, respektieren und schätzen	люби́ть, уважа́ть и цени́ть *кого?* Akk.
seine Eltern ~	~ свои́х роди́телей
einander ~	~ друг дру́га
kommunizieren, Kontakt haben	**пообща́ться/обща́ться** с *кем?* Instr.
Ich habe fast keinen Kontakt zu meinem Vater.	Я почти́ не обща́юсь со свои́м отцо́м.
Mein Bruder und ich haben wenig Kontakt.	Мы с бра́том ма́ло обща́емся.
Konflikt	**конфли́кт**
Generationen~	~ поколе́ний
Streit	ссо́ра
streiten	поссо́риться/ссо́риться с *кем?* Instr.
Wir streiten uns oft.	У нас ча́сто быва́ют конфли́кты. Мы ча́сто ссо́римся.

(gut) miteinander auskommen	**пола́дить/ла́дить** с *кем?* Instr.
Wir kommen nicht gut miteinander aus.	Мы не ла́дим друг с дру́гом.
kritisieren	раскритикова́ть/критикова́ть *кого? что?* Akk. за *что?* Akk.
Meine Eltern kritisieren mich ständig für meine Unordentlichkeit.	Роди́тели постоя́нно критику́ют меня́ за неаккура́тность.

Habt ihr Haustiere? / У вас есть дома́шние живо́тные?

Wir haben eine Katze und einen Hund.	У нас есть ко́шка и соба́ка. ↗ Tiere: s. S. 94–95
Die Katze (Der Hund) heißt ...	Ко́шку (Соба́ку) зову́т ...
Sie sind auch Mitglieder unserer Familie.	Они́ то́же чле́ны на́шей семьи́.
Liebling	люби́мец, люби́мица
Katze Musja ist der Liebling der ganzen Familie.	Ко́шка Му́ся – люби́мица всей семьи́.

Wo wohnst du? / Где ты живёшь?

wohnen, leben	**прожи́ть/жить** *где?* на (в) Präp.
Ich wohne in Berlin.	Я живу́ в Берли́не.
Früher haben wir in Dresden gewohnt.	Ра́ньше мы жи́ли в Дре́здене.
In dieser Stadt haben wir 7 Jahre gewohnt.	В э́том го́роде мы прожи́ли 7 лет.
Stadt	**го́род**
Groß~, Klein~	кру́пный ~ (большо́й ~), небольшо́й ~
außerhalb der ~	за го́родом
auf dem Lande	за́ городом
Vorstadt	при́город
Dorf	**дере́вня, село́** (*Pl.* сёла)
ein ~ nicht weit von ..., ein ~ bei ...	~ недалеко́ от *чего?* Gen., ~ под *чем?* Instr.
Wir wohnen in einem Dorf unweit von Köln.	Мы живём в дере́вне недалеко́ от Кёльна.
~ bei Köln.	~ под Кёльном.
Meine Eltern stammen aus einer kleinen Siedlung bei Moskau.	Мои́ роди́тели ро́дом из ма́ленького посёлка под Москво́й.

> Dem deutschen Wort „Dorf" entsprechen im Russischen sowohl дере́вня als auch село́. Allerdings ist село́ in der Regel größer und hat im Gegensatz zu дере́вня mehrere Straßen, einige Geschäfte, ein Krankenhaus usw.
> Eine größere Siedlung auf dem Land mit 2- bis 3-stöckigen Wohnhäusern, einem Kino und eventuell einer Fabrik nennt man посёлок oder auch посёлок городско́го ти́па.

Gebiet	**о́бласть** *w.*
Wir wohnen im Kaliningrader Gebiet.	Мы живём в Калинингра́дской о́бласти.
(Land)Kreis	о́круг
In unserem Landkreis gibt es viele Dörfer.	В на́шем о́круге мно́го дереве́нь.
Bundesland	**федера́льная земля́**
Ich wohne im Bundesland Niedersachsen.	Я живу́ в федера́льной земле́ Ни́жняя Саксо́ния. ↗ Bundesländer: s. S. 83

Bezirk	райо́н
vornehmer ~, zentraler ~	прести́жный ~, центра́льный ~
Rand~	окра́инный ~
Wir wohnen in einem angesagten Stadtbezirk.	Мы живём в прести́жном райо́не го́рода.
Zentrum, Mitte	це́нтр
(Stadt-, Dorf-)Rand	окра́ина
Wir wohnen im Stadtzentrum und unsere Großeltern am Stadtrand.	Мы живём в це́нтре, а на́ши ба́бушка с де́душкой – на окра́ине го́рода.
Adresse	**а́дрес** (*Pl.* адреса́)
Wie lautet deine Anschrift?	Како́й у тебя́ почто́вый ~?
wohnen, wohnhaft sein	жи́ть, прожи́ть/прожива́ть *где?* на (в) Präp.
~ unter der Adresse: ...	~ по а́дресу: ... ↗ Wegbeschreibung: s. S. 113
~ in der Straße ...	~ на у́лице ...
~ im Haus (in der Wohnung) Nummer ...	~ в до́ме (в кварти́ре) но́мер ...
Straße, Prospekt, Allee, Gasse	**у́лица, проспе́кт, алле́я, переу́лок**
Ich wohne in der Puschkinstraße (-allee).	Я живу́ на у́лице (на алле́е) Пу́шкина.
~ auf dem Gagarinprospekt.	~ на проспе́кте Гага́рина.
~ in der Grünen Gasse.	~ в Зелёном переу́лке.

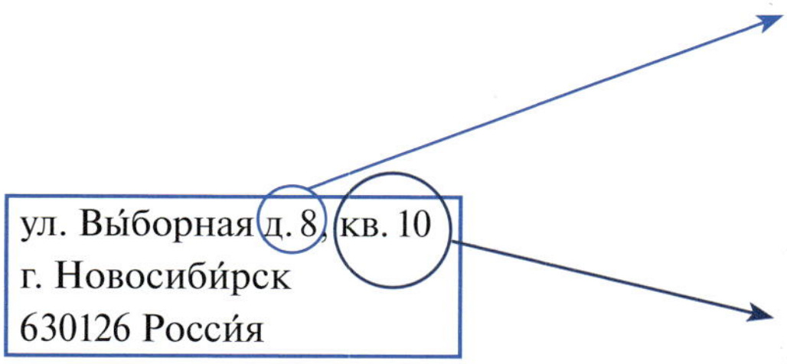

Но́мер до́ма bezieht sich in Russland auf das ganze Gebäude (зда́ние). Die einzelnen Hauseingänge (подъе́зды) können zwar nummeriert sein, werden aber in der Postadresse nicht angegeben. Dafür muss man immer но́мер кварти́ры angeben, denn auf den Briefkästen (почто́вый я́щик) stehen keine Namen.

Wohnt ihr in einem eigenen Haus oder in einer Wohnung?

У вас свой дом и́ли вы живёте в кварти́ре?

Haus	**дом** (*Pl.* дома́)
Privat~, eigenes ~	ча́стный ~, со́бственный ~
Zweifamilien~, Mehrfamilien~	~ на две семьи́, многокварти́рный ~
zwei- (drei-, mehr-)stöckiges ~	двух- (трёх-, мно́го-)эта́жный ~
ein ~ bauen	постро́ить/стро́ить ~
Wir haben ein großes Haus mit einem Garten.	У нас большо́й дом с са́дом.
In diesem Haus hat schon mein Opa gewohnt.	В э́том до́ме жил ёще мой де́душка.

Erdgeschoss	пе́рвый эта́ж
1. Stock	второ́й эта́ж
2. Stock	тре́тий эта́ж
3. Stock	четвёртый эта́ж

Wir wohnen im Erdgeschoss.	Мы живём на пе́рвом этаже́.
~ in der 1. (2., 3. Etage).	~ на второ́м (тре́тьем, четвёртом) этаже́.
Zu uns muss man mit dem Fahrstuhl fahren.	К нам на́до е́хать на ли́фте.
~ die Treppe steigen.	~ идти́ по ле́стнице.
Wohnung	**кварти́ра** ↗ Größenangaben: s. S. 156.
Eigentums~, Miet~	со́бственная ~, съёмная ~
Ein- (Zwei-, Drei-)Zimmer~	одно-(двух-, трёх-)ко́мнатная ~
geräumige ~, enge ~, (un)gemütliche ~	просто́рная ~, те́сная ~, (не)ую́тная ~
Unsere Wohnung hat ... m².	У нас кварти́ра пло́щадью в ... кв.м. (квадра́тных ме́тров/ме́тра)
Wir haben eine große 3-Zimmer-Wohnung.	У нас больша́я трёхко́мнатная кварти́ра.
~ drei Zimmer.	~ три ко́мнаты.
mieten	снять/снима́ть *что?* Akk.
ein Haus ~, eine Wohnung ~, ein Zimmer ~	~ дом, ~ кварти́ру, ~ ко́мнату
Meine Freunde und ich mieten gemeinsam eine Wohnung (sind eine WG).	Мы с друзья́ми вме́сте снима́ем кварти́ру.

Eine genaue Entsprechung für WG (Wohngemeinschaft) gibt es im Russischen nicht, da sie noch nicht weit verbreitet ist. Stattdessen gibt es ein Überbleibsel aus Sowjetzeiten – коммуна́лка (коммуна́льная кварти́ра), eine Gemeinschaftswohnung, deren Bewohner jeweils nur ein bis drei Zimmer in einer größeren Wohnung vom Staat zugeteilt bekommen haben und so notgedrungen eine Wohngemeinschaft bilden.

umziehen	**перее́хать/переезжа́ть**
Wir sind in eine neue Wohnung umgezogen.	Мы перее́хали в но́вую кварти́ру.
Miete	**квартпла́та** (кварти́рная пла́та)
Wir zahlen eine hohe Miete.	Мы пла́тим высо́кую квартпла́ту.
~ viel für die Wohnung.	~ до́рого пла́тим за кварти́ру.
In unserer Wohnung ist viel (wenig) Platz.	У нас в кварти́ре мно́го (ма́ло) ме́ста.
~ ist es geräumig (eng).	~ просто́рно (те́сно).
Wohnzimmer	**гости́ная**, зал
Schlafzimmer	**спа́льня**
Kinderzimmer, im ~	**де́тская** (ко́мната), в де́тской
Küche, in der ~	**ку́хня**; в (на) ку́хне ↗ Kochen: s. S. 63
Korridor, Flur	**коридо́р**, прихо́жая
Badezimmer und WC	**ва́нная** и туале́т
In unserem Badezimmer gibt es sowohl eine Dusche, als auch eine Badewanne.	У нас в ва́нной есть и душ, и ва́нна.

Bad und WC sind in vielen Wohnungen in Russland getrennt – ва́нная и туале́т разде́льные.

Balkon, verglaster ~	балко́н, застеклённый ~
Terrasse, Wintergarten	терра́са, зи́мний сад
Keller, im ~	подва́л, в подва́ле

Dachboden, auf dem ~	черда́к, на чердаке́
Garage, Autostellplatz (Carport)	гара́ж, парко́вка

Wie sieht eure Wohnung (euer Haus) aus? / Как вы́глядит ва́ша кварти́ра (ваш дом)?

Fußboden, auf dem ~	пол (*Pl.* полы́), на полу́
Parkett, Laminat, Teppichbelag	парке́т, ламина́т, ковро́вое покры́тие
Im Wohnzimmer haben wir Parkett, in anderen Zimmern Laminat.	В за́ле на полу́ у нас парке́т, в други́х ко́мнатах – ламина́т.
Decke	потоло́к
hohe (niedrige) Decken	высо́кие (ни́зкие) потолки́
Wand	**стена́** (*Pl.* сте́ны)
an der ~ hängen, an die ~ hängen	висе́ть на стене́, пове́сить/ве́шать на сте́ну ↗ Ortansgaben: s. S. 152
an der ~ stehen, an die ~ stellen	стоя́ть у стены́, поста́вить/ста́вить к стене́
An der Wand hängt ein großes Plakat.	На стене́ виси́т большо́й плака́т.
An die andere Wand möchte ich einen Spiegel hängen.	На другу́ю сте́ну я хочу́ пове́сить зе́ркало.
Tapeten	обо́и
An den Wänden sind schöne (bunte) ~.	На сте́нах краси́вые (пёстрые) ~.
Fliese	ка́фель *m.*
Die Wände im Badezimmer sind gefliest.	Сте́ны в ва́нной отде́ланы ка́фелем.
Fenster	**окно́** (*Pl.* о́кна)
Die ~ gehen zum Hof raus.	О́кна выхо́дят во двор.
~ zur Straße, zum Garten.	~ на у́лицу, в сад.
Vorhänge, Gardinen	занаве́ски, гарди́ны
Tür	**дверь** *w.*
die ~ öffnen	откры́ть/открыва́ть ~
die ~ schließen	закры́ть/закрыва́ть ~
Einrichtung	обстано́вка
eine schöne ~, teure ~, bescheidene ~	краси́вая ~, дорога́я ~, скро́мная ~
Die Wohnung ist schön (bescheiden) eingerichtet.	Кварти́ра краси́во (скро́мно) обста́влена.
Möbel	**ме́бель** *w. (Sg.)*
bequeme ~, moderne ~, alte ~	удо́бная ~, совреме́нная ~, стари́нная ~
Polster~ (Sitzgruppe)	мя́гкая ~
Couch (Sofa), Sessel	дива́н, кре́сло
Couchtisch	журна́льный сто́лик
Schrankwand, Regalkombination	сте́нка
Zimmerpflanzen	ко́мнатные цветы́ и расте́ния
Wir haben viele Zimmerpflanzen.	У нас мно́го ко́мнатных расте́ний.

Hast du ein eigenes Zimmer? / У тебя́ есть своя́ ко́мната?

Ich habe ein eigenes Zimmer.	У меня́ своя́ отде́льная ко́мната.
~ kein eigenes Zimmer.	~ нет свое́й (со́бственной) ко́мнаты.

Ich teile mir ein Zimmer mit meiner Schwester.	Я живу́ в де́тской вме́сте с сестро́й.
Ich mache meine Tür immer zu.	Я всегда́ закрыва́ю дверь в свою́ ко́мнату.
Ich habe mein Zimmer selbst eingerichtet.	Я сам(а́) обста́вил(а) свою́ ко́мнату.
Bett	**крова́ть** *w.*
Etagen~, Doppelstock~	двухъя́русная ~
Mein Bruder und ich schlafen auf einem Etagenbett.	Мы с бра́том спим на двухъя́русной крова́ти.
Über meinem Bett hängt ein Poster (Bild).	Над мое́й крова́тью виси́т по́стер (карти́на).
Couch	**дива́н**
Schlaf-~, ausklappbare ~	~-крова́ть, раскладно́й ~
Ich schlafe auf einer ausklappbaren Couch.	Я сплю на раскладно́м дива́не.
Tisch	**стол**
Schreib~, Arbeits~	пи́сьменный ~, рабо́чий ~
Am Fenster steht ein Schreibtisch mit einem Computer.	У окна́ стои́т пи́сьменный стол с компью́тером. ↗ Computer: s. S. 133
Stuhl	**стул** (*Pl.* сту́лья)
Schrank; im ~, auf dem ~	**шкаф**; в шкафу́, на шкафу́
Kleider~, Bücher~, Einbau~	платяно́й ~, кни́жный ~, встро́енный ~
In der Ecke steht ein Kleiderschrank.	В углу́ стои́т шкаф с оде́ждой. ↗ Kleidung: s. S. 23
Regal	**по́лка**
Bücher~	кни́жная ~, ~ с кни́гами
Kommode	**комо́д**
Neben dem Bett steht eine Kommode, darauf stehen Fotos.	Ря́дом с крова́тью стои́т комо́д, на нём – фотогра́фии.

Hilfst du deinen Eltern im Haushalt? / Ты помога́ешь роди́телям по хозя́йству?

Haushalt	**(дома́шнее) хозя́йство**
Bei uns führt Papa den Haushalt.	У нас дома́шнее хозя́йство ведёт па́па.
im Haushalt helfen	**помо́чь/помога́ть по хозя́йству (по до́му)**
Mein Bruder und ich helfen unserer Mutter oft im Haushalt.	Мы с бра́том ча́сто помога́ем ма́ме по хозя́йству.
Einmal pro Woche kommt eine Putzfrau.	Раз в неде́лю прихо́дит убо́рщица.
Haushaltshilfe	помо́щник (помо́щница) по хозя́йству
Gärtner	садо́вник
Einkäufe machen, einkaufen gehen	**ходи́ть за поку́пками**
Essen kochen	**пригото́вить/гото́вить** ↗ Essen: s. S. 57, Kochen: s. S. 63
Ich helfe meiner Mutter oft beim Kochen.	Я ча́сто помога́ю ма́ме гото́вить.
Ich koche (nicht) gern.	Я (не) люблю́ гото́вить.
den Tisch decken	**накры́ть/накрыва́ть на стол**
~ zum Frühstück, Mittagessen	~ к за́втраку, обе́ду
den Tisch abräumen	**убра́ть/убира́ть со стола́**
Geschirr abwaschen, spülen	**помы́ть/мыть посу́ду**
~ mit den Händen (in der Spüle)	~ рука́ми (в ра́ковине)

~ in der Spülmaschine	~ в (посудомо́ечной) маши́не (*ugs.* в посудомо́йке) ↗ Haushaltsgeräte: s. S. 144
Mein Bruder und ich streiten immer, wer abwaschen soll.	Мы с бра́том всегда́ спо́рим, кому́ мыть посу́ду.
Wir waschen das Geschirr nicht ab, wir haben eine Spülmaschine.	Мы не мо́ем посу́ду, у нас есть посудомо́йка.
Müll	му́сор
den ~ trennen	сортирова́ть ~
~eimer	му́сорное ведро́
den Müll rausbringen	**вы́нести/выноси́ть му́сор**
Zu meinen Aufgaben gehören Blumen gießen und den Müll rausbringen.	В мои́ обя́занности вхо́дит полива́ть цветы́ и выноси́ть му́сор.
Wir trennen unseren Müll (nicht).	Мы (не) сортиру́ем му́сор. ↗ Umwelt: s. S. 97
aufräumen, putzen	**убра́ть(ся)/убира́ть(ся)**
das Zimmer, die Wohnung ~	~ ко́мнату, кварти́ру
Ich räume mein Zimmer selten auf.	Я ре́дко убира́юсь в свое́й ко́мнате.
	~ убира́ю свою́ ко́мнату.
Einmal in der Woche machen wir groß sauber.	Раз в неде́лю мы де́лаем большу́ю убо́рку.
Mit der Ordnung nehmen es meine Eltern sehr genau.	Мои́ роди́тели стро́го следя́т за поря́дком в до́ме.
Mit der Ordnung nehmen wir es nicht so genau.	Мы не о́чень стро́го следи́м за поря́дком.
den Fußboden (die Fußböden) wischen	**помы́ть/мыть пол (полы́)**
Ich wische den Boden in meinem Zimmer selbst.	Я сам(а́) мо́ю пол в свое́й ко́мнате.
Fenster putzen	**вы́мыть/мыть о́кна**
Staub wischen	**вы́тереть/вытира́ть пыль**
staubsaugen	**пропылесо́сить/пылесо́сить** ↗ Haushaltsgeräte: s. S. 144
Wäsche waschen	**постира́ть/стира́ть бельё**
Wäsche aufhängen	разве́сить/разве́шивать бельё
Wäsche bügeln	погла́дить/гла́дить бельё
Bei uns bügelt die Wäsche immer die Mutter.	У нас гла́дит бельё всегда́ ма́ма.
Manchmal bügle ich meine Kleidung selbst.	Иногда́ я сам(а́) гла́жу свою́ оде́жду.
Mäntel und Hemden bringen wir in die Reinigung.	Пальто́ и руба́шки мы сдаём в химчи́стку.
Schuhe putzen	**почи́стить/чи́стить о́бувь**
Blumen gießen	**поли́ть/полива́ть цветы́**
sich um Haustiere kümmern	**уха́живать за дома́шними живо́тными** ↗ Tiere: s. S. 95
mit dem Hund Gassi gehen	погуля́ть/гуля́ть с соба́кой *с кем?* Instr.
füttern	покорми́ть/корми́ть *кого?* Akk.
reinigen	почи́стить/чи́стить
den Käfig ~, das Aquarium ~	~ кле́тку, аква́риум

Hast du viele Freunde?	**У тебя́ мно́го друзе́й?**
Freundschaft	**дру́жба**
feste ~, echte ~	кре́пкая ~, настоя́щая ~
Freund (Freundin, Freunde)	**друг** (*w.* **подру́га,** *Pl.* **друзья́**)
alter ~, treuer ~, echter ~	ста́рый ~, ве́рный ~, настоя́щий ~
enger ~, bester ~, ~ seit der Kindheit	бли́зкий ~, лу́чший ~, ~ де́тства
Wir sind große (enge) Freunde.	Мы больши́е (бли́зкие) друзья́.
Ich habe viele (wenige, keine) Freunde.	У меня́ мно́го (ма́ло, нет) друзе́й.
Kumpel	**прия́тель** *m.*
Clique	**компа́ния**
Ich habe meine eigene Clique.	У меня́ есть своя́ компа́ния.
Freundeskreis	**круг друзе́й**
großer ~, enger ~	широ́кий ~, у́зкий ~
In meinem Freundeskreis mögen alle Fußball.	В кругу́ мои́х друзе́й все лю́бят футбо́л.
Jungs und Mädels	мальчи́шки и девчо́нки (*ugs.*)
In unserer Clique sind nur Mädels.	В на́шей компа́нии одни́ девчо́нки.
sich treffen	**встре́титься/встреча́ться** с *кем?* Instr.
Wir treffen uns oft nach der Schule.	Мы ча́сто встреча́емся по́сле шко́лы.
zusammen kommen, sich treffen	собра́ться/собира́ться
Wir treffen uns gewöhnlich im Club.	Обы́чно мы собира́емся в клу́бе.
~ bei *jmdm.* zuhause	~ до́ма у *кого?* Gen.
Zeit verbringen	**провести́/проводи́ть вре́мя** ↗ Hobbys: s. S. 44
Wir verbringen viel Zeit zusammen.	Мы прово́дим вме́сте мно́го вре́мени.
Ich verbringe gern Zeit mit ihnen.	Мне с ни́ми всегда́ интере́сно.
kommunizieren, sich austauschen	**пообща́ться/обща́ться** с *кем?* Instr.
Kommunikation mit Freunden ist mir sehr wichtig.	Обще́ние с друзья́ми для меня́ о́чень ва́жно.
Wir kommunizieren oft im Internet.	Мы ча́сто обща́емся в Интерне́те. ↗ Internet: s. S. 137

Wer ist dein bester Freund (beste Freundin)?	**Кто твой са́мый бли́зкий друг (твоя́ са́мая бли́зкая подру́га)?**
Mein bester Freund (Meine beste Freundin) heißt ...	Моего́ лу́чшего дру́га (Мою́ лу́чшую подру́гу) зову́т ... ↗ sich vorstellen: s. S. 5
befreundet sein	**дружи́ть** с *кем?* Instr.
sich befreunden, anfreunden	подружи́ться с *кем?* Instr.
Wir sind schon seit zwei Jahren befreundet.	Мы дру́жим уже́ два го́да.
~ seit der 1. Klasse ~.	~ с пе́рвого кла́сса.
Wir haben uns im Sommercamp angefreundet.	Мы подружи́лись в ле́тнем ла́гере.
sich sehen, *jmdn.* **sehen (treffen)**	**уви́деться/ви́деться** с *кем?* Instr.
Wir sehen uns fast jeden Tag.	Мы ви́димся почти́ ка́ждый день.
Ich sehe meinen Freund oft.	Я ча́сто ви́жусь со свои́м дру́гом.

vermissen	**соску́читься, скуча́ть** по *кому?* Dat.
Ich vermisse meine Freundin.	Я скуча́ю по свое́й подру́ге.
Streit	**ссо́ра**
streiten	поссо́риться/ссо́риться с *кем?* Instr.
sich versöhnen, sich wieder vertragen	помири́ться/мири́ться с *кем?* Instr.
Ich habe mich mit meinem Freund (meiner Freundin) zerstritten.	Я поссо́рился (поссо́рилась) с дру́гом (подру́гой).
Wir streiten uns oft, vertragen uns dann aber schnell.	Мы ча́сто ссо́римся, но пото́м бы́стро ми́римся.

Welche Eigenschaften schätzt du an deinen Freunden? / Каки́е ка́чества ты це́нишь в свои́х друзья́х?

Eigenschaft	ка́чество
Charakter	**хара́ктер**
starker ~, schwacher ~	си́льный ~, сла́бый ~
leichter ~, schwerer ~	лёгкий ~, тяжёлый ~
impulsiver ~, (un)ausgeglichener ~	взрывно́й ~, (не)уравнове́шенный ~
Meine Freundin ist sehr unkompliziert.	У мое́й подру́ги о́чень лёгкий хара́ктер.
Charakterzug(-züge)	черта́ (черты́) хара́ктера
positive ~, negative ~	положи́тельные ~, отрица́тельные ~
Sie hat sowohl positive als auch negative Charakterzüge.	В её хара́ктере есть как положи́тельные, так и отрица́тельные черты́.
Jeder hat seine Vor- und Nachteile.	У ка́ждого свой досто́инства и недоста́тки.
Zu seinen (ihren) Vorzügen zählen ...	К его́ (её) досто́инствам отно́сятся ...
~ Nachteilen ~	~ недоста́ткам ~
jmdn. für etw. **respektieren**	**уважа́ть** *кого?* Akk. за *что?* Akk.
jmdn. für etw. **schätzen**	**цени́ть** *кого?* Akk. за *что?* Akk.
etw. an jmdm. ~	~ *что?* Akk. в *ком?* Präp.
arbeitsam, Arbeitseifer	**трудолюби́вый**, трудолю́бие
Ich bin nicht besonders arbeitsam.	Осо́бым трудолю́бием я не отлича́юсь.
aufmerksam, Aufmerksamkeit	**внима́тельный**, внима́ние
aufrichtig, Aufrichtigkeit	**и́скренний**, и́скренность *w.*
bescheiden, Bescheidenheit	**скро́мный**, скро́мность *w.*
Ich mag bescheidene und anständige Menschen.	Я люблю́ скро́мных и поря́дочных люде́й.
direkt, Direktheit	**прямо́й**, прямота́
ehrlich, Ehrlichkeit	**че́стный**, че́стность *w.*
energisch, Energie	**энерги́чный**, энерги́чность *w.*
entschlossen, Entschlossenheit	**реши́тельный**, реши́тельность *w.*
Entscheidungen treffen	приня́ть/принима́ть реше́ния
ernst(haft), Ernsthaftigkeit	**серьёзный**, серьёзность *w.*
etw. ernst nehmen	отнести́сь/относи́ться серьёзно к *кому? чему?* Dat.
Wie alle Steinböcke nimmt er alles sehr ernst.	Как все козеро́ги, он о́чень серьёзно ко всему́ отно́сится.
fleißig, Fleiß	**приле́жный**, прилежа́ние

gastfreundlich, Gastfreundlichkeit	**гостеприи́мный**, гостеприи́мство
Meine Freundin ist sehr gastfreundlich.	Моя́ подру́га о́чень гостеприи́мная.
geduldig, Geduld	**терпели́вый**, терпе́ние
gutherzig, Gutherzigkeit	до́брый, доброта́
Ich schätze meinen Freund für seine Gutherzigkeit.	Я ценю́ своего́ дру́га за его́ доброту́.
hilfsbereit, Hilfsbereitschaft	**гото́в(а) помо́чь**, гото́вность помо́чь
Meine Freundin ist sehr hilfsbereit.	Моя́ подру́га о́чень отзы́вчивая.
Sie ist immer bereit zu helfen.	Она́ всегда́ гото́ва помо́чь. ~ прийти́ на по́мощь.
höflich, Höflichkeit	**ве́жливый**, ве́жливость *w.*
intelligent, Intelligenz	**у́мный**, ум
kommunikativ, gesellig, Geselligkeit	**общи́тельный**, общи́тельность *w.*
kommunizieren, sprechen	пообща́ться/обща́ться с *кем?* Instr.
Er (Sie) ist nett im Umgang.	С ним (с ней) прия́тно обща́ться.
Man kann sich mit ihm (ihr) gut unterhalten.	~ интере́сно ~
lustig, fröhlich, Fröhlichkeit	**весёлый**, весёлый нрав (хара́ктер)
Man kann sich mit ihm gut amüsieren.	С ним мо́жно хорошо́ повесели́ться.
Man kann mit ihm eine interessante Zeit verbringen.	~ интере́сно провести́ вре́мя.
Er hat Sinn für Humor.	У него́ хоро́шее чу́вство ю́мора.
Er ist sehr witzig.	Он о́чень остроу́мный.
mutig, Mut	**му́жественный**, му́жество
sich (nicht) fürchten, (keine) Angst haben	(не) боя́ться *кого? чего?* Gen.
Er hat keine Angst vor Schwierigkeiten.	Он не бои́тся тру́дностей.
nett	**приве́тливый**, ми́лый, приве́тливость *w.*
offen, Offenheit	**откры́тый**, откры́тость *w.*
ruhig, Ruhe	**споко́йный**, споко́йствие
taktvoll, Taktgefühl	**такти́чный**, такт
unternehmungslustig, Unternehmungslust	**предприи́мчивый**, предприи́мчивость *w.*
verantwortungsvoll, Verantwortung	**отве́тственный**, отве́тственность *w.*
Für mich ist das Wichtigste an Menschen ihre Verlässlichkeit und das Verantwortungsbewusstsein.	Для меня́ са́мое гла́вное в лю́дях – э́то надёжность и отве́тственность.
Ich weiß, dass ich mich in schwierigen Zeiten auf meine Freunde verlassen kann.	Я зна́ю, что в тру́дную мину́ту могу́ положи́ться на свои́х друзе́й.
Er wird einen nie im Stich lassen.	Он никогда́ не подведёт.
Meiner Freundin kann ich in allem vertrauen.	Свое́й подру́ге я во всём доверя́ю.
zielstrebig, Zielstrebigkeit	**целеустремлённый**, целеустремлённость *w.*
Er macht alles, um sein Ziel zu erreichen.	Он де́лает всё, что́бы дости́гнуть свое́й це́ли.
zuverlässig, Zuverlässigkeit	**надёжный**, надёжность *w.*
Ich weiß, dass ich auf sie zählen kann.	Я зна́ю, что могу́ на неё рассчи́тывать.

Welche Eigenschaften magst du nicht? / Каки́е ка́чества тебе́ не нра́вятся в лю́дях?

Ich mag ... Menschen nicht.	Я не люблю́ *каких?* люде́й Akk.
Ich kann Überheblichkeit nicht leiden.	Я терпе́ть не могу́ в лю́дях надме́нности.
Ich kann nicht leiden, wenn Leute (man) ...	Я терпе́ть не могу́, когда́ *что делают? 3. Pers. Pl.*
Ich kann geizige Menschen nicht leiden.	Я терпе́ть не могу́ жа́дных люде́й.
Ich mag Menschen nicht, die andere beneiden.	Не люблю́ люде́й, кото́рые зави́дуют други́м.
nicht ausstehen können	**не выноси́ть** *чего?* Gen.
Ich kann es nicht ausstehen, wenn man mich anlügt.	Я не выношу́, когда́ мне врут.
hassen	ненави́деть *кого? что?* Akk.
Ich hasse es, wenn ...	Я ненави́жу, когда́ ...
Am meisten nervt mich an Menschen ...	Бо́льше всего́ меня́ раздража́ет в лю́дях *что?* Nom.
angeberisch, Angeberei, Angeber	**хвастли́вый**, хвастовство́, хвасту́н
angeben, prahlen	похва́статься/хва́статься *чем?* Instr.
dumm, Dummheit, Dummkopf	**глу́пый**, глу́пость *w.*, дура́к (ду́ра)
doof	тупо́й
egoistisch, Egoismus, Egoist(in)	**эгоисти́чный**, эгои́зм, эгои́ст(ка)
falsch, verlogen, Verlogenheit	**лжи́вый**, лжи́вость *w.*
Lügner	лжец, врун
Lüge	**ложь** *w.*
jmdn. betrügen	обману́ть/обма́нывать *кого?* Akk.
jmdn. anlügen	солга́ть/лгать, совра́ть/врать *кому?* Dat.
Ich weiß, dass mein Freund mich niemals betrügen und niemals anlügen wird.	Я зна́ю, что мой друг никогда́ меня́ не обма́нет и никогда́ мне не соврёт.
faul, Faulheit	**лени́вый**, лень *w.*
feige, Feigheit, Feigling	**трусли́вый**, тру́сость *w.*, трус(и́ха)
geizig, Geizigkeit, Geizhals	**жа́дный**, жа́дность *w.*, жа́дина
grob, Grobheit, Grobian	**гру́бый**, гру́бость *w.*, грубия́н(ка)
leichtsinnig, Leichtsinnigkeit	**легкомы́сленный**, легкомы́слие
nachtragend	**злопа́мятный**
neidisch, Neid	**зави́стливый**, за́висть *w.* ↗ Gefühle: s. S. 120
unentschlossen, Unentschlossenheit	**нереши́тельный**, нереши́тельность *w.*
ungesellig, Ungeselligkeit	необщи́тельный, необщи́тельность *w.*
unverantwortlich, Unverantwortlichkeit	безотве́тственный, безотве́тственность *w.*
verschlossen, Verschlossenheit	за́мкнутый, за́мкнутость *w.*

Kannst du das Äußere deines Freundes (deiner Freundin) beschreiben? / Ты мо́жешь описа́ть вне́шность своего́ дру́га (свое́й подру́ги)?

aussehen	**вы́глядеть**
gut ~, wunderbar ~	хорошо́ ~, замеча́тельно ~

älter/jünger ~ als man ist	~ ста́рше/моло́же свои́х лет
seinem Alter entsprechend ~	~ на свой во́зраст ↗ Alter: s. S. 6
Mein Freund sieht sehr gut aus.	Мой друг о́чень хорошо́ вы́глядит.
Mir gefällt nicht, wie ich jetzt aussehe.	Мне не нра́вится, как я сейча́с вы́гляжу.
Aussehen, Äußeres	**вне́шность** *w.*
(un)angenehmes ~, (un)attraktives ~	(не)прия́тная ~, (не)привлека́тельная ~
durchschnittliches ~, (un)auffälliges ~	сре́дняя ~, (не)бро́ская ~
(un)gepflegtes ~	(не)ухо́женная ~
auf sein Äußeres achten, sein Äußeres pflegen	следи́ть (уха́живать) за свое́й вне́шностью
Ich achte sehr auf mein Äußeres.	Я о́чень слежу́ за свое́й вне́шностью.
ähneln, ähnlich sein	*кто?* **похо́ж (похо́жа, похо́жи)** на *кого?* Akk.
Er (Sie) ähnelt seiner (ihrer) Mutter.	Он (Она́) похо́ж(а) на свою́ ма́му.
Er und sein Bruder ähneln einander wie ein Ei dem anderen. (*wörtl.* wie zwei Wassertropfen)	Они́ с бра́том похо́жи как две ка́пли воды́.
schön, Schönheit	**краси́вый**, красота́
Meine Freundin ist ein sehr schönes Mädchen, aber Schönheit ist nicht das Wichtigste.	Моя́ подру́га – о́чень краси́вая де́вушка, но красота́ – э́то не гла́вное.
hübsch	хоро́шенький, симпати́чный
Was für ein hübsches Mädchen!	Кака́я хоро́шенькая де́вочка!
Er ist so hübsch!	Он тако́й симпати́чный!

Das Adjektiv симпати́чный bedeutet im Russischen soviel wie „gut aussehend, hübsch“: симпати́чная де́вушка. In der Kurzform als Prädikativ gebraucht, kann es aber auch „sympathisch“ bedeuten: Вы мне о́чень симпати́чны – Ich finde Sie sehr sympathisch.

attraktiv, Attraktivität	привлека́тельный, привлека́тельность *w.*
Körpergröße	**рост**
groß, klein	высо́кий, ни́зкий
Meine Freundin ist sehr groß.	Моя́ подру́га о́чень высо́кая.
Mein Freund ist groß (mittelgroß, klein).	Мой друг высо́кого (сре́днего, ма́ленького) ро́ста.
Figur	**фигу́ра**
eine schöne ~, schlanke ~, sportliche ~	краси́вая ~, стро́йная ~, спорти́вная ~
korpulent, mollig	по́лный
Sie ist ziemlich mollig.	Она́ дово́льно по́лная.
dick	то́лстый
dünn, schlank	то́нкий, стро́йный
mager, dürr	худо́й
abnehmen	похуде́ть/худе́ть
Alle sagen, dass ich sehr abgenommen habe.	Все говоря́т, что я о́чень похуде́л(а).
dick werden	потолсте́ть/толсте́ть
Ich möchte nicht dick werden.	Я не хочу́ толсте́ть.
Körper	**те́ло**
Mein Freund treibt viel Sport, deswegen ist er schlank und breitschultrig.	Мой друг мно́го занима́ется спо́ртом, поэ́тому он стро́йный и широкопле́чий. ↗ Sportarten: s. S. 54–55

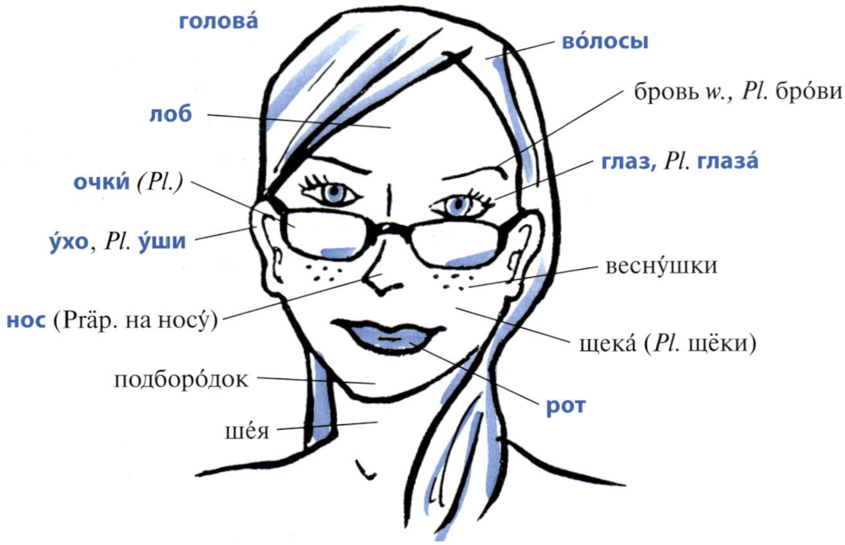

ein rundes Gesicht, ovales ~	кру́глое лицо́, ова́льное ~
Gesichtszüge	черты́ лица́
feine ~, regelmäßige ~, grobe ~	то́нкие ~, пра́вильные ~, гру́бые ~
Haut	**ко́жа**
dunkle ~, helle ~, bleiche ~	тёмная (сму́глая) ~, све́тлая ~, бле́дная ~
sonnengebräunte ~	загоре́лая ~
Teint	цвет лица́
guter ~, (un)gesunder ~	хоро́ший ~, (не)здоро́вый ~
eng anliegende Ohren, abstehende ~	прижа́тые к голове́ у́ши, оттопы́ренные ~
große **Augen**, kleine ~, schmale ~	больши́е **глаза́**, ма́ленькие ~, у́зкие ~
Schlitz~, blaue ~, dunkle ~	раско́сые ~, голубы́е ~, тёмные ~ ↗ Farben: s. S. 160
ausdrucksstarke ~, gutmütige ~	вырази́тельные ~, до́брые ~
eine Brille tragen	**носи́ть очки́**, ходи́ть в очка́х *ugs.*
(Kontakt)Linsen	(конта́ктные) ли́нзы
~ tragen	носи́ть ~, ходи́ть в ли́нзах *ugs.*
Meine Freundin trägt eine Brille.	Моя́ подру́га но́сит очки́.
Die Brille steht ihr sehr gut.	Очки́ ей о́чень иду́т. *кому?* Dat.
Lippe(n)	**губа́**, *Pl.* **гу́бы**
dünne ~, dicke ~, weiche ~	то́нкие ~, то́лстые ~, мя́гкие ~
Zahn, Zähne	**зуб**, *Pl.* **зу́бы**
weiße ~, gelbliche ~, (un)ebene ~	бе́лые ~, желтова́тые ~, (не)ро́вные ~
Lächeln	улы́бка
ein angenehmes ~, breites ~, aufrichtiges ~	прия́тная ~, широ́кая ~, и́скренняя ~
lächeln	улыбну́ться/улыба́ться
(un)aufrichtig ~, oft ~, selten ~	(не)и́скренне ~, ча́сто ~, ре́дко ~
Sie lächelt oft.	Она́ ча́сто улыба́ется.
Haare	**во́лосы**
dicke ~, dünne ~, lange ~	густы́е ~, ре́дкие ~, дли́нные ~
kurze ~, schulterlange ~	коро́ткие ~, ~ до плече́й

dunkle ~, schwarze ~, braune ~	тёмные ~, чёрные ~, кашта́новые ~
dunkelblonde ~, helle ~, graue ~	ру́сые ~, све́тлые ~, седы́е ~
glatte ~, wellige ~, lockige ~	прямы́е ~, волни́стые ~, кудря́вые ~
die ~ kämmen	причеса́ть/причёсывать ~
die ~ schneiden (lassen)	постри́чь/стричь ~
Meine Freundin hat glatte helle Haare.	У моей подру́ги прямы́е све́тлые во́лосы.
Frisur, Haarschnitt	причёска, стри́жка
kurze(r) ~, modische(r) ~	коро́ткая ~, мо́дная ~
eine Frisur (einen Schnitt) tragen	носи́ть причёску (стри́жку)
Zopf, einen ~ flechten	коса́, заплести́/заплета́ть косу́
Pferdeschwanz	хвост (хво́стик)
Ich trage (mache) oft einen Pferdeschwanz.	Я ча́сто ношу́ (де́лаю) хво́стик.
Haarspange	зако́лка
Die Frisur steht dir (nicht).	Причёска тебе́ (не) идёт.
kahl, Glatze	лы́сый, лы́сина
Kosmetik benutzen	**по́льзоваться косме́тикой** *чем?* Instr.
Ich benutze keine Kosmetik.	Я не по́льзуюсь косме́тикой.
(sich) schminken	накра́сить(ся)/кра́сить(ся)
die Lippen mit Lippenstift ~	~ гу́бы пома́дой
die Wimpern mit der Wimpertusche ~	~ ресни́цы ту́шью *что?* Akk. *чем?* Instr.
Ich schminke mich fast jeden Tag.	Я кра́шусь почти́ ка́ждый день.
Lidschatten auflegen	наложи́ть/накла́дывать те́ни

Wie kleiden sich deine Freunde? / Как одева́ются твои́ друзья́?

sich anziehen, sich kleiden	**оде́ться/одева́ться**
~ gut ~, ~ schlecht ~, ~ teuer ~	хорошо́ ~, пло́хо ~, до́рого ~
~ bescheiden ~, ~ modisch ~, ~ stilvoll ~	скро́мно ~, мо́дно ~, сти́льно ~
~ altmodisch~, ~ geschmackvoll ~	старомо́дно ~, ~ со вку́сом
~ geschmacklos ~	безвку́сно ~
Alle meine Freunde kleiden sich sehr modern (tragen moderne Kleidung).	Все мои́ друзья́ одева́ются о́чень совреме́нно.
Ich mag Menschen, die sich stilvoll kleiden.	Мне нра́вятся лю́ди, кото́рые одева́ются со вку́сом.
Kleidung, Klamotten	**оде́жда**
modische ~, teure ~, billige ~	мо́дная ~, дорога́я ~, дешёвая ~
bequeme ~, praktische ~, sportliche ~	удо́бная ~, практи́чная ~, спорти́вная ~
festliche ~, Winter~, Sommer~	пра́здничная ~, зи́мняя ~, ле́тняя ~
Männer~, Frauen~, Kinder~	мужска́я ~, же́нская ~, де́тская ~
Mir ist wichtig, dass die Kleidung bequem und praktisch ist.	Мне ва́жно, что́бы оде́жда была́ удо́бной и практи́чной.
tragen	**носи́ть**
Ich trage oft sportliche Kleidung.	Я ча́сто ношу́ спорти́вную оде́жду.
anhaben	быть на *ком?* Präp. (*о предме́тах оде́жды*)
Er hat (hatte) eine Jeans an.	На нём (бы́ли) джи́нсы.
Sie hatte ein neues Kleid an.	На ней бы́ло но́вое пла́тье.

Sie ist immer sehr warm angezogen.	Она́ всегда́ о́чень тепло́ оде́та.
Er war in Schwarz gekleidet.	Он был оде́т в чёрное. ↗ Farben: s. S. 160
Ich bevorzuge einen sportlichen Stil.	Я предпочита́ю спорти́вный стиль.
Mein Freund bevorzugt Kleidung von bekannten Marken.	Мой друг предпочита́ет оде́жду изве́стных бре́ндов.
anziehen *(Sachen)*	**наде́ть/надева́ть**
ausziehen *(Sachen)*	**снять/снима́ть**
Das ist meine Lieblingsjeans, ich ziehe sie praktisch nie aus.	Э́то мои́ люби́мые джи́нсы, я их практи́чески не снима́ю.
(sich) ausziehen *(Person)*	разде́ть(ся)/раздева́ть(ся)
T-Shirt	**футбо́лка**
ärmelloses T-Shirt (*auch* Unterhemd)	ма́йка
Hemd	**руба́шка**
ein ~ mit langen (kurzen) Ärmeln	~ с дли́нными (коро́ткими) рукава́ми
Bluse	блу́зка
Pullover	**сви́тер**, пуло́вер
ein ~ mit Rollkragen, ~ mit Kapuze	~ с го́рлом, ~ с капюшо́ном
(Strick)Jacke	(вя́заная) ко́фта
~ mit Reißverschluss	~ на мо́лнии
Sakko, Jackett	пиджа́к, жаке́т
Weste	жиле́т
Hose, Jeans, Shorts	**брю́ки** *(Pl.)*, **джи́нсы** *(Pl.),* шо́рты
Leggins, Strumpfhose	ле́ггинсы, колго́тки
Kniestrümpfe, Socken	го́льфы, носки́
Rock	**ю́бка**
ein langer ~, kurzer ~, knielanger ~	дли́нная ~, коро́ткая ~, ~ до коле́н
Anzug, Kostüm	костю́м
Krawatte	га́лстук
Kleid	**пла́тье**
ein ~ für feierliche Anlässe	наря́дное (пра́здничное) ~
Alltags~, das ~ für den Abiball	повседне́вное ~, выпускно́е ~
Jacke	**ку́ртка**
Mantel	**пальто́**
Pelzmantel	шу́ба
Anorak, Windjacke	анора́к, ветро́вка
Schuhe *allg.*	**о́бувь** *w., Sg.*
Turnschuhe	**кроссо́вки**
(Halb)Schuhe	боти́нки
Absatzschuhe, Damenschuhe	ту́фли
Sandaletten	босоно́жки
Stiefel	**сапоги́**
Mütze	**ша́пка**
Strick~, Pelz~	вя́заная ~, мехова́я ~
Pelz~ mit Ohrenklappen	~-уша́нка
Ich trage selten eine Mütze, selbst im Winter nicht.	Я ре́дко ношу́ ша́пку, да́же зимо́й.

Hut	шля́па
Baseball-Cap	**ке́пка**
Accessoires	аксессуа́ры
Gürtel	реме́нь *m.*, по́яс
Schal, Tuch	шарф, плато́к
Handschuhe, Fausthandschuhe	перча́тки, ва́режки
Kleidergröße	**разме́р** ↗ Größenangaben: s. S. 156
passen	**подойти́/подходи́ть** *к чему?* Dat. *кому?* Dat.
farblich ~, in der Größe ~	~ по цве́ту, ~ по разме́ру
Der Schal passt farblich zum Mantel.	Шарф подхо́дит по цве́ту к пальто́.
Die Jeans hat mir in der Größe nicht gepasst.	Джи́нсы не подошли́ мне по разме́ру.
zu klein	**мал** (мала́, мало́, малы́) *кому?* Dat.
Diese Hose ist mir zu klein.	Э́ти брю́ки мне уже́ малы́.
zu groß (zu weit)	**вели́к** (велика́, велико́, велики́) *кому?* Dat.
Das Kleid ist dir zu groß.	Пла́тье тебе́ велико́.
Schmuck	**украше́ние** (*Pl.* украше́ния)
modischer ~, Gold~, Silber~	мо́дное ~, золото́е ~, серебряное ~
teurer ~, billiger ~	дорого́е ~, дешёвое ~
Meine Freundin trägt immer viel Schmuck.	Моя́ подру́га всегда́ но́сит мно́го украше́ний.
Abzeichen, Button	значо́к
Ohrringe, Clips	се́рьги, кли́псы
Ring	кольцо́
Armreifen, Armband	брасле́т
Kette *(aus Metall)*, Perlenkette	цепо́чка, бу́сы
Anhänger	куло́н
Piercing	**пи́рсинг**
~ machen, ~ tragen	проколо́ть/прока́лывать ~, носи́ть ~
~ in der Nase, im Ohr	~ в носу́, ~ в у́хе
Tätowierung (Tattoo)	татуиро́вка (тату́)
~ machen, ~ tragen	сде́лать/де́лать татуиро́вку, носи́ть ~
~ an der Schulter	~ на плече́

Bist du verliebt? / Ты в кого́-нибудь влюблён (влюблена́)?

Ich habe einen Freund.	**У меня́ есть друг (па́рень).**
~ eine Freundin.	**~ подру́га (де́вушка).**
Sie hat keinen Freund.	У неё нет дру́га (па́рня).
sich treffen, zusammen sein	встре́титься/встреча́ться с *кем?* Instr.
Wir sind schon seit einem Jahr zusammen.	Мы встреча́емся уже́ год.
~ einem halben ~	Мы вме́сте уже́ полго́да.
sich verlieben	**влюби́ться/влюбля́ться** в *кого?* Akk. ↗ Gefühle: s. S. 115
Ich habe mich sofort in dich verliebt.	Я сра́зу в тебя́ влюби́лся (влюби́лась).
der (die) Verliebte, die Verliebten	влюблённый (влюблённая), влюблённые
Er (Sie) ist verliebt in	Он влюблён (Она́ влюблена́) в *кого?* Akk.

Sie sind sehr verliebt.	Они́ о́чень влюблены́ друг в дру́га.
Er hat sich auf den ersten Blick verliebt.	Он влюби́лся с пе́рвого взгля́да.
Liebe	**любо́вь**
erste ~, echte ~, unerwiderte ~	пе́рвая ~, настоя́щая ~, безотве́тная ~
~ meines (seines) Lebens	~ всей мое́й (его́) жи́зни
Ich habe Glück (Pech) in der Liebe.	Мне (не) везёт в любви́.
Ich liebe ihn (sie) nicht mehr.	Я его́ (её) разлюби́л (разлюби́ла).
sich trennen	**расста́ться/расстава́ться** с *кем?* Instr.
Wir haben uns vor einem Jahr getrennt.	Мы расста́лись год наза́д.
Er hat sich von ihr getrennt.	Он с ней расста́лся.
Seine Freundin hat ihn verlassen.	Его́ де́вушка его́ бро́сила.
fremdgehen, betrügen	**измени́ть/изменя́ть** *кому?* Dat. с *кем?* Instr.
Sie hat ihn mit seinem besten Freund betrogen.	Она́ измени́ла ему́ с его́ лу́чшим дру́гом.
eifersüchtig	**ревни́вый** ↗ Charaktereigenschaften: s. S. 20
~ werden, sein	приревнова́ть/ревнова́ть *кого?* Akk. к *кому?* Dat.
Er ist auf seinen Freund eifersüchtig.	Он ревну́ет её к своему́ другу́.

Wollt ihr heiraten?

Вы собира́етесь пожени́ться?

sich verloben	**обручи́ться/обруча́ться**
Verlobung	помо́лвка
seine ~ verkünden	объяви́ть о свое́й помо́лвке
Verlobungsring	обруча́льное кольцо́
Heiratsantrag	**предложе́ние**
Er hat ihr einen Heiratsantrag gemacht.	Он сде́лал ей предложе́ние.
~ um ihre Hand angehalten.	~ предложи́л ей (свою́) ру́ку и се́рдце.
Sie hat eingewilligt (abgelehnt), seine Frau zu werden.	Она согласи́лась (отказа́лась) стать его́ жено́й.
Bräutigam und Braut	**жени́х и неве́ста**
Mann und Frau (Ehemann und Ehefrau)	муж и жена́
~ werden	стать му́жем и жено́й *кем?* Instr.

	aus Sicht des Mannes	*aus Sicht der Frau*	*aus Sicht beider*
ledig sein	Он **хо́лост**. холосто́й мужчи́на	Она́ **неза́мужем**. незаму́жняя же́нщина	
heiraten	**жени́ться** *на ком?* Präp. Он жени́лся на своей одноклáсснице.	**вы́йти/выходи́ть за́муж** *за кого?* Akk. Она́ вы́шла за́муж за своего́ однокла́ссника.	**пожени́ться/жени́ться** Они́ пожени́лись два го́да наза́д.
verheiratet sein	**жена́т** *на ком?* Präp. Он жена́т на мое́й сестре́.	**за́мужем** *за кем?* Instr. Она́ за́мужем за моим бра́том.	**жена́ты** Они́ жена́ты уже 10 лет.

Hochzeit	**сва́дьба**
~ feiern	сыгра́ть/игра́ть сва́дьбу ↗Glückwünsche: s. S. 76
Hochzeitskleid	сва́дебное пла́тье
~schleier	фата́
sich küssen	**поцелова́ться/целова́ться**
Kuss	поцелу́й
kirchliche Trauung	**венча́ние**
Heutzutage lassen sich viele russische Paare kirchlich trauen.	Сейча́с в Росси́и мно́гие па́ры венча́ются в це́ркви. ↗ Religion: s. S. 78–79

Das Standesamt wird in Russland ЗАГС (За́пись а́ктов гражда́нского состоя́ния) genannt. Hier findet die offizielle Eintragung der Ehe statt – заключе́ние бра́ка. Für viele Menschen ist die religiöse Eheschließung (бракосочета́ние по религио́зным обы́чаям) wichtiger. Während der Hochzeit rufen die Gäste in Russland oft «Го́рько!» („Bitter!“), worauf hin sich die Jungverheirateten (новобра́чные, auch молоды́е genannt) küssen (müssen). Es ist unklar, wie dieser Brauch (обы́чай) entstanden ist. Eine Version besagt, dass man um das sorglose Leben vor der Heirat trauert und der „süße“ Kuss über die Bitterkeit dieses Verlustes hinweg trösten soll.

Ehe	**брак**
Lebenspartnerschaft	гражда́нский брак
Scheidung	**разво́д**
die ~ einreichen	пода́ть/подава́ть на ~
sich scheiden lassen	развести́сь/разводи́ться *с кем?* Instr.
Meine Eltern lassen sich scheiden.	Мои́ роди́тели разво́дятся.
~ haben sich scheiden lassen.	~ развели́сь.
~ sind seit vielen (5, ...) Jahren geschieden.	~ в разво́де уже́ мно́го (5, ...) лет.
Er (Sie) ist (Sie sind) geschieden.	Он разведён (Она́ разведена́, Они́ разведены́).
Witwer, Witwe	**вдове́ц, вдова́**
Er ist seit 10 Jahren verwitwet.	Он уже́ 10 лет вдове́ц.

2

Schule, Ausbildung, Beruf

Школа, образование, работа

Welche Schule und welche Klasse besuchst du?

В како́й шко́ле и в како́м кла́ссе ты у́чишься?

Schule	**шко́ла**
Grund~, Mittel~, Real~	нача́льная ~, сре́дняя ~, реа́льная ~
Haupt~, (integrierte) Gesamt~	основна́я сре́дняя ~, (интегри́рованная) о́бщая сре́дняя ~
Waldorf~	вальдо́рфская ~
staatliche ~, Privat~	госуда́рственная ~, ча́стная ~
Gymnasium	гимна́зия
Goethe-~, Kant-~	~ и́мени *кого?* Gen. Гёте, Ка́нта
eingeschult werden	**пойти́/идти́ в шко́лу** *куда?* Akk.
Ich wurde mit 6 Jahren eingeschult.	Я пошёл (пошла́) в шко́лу в 6 лет. ↗ Alter: s. S. 6
zur Schule gehen, eine Schule besuchen	**учи́ться в шко́ле** *где?* Präp., **ходи́ть в шко́лу** *куда?* Akk.
Ich gehe aufs Gymnasium.	Я учу́сь в гимна́зии.
Meine Schwester ist in der Grundschule.	Моя́ сестра́ хо́дит в нача́льную шко́лу.
Unser Gymnasium hat einen mathematischen (naturwissenschaftlichen, geisteswissenschaftlichen) Schwerpunkt.	У нас гимна́зия с математи́ческим (есте́ственно-нау́чным, гуманита́рным) укло́ном.
Ich besuche eine Schule mit erweitertem Mathematik- und Physikunterricht.	Я учу́сь в шко́ле с углублённым изуче́нием матема́тики и фи́зики.
Die Schule befindet sich im Stadtzentrum.	Шко́ла нахо́дится в це́нтре.
~ (nicht) weit von meinem Zuhause.	~ (не)далеко́ от моего́ до́ма. ↗ Verkehr: s. S. 100; Wegbeschreibung: s. S. 113
Schüler, Schülerin	**учени́к, учени́ца**
ein fleißiger ~, ein ~ mit schlechten Noten	приле́жный ~, отстаю́щий ~ ↗ Charaktereigenschaften: s. S. 18
Lehrer(in)	**учи́тель(ница), преподава́тель(ница)** *чего?* Gen.
Musik~, Mathematik~	~ му́зыки (матема́тики, ...)
unterrichten	**преподава́ть** *кому*? Dat. *что*? Akk.
Klassenlehrer, Klassenlehrerin	**кла́ссный руководи́тель, кла́ссная руководи́тельница**
Unser Klassenlehrer unterrichtet Geschichte und Geografie.	Наш кла́ссный руководи́тель преподаёт исто́рию и геогра́фию.

Es ist üblich, Lehrer(innen) beim Vor- und Vatersnamen zu nennen – назва́ть/называ́ть по и́мени и о́тчеству. ↗ Vatersname: s. S. 5 Bei Berufsbezeichnungen wird im Russischen unabhängig vom Geschlecht oft die männliche Form verwendet, z.B. наш учи́тель матема́тики Ни́на Ива́новна.

Klasse	**класс**
erste ~, zweite ~, siebte ~	пе́рвый ~, второ́й ~, седьмо́й ~
Ich bin in der 6. Klasse.	Я (учу́сь) в шесто́м кла́ссе.
Mein Bruder besucht die 8. Klasse.	Мой брат - учени́к восьмо́го кла́сса.
jüngere (mittlere, ältere) Jahrgangsstufen	**мла́дшие (сре́дние, ста́ршие) кла́ссы**
Erstklässler(in)	первокла́ссник, первокла́ссница
Schüler(in) einer höheren Klasse	старшекла́ссник, старшекла́ссница
Die älteren Schüler unternehmen oft Wanderfahrten.	Ученики́ ста́рших кла́ссов ча́сто хо́дят в походы. ↗ Reise: s. S. 107
Mitschüler(in), Klassenkamerad	**однокла́ссник (однокла́ссница)**
versetzt werden, wechseln	**перейти́/переходи́ть**
in die nächste Klassenstufe ~	~ в сле́дующий класс
in eine andere Schule ~	~ в другу́ю шко́лу
sitzen bleiben	оста́ться/остава́ться на второ́й год
Er blieb sitzen (wurde nicht versetzt).	Он оста́лся (Его́ оста́вили) на второ́й год.
die Schule beenden	**око́нчить/ока́нчивать** (*ugs.* зако́нчить/зака́нчивать) **шко́лу**
Ich absolviere die Schule in diesem Jahr.	Я зака́нчиваю шко́лу в э́том году́.
~ nächstes Jahr.	~ в сле́дующем году́.
~ in zwei Jahren.	~ че́рез два го́да. ↗ Zeitangaben: s. S. 145

Was sind deine Lieblingsfächer? / Каки́е у тебя́ люби́мые предме́ты?

Fach	**предме́т**
Lieblings~, Pflicht~	люби́мый ~, обяза́тельный ~
Wahl~	~ по вы́бору (факультати́вный ~)
Leistungs~	~ про́фильного обуче́ния
Mathematik, Informatik	матема́тика, информа́тика
Physik, Chemie, Biologie	фи́зика, хи́мия, биоло́гия
Geografie, Geschichte	геогра́фия, исто́рия
Philosophie, Religion, Ethik	филосо́фия, религиове́дение, э́тика
Deutsch	неме́цкий язы́к и литерату́ра
Fremdsprachen	иностра́нные языки́ ↗ Sprachen: s. S. 84–85
Musik, Kunst	му́зыка, изобрази́тельное иску́сство (ИЗО)
Sport	физкульту́ра (физи́ческая культу́ра, *Abk.* физ-ра́) ↗ Sportarten: s. S. 54–55
Werken, Arbeitslehre	труд

Es ist üblich, Lehrer(innen) beim Vor- und Vatersnamen zu nennen – назва́ть/называ́ть по и́мени и о́тчеству. ↗ Vatersname: s. S. 5 Bei Berufsbezeichnungen wird im Russischen unabhängig vom Geschlecht oft die männliche Form verwendet, z.B. наш учи́тель матема́тики Ни́на Ива́новна.

Klasse	**класс**
erste ~, zweite ~, siebte ~	пе́рвый ~, второ́й ~, седьмо́й ~
Ich bin in der 6. Klasse.	Я (учу́сь) в шесто́м кла́ссе.
Mein Bruder besucht die 8. Klasse.	Мой брат - учени́к восьмо́го кла́сса.
jüngere (mittlere, ältere) Jahrgangsstufen	**мла́дшие (сре́дние, ста́ршие) кла́ссы**
Erstklässler(in)	первокла́ссник, первокла́ссница
Schüler(in) einer höheren Klasse	старшекла́ссник, старшекла́ссница
Die älteren Schüler unternehmen oft Wanderfahrten.	Ученики́ ста́рших кла́ссов ча́сто хо́дят в похо́ды. ↗ Reise: s. S. 107
Mitschüler(in), Klassenkamerad	**однокла́ссник (однокла́ссница)**
versetzt werden, wechseln	**перейти́/переходи́ть**
in die nächste Klassenstufe ~	~ в сле́дующий класс
in eine andere Schule ~	~ в другу́ю шко́лу
sitzen bleiben	оста́ться/остава́ться на второ́й год
Er blieb sitzen (wurde nicht versetzt).	Он оста́лся (Его́ оста́вили) на второ́й год.
die Schule beenden	**око́нчить/ока́нчивать** (*ugs.* зако́нчить/зака́нчивать) **шко́лу**
Ich absolviere die Schule in diesem Jahr.	Я зака́нчиваю шко́лу в э́том году́.
~ nächstes Jahr.	~ в сле́дующем году́.
~ in zwei Jahren.	~ че́рез два го́да. ↗ Zeitangaben: s. S. 145

Was sind deine Lieblingsfächer?	**Каки́е у тебя́ люби́мые предме́ты?**
Fach	**предме́т**
Lieblings~, Pflicht~	люби́мый ~, обяза́тельный ~
Wahl~	~ по вы́бору (факультати́вный ~)
Leistungs~	~ про́фильного обуче́ния
Mathematik, Informatik	матема́тика, информа́тика
Physik, Chemie, Biologie	фи́зика, хи́мия, биоло́гия
Geografie, Geschichte	геогра́фия, исто́рия
Philosophie, Religion, Ethik	филосо́фия, религиове́дение, э́тика
Deutsch	неме́цкий язы́к и литерату́ра
Fremdsprachen	иностра́нные языки́ ↗ Sprachen: s. S. 84–85
Musik, Kunst	му́зыка, изобрази́тельное иску́сство (ИЗО)
Sport	физкульту́ра (физи́ческая культу́ра, *Abk.* физ-ра́) ↗ Sportarten: s. S. 54–55
Werken, Arbeitslehre	труд

In Russland wird der Mathematikunterricht in áлгебра und геомéтрия eingeteilt, die als einzelne Fächer (отдéльные предмéты) unterrichtet werden. Рýсский язы́к als Fach, in dem man grammatische und orthographische Regeln erlernt, gibt es nur bis zur 9. Klasse, während das Fach литератýра mit Werken russischer und ausländischer Autoren bis zum Schulabschluss unterrichtet wird. Kunstunterricht beschränkt sich auf die Grundschule und beinhaltet Malen – рисовáние. In manchen Schulen gibt es auch das Fach оснóвы религиóзных культýр и свéтской э́тики – Grundlagen der Religionslehre und der Ethik. Als Wahlfächer können эколóгия, экономика, правовéдение (Rechtswissenschaft), филосóфия u. a. gewählt werden.

Mein Lieblingsfach ist Geschichte.	Мой люби́мый предмéт – истóрия.
Ich mag es, über geschichtliche Ereignisse zu lesen und Neues zu erfahren.	Мне нрáвится читáть и узнавáть нóвое об истори́ческих собы́тиях. ↗ Geschichte: s. S. 86
Ich beschäftige mich viel mit deutscher Geschichte.	Я мнóго занимáюсь истóрией Германии.
Ich kenne mich in Geschichte gut aus.	Я хорошó разбирáюсь в истóрии.
Geschichte, Literatur, Sprachen fallen mir leicht.	Истóрия, литератýра, языки́ мне легкó даю́тся.
Mathematik fällt mir schwer.	Матемáтика мне тяжелó даётся.
Kurs	**курс**
Grund~	основнóй ~
Leistungs~	прóфильный ~, ~ прóфильного обучéния
Ich habe Englisch und Mathematik als Leistungskurse gewählt.	Я вы́брал(а) англи́йский и матемáтику в кáчестве прóфильных кýрсов (предмéтов).
Als Leistungsfächer möchte ich Chemie und Biologie nehmen.	В кáчестве прóфильных предмéтов я хочý изучáть хи́мию и биолóгию.
In diesen Fächern werde ich meine Abiturprüfungen machen.	По э́тим предмéтам я бýду сдавáть выпускны́е экзáмены.
Arbeitsgemeinschaft	**кружóк, факультати́в**
eine AG besuchen	пойти́/ходи́ть в кружóк
eine Physik-AG ~	~ (на факультати́в) по фи́зике
ein Schach-AG ~	занимáться в шáхматном кружкé ↗ Hobbys: s. S. 44

Bekommst du gute Noten? / У тебя́ хорóшие оцéнки?

Note	**оцéнка, отмéтка** по *какому предмету?* Dat.
eine gute ~, Durchschnitts~, schlechte ~	хорóшая ~, срéдняя ~, плохáя ~
eine ~ in Musik, ~ in Chemie	~ по мýзыке, ~ по хи́мии
Halbjahres~	итóговая ~ за полугóдие
Noten bekommen	получи́ть/получáть оцéнки
In Musik bekomme ich immer gute Noten.	По мýзыке я всегдá получáю хорóшие оцéнки.
Noten vergeben, bewerten	постáвить/стáвить оцéнки за *что*? Akk.
Mein Aufsatz wurde mit „sehr gut“ benotet.	Мне постáвили за сочинéние «отли́чно».

Unser Lehrer vergibt die Noten immer gerecht.	Наш учи́тель всегда́ справедли́во ста́вит оце́нки.

Das russisches Benotungssystem sieht anders als das deutsche aus:

ausgezeichnet	5 (пятёрка)	отли́чно
gut	4 (четвёрка)	хорошо́
befriedigend	3 (тро́йка)	удовлетвори́тельно
unbefriedigend	2 (дво́йка);	неудовлетвори́тельно
	1 (едини́ца, кол)	

Fehler	**оши́бка**
einen ~ machen	сде́лать/де́лать оши́бку
Fehlerkorrektur	рабо́та над оши́бками
korrigieren, ausbessern	**испра́вить/исправля́ть**
einen Fehler ~, eine Note ~	~ оши́бку, ~ оце́нку
Ich muss meine 4 in Physik ausbessern.	Мне на́до испра́вить дво́йку по фи́зике.
immer gute Noten bekommen	**учи́ться на пятёрки и четвёрки**
ein durchschnittlicher Schüler (eine durchschnittliche Schülerin) sein	~ на тро́йки
einen Test, eine (Abschluss-)Prüfung ablegen, schreiben	**сдать/сдава́ть** *что?* Akk. **тест, (выпускно́й) экза́мен**
Morgen schreiben wir einen Test in Physik.	За́втра мы сдаём (пи́шем) тест по фи́зике.
Den Test in Chemie habe ich mit einer 3 bestanden.	Тест по хи́мии я сдал(а́) на тро́йку.
Mein Bruder hat seine Abiturprüfungen schon gemacht.	Мой брат уже́ сдал выпускны́е экза́мены.
eine Klausur schreiben	**написа́ть/писа́ть контро́льную (рабо́ту)**
einen Aufsatz ~	~ сочине́ние
Die letzte Klausur habe ich mit einer 2 bestanden.	После́днюю контро́льную я написа́л(а) на четвёрку.
Die Note in diesem Fach geht in die Abschlussnote ein.	Оце́нка по э́тому предме́ту вхо́дит в аттеста́т.
Zeugnis der mittleren Reife (Realschulabschluss)	**аттеста́т о по́лном сре́днем образова́нии**
Abiturzeugnis	**аттеста́т зре́лости**
das ~ erhalten	получи́ть/получа́ть ~

2009 wurde in russischen Schulen eine einheitliche Abschlussprüfung eingeführt – ЕГЭ (Еди́ный госуда́рственный экза́мен). Das ЕГЭ besteht aus einzelnen Prüfungen in den Pflichtfächern матема́тика und ру́сский язы́к sowie 3 bis 4 Wahlfächern (по вы́бору). Die Ergebnisse der Prüfung – результа́ты ЕГЭ – werden bei der Bewerbung zum Hochschulstudium eingereicht und als Aufnahmeprüfung anerkannt.

Wie sieht dein Stundenplan aus? / Како́е у тебя́ расписа́ние?

(Unterrichts)Stunde	**уро́к**
Chemie~, Musik~	~ хи́мии, ~ му́зыки *чего?* Gen.
Unterricht	заня́тия *Pl.*, уро́ки *Pl.*
Der Unterricht beginnt um 8 Uhr.	Заня́тия в шко́ле начина́ются в 8 часо́в. ↗ Uhrzeit: s. S. 148
~ endet um 15 Uhr.	Уро́ки зака́нчиваются в 15 часо́в.
Stundenplan	**расписа́ние (уро́ков)**
Wir haben 7 Stunden täglich.	У нас 7 уро́ков в день.
Als erste Stunden habe ich heute Musik.	Пе́рвый уро́к у меня́ сего́дня му́зыка.
In der letzten Stunde habe ich Sport.	После́дний уро́к – физкульту́ра.
Wir haben jeden zweiten Samstag Unterricht.	У нас есть уро́ки ка́ждую втору́ю суббо́ту.
Pause *(in der Schule)*	**переме́на**
in der (großen) ~	на (большо́й) переме́не
Praktikum	**пра́ктика**
Jetzt haben wir keinen Unterricht, wir machen ein Praktikum.	Сейча́с у нас нет уро́ков, мы прохо́дим пра́ктику.
Das Praktikum dauert 6 Monate.	Пра́ктика дли́тся полго́да.
Schuljahr *(auch:* Studienjahr)	учёбный год
im neuen (letzten) ~	в но́вом (про́шлом) учёбном году́
erstes (zweites) Halbjahr, Semester	пе́рвое (второ́е) полуго́дие
Quartal, Trimester	учёбная че́тверть
Ferien	**кани́кулы** ↗ Urlaub: s. S. 108
Sommer~, Winter~, Herbst~, Frühjahrs~	ле́тние ~, зи́мние ~, осе́нние ~, весе́нние ~
lange ~, kurze ~	дли́нные ~, коро́ткие ~
in den ~, während der ~	на кани́кулах, во время кани́кул
Die Sommerferien dauern bei uns (in unserem Bundesland) 5 Wochen: vom 20. Juni bis zum 3. August.	Ле́тние кани́кулы у нас (в на́шей федера́льной земле́) дли́тся пять неде́ль: с 20 (двадца́того) июня по 3 (тре́тье) а́вгуста.

Bekommt ihr viele Hausaufgaben? / Вам мно́го задаю́т?

Aufgabe	**зада́ние**
Haus~, ~ für die Ferien	дома́шнее ~, ~ на́ дом, ~ на кани́кулы
Hausaufgaben	дома́шние зада́ния, уро́ки
~ machen	сде́лать/де́лать уро́ки
Ich mache Hausaufgaben nicht gern.	Я не люблю́ де́лать уро́ки.
aufgeben (als Hausaufgabe)	**зада́ть/задава́ть на́ дом**
Wir bekommen viele Hausaufgaben in Physik.	Нам о́чень мно́го задаю́т по фи́зике.
Für morgen müssen wir ein Gedicht auswendig lernen.	На за́втра нам за́дали вы́учить стих.
sich vorbereiten	**подгото́виться/гото́виться** к *чему?* Dat.
~ auf den Unterricht ~, ~ zum Diktat ~, ~ zum Test ~	~ к уро́ку, ~ к дикта́нту, ~ к те́сту

~ auf eine Klausur ~, ~ auf die Prüfung ~	~ к контро́льной (рабо́те), ~ к экза́мену
Die Vorbereitung auf den Unterricht nimmt bei mir (nicht) viel Zeit in Anspruch.	Подгото́вка к уро́кам (не) занима́ет у меня́ мно́го вре́мени.
vorbereiten	подгото́вить/гото́вить *что?* Akk.
ein Referat ~, eine Präsentation ~	~ рефера́т, ~ презента́цию
einen Vortrag ~	~ докла́д
Projekt	прое́кт
Gruppen~, ~arbeit	группово́й ~, рабо́та по прое́кту
Teamarbeit	рабо́та в гру́ппе (в кома́нде)

Wie sieht eure Schule, euer Klassenraum aus? / Как вы́глядит ва́ша шко́ла, ваш класс?

Gebäude	**зда́ние**
Schul~, modernes ~	~ шко́лы, совре́менное ~
Altbau	~ ста́рой (стари́нной) постро́йки
Klasse, Klassenraum	**класс**
Fachraum, Kabinett	кабине́т *чего?* Gen.
~ für Geografie, Informatik~	~ геогра́фии, ~ информа́тики
Schultisch, Bank	**па́рта, стол**
sich an den (die) ~ setzen	сесть/сади́ться за парту (за стол) *куда? за что?* Akk.
Die Schüler sitzen an ihren Tischen.	Ученики́ сидя́т за па́ртами.
Tafel	**доска́**
Interaktive ~ ,Whiteboard	интеракти́вная ~
Flipchart	флипча́рт
Overheadprojektor	оверхе́д-прое́ктор
Kreide	мел
Zeigestock	ука́зка
Laser~	ла́зерная ~
An der Wand hängt eine Tafel.	На стене́ виси́т доска́.
an die Tafel schreiben	написа́ть/писа́ть на доске́ *где?* Präp.
an die Tafel gehen	вы́йти/идти́ к доске́ *куда? к чему?* Dat.
Ich werde oft (selten) an die Tafel gebeten.	Меня́ ча́сто (ре́дко) вызыва́ют к доске́.
An der Wand im Klassenzimmer hängen Tabellen, Karten, Poster und eine Wandzeitung.	На стене́ в кла́ссном кабине́те вися́т табли́цы, ка́рты, по́стер и стенна́я газе́та.
Sporthalle	**спортза́л**
Wir haben eine moderne, gut ausgestattete Sporthalle.	У нас совре́менный, хорошо́ обору́дованный спортза́л.
Im Rahmen des Sportunterrichts gehen wir manchmal in die Schwimmhalle.	На уро́ках физкульту́ры мы иногда́ хо́дим в бассе́йн.
Kantine, Mensa	**столо́вая**
In unserer Schule gibt es eine Kantine.	В на́шей шко́ле есть столо́вая.

↗ Essen: s. S. 58–60

Ist dein Schulrucksack schwer?	**У тебя́ тяжёлый рюкза́к?**
(Schul)Rucksack (Schultasche)	**(шко́льный) рюкза́к** (шко́льная су́мка)
ein schwerer ~, leichter ~	тяжёлый ~, лёгкий ~
in der Schultasche (im Rucksack) tragen	нести́ (носи́ть) в рюкзаке́ (в су́мке)
Ich habe immer sehr viele Sachen in meinem Rucksack.	У меня́ в рюкзаке́ всегда́ о́чень мно́го веще́й.

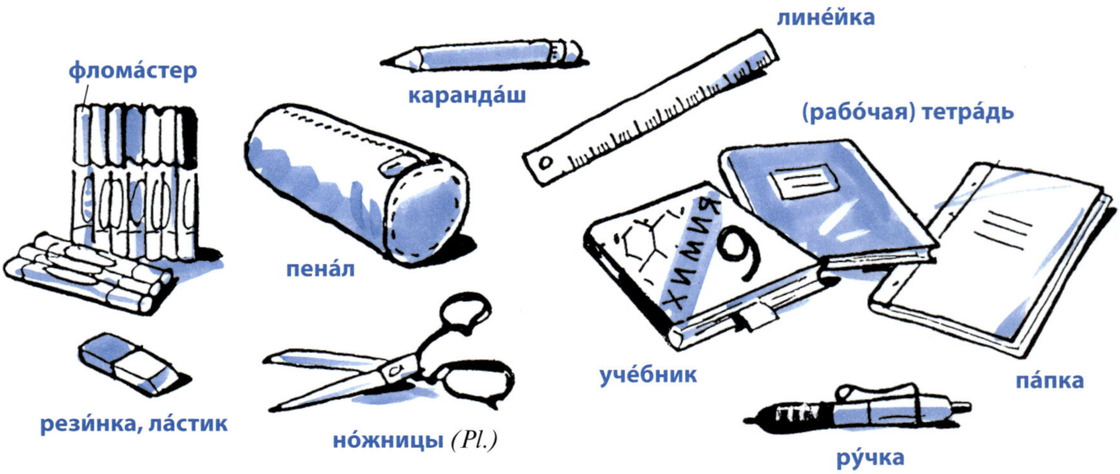

Hausaufgabenheft	**дневни́к**
Aufgaben ins ~ eintragen	записа́ть/запи́сывать зада́ния в ~
Buntstifte	цветны́е карандаши́ ↗ Farben: s. S. 160
Zeichenblock	альбо́м для рисова́ния
Buntpapier	цветна́я бума́га
Kleber, Klebestift	клей, кле́ящий каранда́ш
Sportsachen	спорти́вная фо́рма
vergessen, liegen lassen	**забы́ть/забыва́ть** *что*? Akk.
Ich lasse die Federtasche oft zu Hause liegen.	Я ча́сто забыва́ю до́ма пена́л.

Warst du schon im Rahmen eines Austausches im Ausland?	**Ты уже́ е́здил(а) по шко́льному обме́ну за грани́цу?**
Austausch	**обме́н**
Schüler~	шко́льный ~, ~ ученика́ми
~schüler(in)	учени́к (учени́ца) по обме́ну
Unsere Schule nimmt an einem Schüleraustausch teil.	На́ша шко́ла уча́ствует в програ́мме шко́льного обме́на.
im Rahmen eines Austauschprogramms ins Ausland fahren	**пое́хать/е́хать** *(zielger.)*, **е́здить** *(nicht zielger.)* **за грани́цу по програ́мме шко́льного обме́на**
Ich war als Austauschschüler(in) in England.	Я был(а́) по обме́ну в А́нглии. ↗ Länder: s. S. 84–85; Reise: s. S. 107
Wir haben oft Austauschschüler in der Schule.	К нам ча́сто приезжа́ют ученики́ по обме́ну.

Ich war als Austauschschüler(in) an einem Gymnasium in Frankreich.	Я учи́лся (учи́лась) по обме́ну в гимна́зии во Фра́нции.
ein Schuljahr, einige Monate im Ausland verbringen	провести́/проводи́ть за грани́цей уче́бный год, не́сколько ме́сяцев
Gastfamilie	**принима́ющая семья́** ↗ Familie: s. S. 8

Welche Fremdsprachen sprichst du? / На каки́х иностра́нных языка́х ты говори́шь?

Sprache	**язы́к**
Mutter~, Fremd~	родно́й ~, иностра́нный ~
Welt~, internationale Verkehrs~	~ междунаро́дного обще́ния
Muttersprachler	носи́тель языка́
sprechen	**говори́ть** на *како́м языке́? Präp.*
eine Fremdsprache ~	~ на иностра́нном языке́

Russisch	**ру́сский язы́к** (*ugs.* ру́сский)
Russisch sprechen	говори́ть по-ру́сски, на ру́сском языке́ (*ugs.* на ру́сском)
auf Russisch lesen (schreiben)	чита́ть (писа́ть) по-ру́сски, на ру́сском языке́ (*ugs.* на ру́сском)
ein Buch (ein Film) auf Russisch	кни́га (фильм) на ру́сском языке́ (*ugs.* на ру́сском)

По-ру́сски kann auch „auf eine russische Art und Weise" bedeuten: ду́мать (де́йствовать) по-ру́сски – auf russische Art denken (handeln)

zwei (drei) Sprachen von Kind auf sprechen	говори́ть на двух (трёх) языка́х с де́тства
zweisprachig	**двуязы́чный**, билингва́льный
eine zweisprachige Familie	двуязы́чная семья́ ↗ Familie: s. S. 8
Zu Hause sprechen wir hauptsächlich Deutsch, manchmal Russisch.	До́ма мы говори́м в основно́м по-неме́цки, иногда́ по-ру́сски.
lernen	**вы́учить/учи́ть** *что?* Akk.
lernen, studieren (*ein Fach*)	**изучи́ть/изуча́ть** *что?* Akk.
Ich lerne Französisch seit der 5. Klasse.	Я учу́ францу́зский с пя́того кла́сса. ↗ Länder, Sprachen: s. S. 84–85
In der Schule lernen wir zwei Fremdsprachen.	В шко́ле мы изуча́ем два иностра́нных языка́.
Ich habe Englisch als erste und Russisch als zweite Fremdsprache.	У меня́ пе́рвый иностра́нный язы́к в шко́ле англи́йский, а второ́й – ру́сский.
lernen (auch: sich beschäftigen)	**заня́ться/занима́ться** *чем?* Instr.
Ich lerne jetzt intensiv Englisch.	Я сейча́с интенси́вно (мно́го) занима́юсь англи́йским.
übersetzen	**перевести́/переводи́ть** *что?* Akk., с *како́го* языка́ Gen. на *како́й*? Akk.

aus dem Russischen ins Deutsche ~	~ с ру́сского на неме́цкий
Übersetzung aus dem Russischen	**перево́д** с ру́сского
sprachbegabt sein	име́ть **тала́нт (спосо́бности)** к языка́м (к изуче́нию языко́в)
Ich bin nicht sprachbegabt.	У меня́ нет тала́нта к языка́м.
Fremdsprachenlernen fällt mir leicht (schwer).	Иностра́нные языки́ мне легко́ (тяжело́) даю́тся.
Aussprache, Akzent	**произноше́ние**, акце́нт
ohne Akzent (akzentfrei) sprechen	говори́ть без акце́нта
mit einem leichten Akzent ~	~ с лёгким акце́нтом
sich leicht etwas einprägen, behalten	легко́ **запо́мнить/запомина́ть** *что?* Akk. ↗ Denken: s. S. 122
eine Fremdsprache **beherrschen**	**владе́ть** иностра́нным языко́м *чем?* Instr.
~ perfekt ~	~ в соверше́нстве
Sprachniveau	**у́ровень владе́ния языко́м**
Wie schätzt du dein Sprachniveau ein?	Как ты оце́ниваешь свой у́ровень владе́ния языко́м?

Lebenslauf (Ausschnitt)		Резюме́ (фрагме́нт)	
Sprachkenntnisse:		Зна́ние иностра́нных языко́в:	
Deutsch	Muttersprache	Неме́цкий	родно́й
Englisch	fließend (in Wort und Schrift), Geschäftskorrespondenz	Англи́йский	свобо́дно (у́стно и пи́сьменно), делова́я перепи́ска
Russisch	Gesprächsniveau	Ру́сский	разгово́рный у́ровень
Italienisch	Grundkenntnisse	Италья́нский	ба́зовый/нача́льный у́ровень (ба́зовые/нача́льные зна́ния)

verbessern	**улу́чшить/улучша́ть** *что?* Akk.
seine Sprachkenntnisse ~	~ свои́ зна́ния языка́
sich eine Sprache **aneignen**	**осво́ить/осва́ивать** иностра́нный язы́к
Nachhilfeunterricht nehmen	занима́ться с репети́тором *с кем?* Instr.
zu einem **Sprachkurs** fahren	пое́хать/е́хать в **языково́й ла́герь**
kommunizieren	**обща́ться** с *кем?* Instr.
mit Muttersprachlern ~	~ с носи́телями языка́
mit dem Austauschpartner ~	~ с партнёром по обме́ну
Filme im Original schauen	смотре́ть фи́льмы в оригина́ле ↗ Film: s. S. 46
~ mit Untertiteln (ohne Untertitel) ~	~ с субти́трами (без субти́тров)
Lieder, Radio oder Podcasts hören	слу́шать пе́сни, ра́дио или подка́сты ↗ Radio: s. S. 130, Internet: s. S. 137

ТРКИ (Тест по ру́сскому языку́ как иностра́нному) ist ein international anerkanntes Zertifikat über Russischkenntnisse. Der Test umfasst die fünf Bereiche Lexik und Grammatik (ле́ксика и грамма́тика), Lesen (чте́ние), Hörverstehen (ауди́рование), Schreiben (письмо́) und Sprechen (говоре́ние). Es gibt 6 mögliche Abschlussniveaus. Um ein Studium an einer russischen Hochschule oder Universität aufnehmen zu können, muss man das 3. Sprachniveau ТРКИ-1 (пе́рвый сертификацио́нный у́ровень) nachweisen.

Was möchtest du nach dem Schulabschluss machen?	**Что ты хо́чешь де́лать по́сле оконча́ния шко́лы?**
Schulabschluss	**оконча́ние шко́лы**
sich um einen Studienplatz bewerben	**поступа́ть** *куда?* Akk.
Ich werde mich an der Musikhochschule bewerben.	Я бу́ду поступа́ть в консервато́рию.
immatrikulieren, sich einschreiben	**поступи́ть** *куда?* Akk.
an einer Hochschule ~	~ в ВУЗ (вы́сшее учéбное заведе́ние)
an einer Universität ~, einer Fachhochschule ~	~ в университе́т, ~ в институ́т
an der ... Fakultät ~	~ на факульте́т *чего?* Gen.
an einem College ~, einer Berufsschule ~	~ в ко́лледж , ~ в учи́лище
Bachelor, Master	**бакала́вр, маги́стр**
ein Bachelor-(Master-)studium absolvieren	учи́ться на бакала́вра (на маги́стра)
einen Bachelor-(Master)abschluss erwerben	получи́ть сте́пень бакала́вра (маги́стра)
ein Diplomstudium absolvieren	получи́ть дипло́м
~ im Fach Slawistik	~ по специа́льности «Слави́стика»
Numerus clausus	**проходно́й балл**
Für diesen Studiengang ist der NC sehr hoch.	На э́тот факульте́т (э́ту специа́льность) о́чень высо́кий проходно́й балл.
Man muss eine Aufnahmeprüfung bestehen.	На́до сдава́ть вступи́тельный экза́мен.
Wissenschaft	**нау́ка**
Naturwissenschaften	есте́ственные нау́ки
Geisteswissenschaften	гуманита́рные нау́ки
Philologie, Sprachwissenschaft	**филоло́гия**, языкозна́ние
Slawistik, Germanistik, Anglistik	слави́стика, германи́стика, англи́стика
Romanistik	рома́нская филоло́гия
Wirtschaft	**эконо́мика** ↗ Wirtschaft: s. S. 89
BWL, VWL	~ предприя́тия, политэконо́мия
Rechtswissenschaft, Jura	**пра́во,** юриспруде́нция
Kulturwissenschaft	культуроло́гия
Soziologie, Politikwissenschaft	**социоло́гия, политоло́гия** ↗ Politik: s. S. 87
Literaturwissenschaft	**литературове́дение** ↗ Literatur: s. S. 45
Kunstgeschichte	исто́рия иску́сств ↗ Kunst: s. S. 51
Bibliothekswesen	библиоте́чное де́ло
Maschinenbau	машинострое́ние
Ich möchte Politikwissenschaft und Geografie studieren.	Я хочу́ изуча́ть политоло́гию и геогра́фию.

Stipendium	**стипе́ндия**
BAFöG	**госуда́рственный креди́т на получе́ние образова́ния**
Ich werde kein Stipendium erhalten, meine Eltern werden mein Studium finanzieren.	Я не бу́ду получа́ть стипе́ндию, за мою́ учёбу бу́дут плати́ть роди́тели.
Berufsausbildung	**сре́днее специа́льное образова́ние**
Ich möchte eine Ausbildung machen.	Я хочу́ получи́ть сре́днее специа́льное образова́ние. ↗ Berufe: s. S. 40–42
Die Ausbildung erfolgt direkt am Arbeitsplatz.	Обуче́ние происхо́дит непосре́дственно на рабо́чем ме́сте.
Gleichzeitig muss man Lehrveranstaltungen an der Berufsschule besuchen.	Одновреме́нно с э́тим на́до посеща́ть заня́тия в учи́лище.
Wehrdienst leisten	**отслужи́ть/служи́ть в а́рмии**
Zivildienst (Bundesfreiwilligendienst) leisten	пройти́/проходи́ть альтернати́вную слу́жбу
ins Ausland gehen	**пое́хать/е́хать грани́цу** ↗ Länder: s. S. 84–85
als AuPair-Mädchen ~	~ в ка́честве гуверна́нтки (по програ́мме AuPair)
ein Freiwilliges Soziales (Ökologisches) Jahr machen	порабо́тать/рабо́тать волонтёром по програ́мме «Доброво́льный социа́льный (экологи́ческий) год»
ein Praktikum machen	**пройти́/проходи́ть пра́ктику**
Ich möchte ein Praktikum in einer Firma absolvieren.	Я хочу́ пройти́ пра́ктику в фи́рме.
~ in einer Behörde ~	~ в госуда́рственном учрежде́нии.
~ in einer Organisation ~	~ в организа́ции.
Praktikumsplatz	ме́сто прохожде́ния пра́ктики
Praktikumsbewerbung	соиска́ние ме́ста для прохожде́ния пра́ктики
Lebenslauf	**резюме́**
einen ~ schreiben	соста́вить/составля́ть ~
den ~ per Post (E-mail) verschicken	отпра́вить/отправля́ть по (электро́нной) по́чте ↗ E-mail: s. S. 140, Brief: s. S. 141
Anschreiben	**сопроводи́тельное письмо́** (к резюме́)
den Lebenslauf, das Abschlusszeugnis, ein Empfehlungsschreiben beifügen, beilegen	приложи́ть/прилага́ть своё резюме, аттеста́т, рекоменда́тельное письмо́
Anlage	приложе́ние

Резюме

Михаэль Бухбиндер
27 марта 1996 г.
Кантштрассе, д. 26
10629 Берлин, Германия

м. т.: +49/17628018956
д. т.: +49/30/6922687
email: m_buchbinder@gmail.com

Цель:	прохождение практики в отделе рекламы
Образование:	
2005–2013	гимназия им. Гёте, г. Берлин; окончание с аттестатом зрелости (средний балл: 2,4 – хорошо)
2000–2005	начальная школа «Ам Бранденбургер Тор», «Европейская школа» с изучением русского языка
Опыт работы:	
2012	помощь в организации школьного обмена (поиск принимающих семей, организация экскурсионных программ)
Дополнительные сведения:	
– иностранные языки:	немецкий – родной; английский – свободно (устно и письменно); русский – разговорный уровень
– навыки работы на компьютере:	MS Office 8, Excel, PowerPoint, Photoshop
– интересы и увлечения:	волейбол, шахматы, кино, современный дизайн

Was möchtest du werden? / Кем ты хо́чешь стать?

Beruf	**профе́ссия**
Lieblings~, mein Traum~	люби́мая ~, ~ мое́й мечты́
zukünftiger ~, angesehener ~	бу́дущая ~, прести́жная ~
gut bezahlter ~	высокоопла́чиваемая ~
schlecht bezahlter ~	низкоопла́чиваемая ~
(nicht) gefragter ~	(не)востре́бованная ~

von Beruf sein	**быть по профе́ссии** *Präs. кто?* Nom., *Prät./ Futur кем?* Instr.
Mein Vater ist Ingenieur von Beruf.	Мой оте́ц инжене́р по профе́ссии.
Mein Opa war auch Ingenieur.	Мой де́душка то́же был инжене́ром.
Fachrichtung, Qualifikation	**специа́льность** *w.*
Meine Mutter ist Soziologin, aber sie arbeitet nicht in diesem Beruf.	Моя́ ма́ма – социо́лог, но она́ не рабо́тает по специа́льности.
werden	**стать/станови́ться** *кем?* Instr.
Ich möchte Informatiker(in) werden.	Я хочу́ стать программи́стом.
Mein Traum ist es, Kinderarzt (-ärztin) zu werden.	Моя́ мечта́ – стать де́тским врачо́м.

Bei offiziellen Berufsbezeichnungen wird im Russischen üblicherweise die männliche Form verwendet, selbst wenn es sich dabei um eine Frau handelt. Verben weisen in diesem Fall die weibliche Form auf:
Дире́ктор шко́лы Ни́на Ви́кторовна провела́ собра́ние.
Гла́вный бухга́лтер О́льга Ива́новна ушла́ на пе́нсию.
Bei einigen Berufen kommt es allerdings auf die genaue Geschlechtszugehörigkeit an: балери́на, актри́са, танцовщи́ца, певи́ца, спортсме́нка.
In der Umgangssprache existieren für viele Berufsbezeichnungen auch weibliche Formen: журнали́стка, воспита́тельница.

Ich möchte in (im Bereich) … tätig sein.	**Я хочу́ рабо́тать в о́бласти** *чего?* Gen.
~ der Medizin ~, ~ im Bildungs~, ~ Technik~,	~ медици́ны, ~ образова́ния, ~ те́хники ↗ Gesundheit: s. S. 68
~ im juristischen ~, ~ Wirtschafts~, ~ Informatik~	~ пра́ва, ~ эконо́мики, ~ информа́тики ↗ Wirtschaft: s. S. 89
~ Bau~, ~ Landwirtschafts~	~ строи́тельства, ~ се́льского хозя́йства
~ Umwelttechnik~, ~ Journalismus~	~ эколо́гии, ~ журнали́стики ↗ Umwelt: s. S. 97, Medien: s. S. 133
Ich wollte schon immer … arbeiten.	**Я всегда́ хоте́л(а) рабо́тать** *где?* Präp.
~ im Dienstleistungsbereich ~	~ в сфе́ре услу́г.
~ im öffentlichen Dienst ~	~ на госуда́рственной слу́жбе.
Ich möchte mich mit … beschäftigen.	**Я хочу́ занима́ться** *чем?* Instr.
~ Design ~, ~ Malerei ~, ~ Musik ~	~ диза́йном, ~ жи́вописью, ~ му́зыкой
~ Werbung ~, ~ Geschichte ~, ~ Politik ~	~ рекла́мой, ~ исто́рией, ~ поли́тикой
Anwalt, Anwältin	**адвока́т**
Anwaltsgehilfe	помо́щник адвока́та
Apotheker(in)	**апте́карь** *m.*
Architekt(in)	**архите́ктор**
Arzt, Ärztin	**врач**
Therapeut, Kinder~	терапе́вт, де́тский ~ (педиа́тр)
Chirurg, Orthopäde, Augenarzt	хиру́рг, ортопе́д, окули́ст ↗ Körperteile: s. S. 22, 71
Zahn~, Frauen~	стомато́лог (зубно́й ~), гинеко́лог
Psychologe, Psychiater	психо́лог, психиа́тр

Krankenschwester, Sanitäter	**медсестра́**, фе́льдшер
Hebamme	акуше́рка
Physiotherapeut	физиотерапе́вт
Tierarzt	**ветерина́р** ↗Tiere: s. S. 94
Mein Vater ist Arzt, er hat eine eigene Praxis.	Мой оте́ц – врач, у него́ ча́стная пра́ктика.
Mein Vater arbeitet in einem Krankenhaus.	Мой оте́ц рабо́тает в больни́це.
Automechaniker	**автомеха́ник**
Bäcker(in)	**пе́карь** *m.*
Balletttänzer(in)	арти́ст бале́та, балери́на
Bankangestellter	**ба́нковский слу́жащий**
Bauer, Bäuerin	**крестья́нин**, крестья́нка
Beamter, Beamte	**чино́вник**, чино́вница
Staatsbeamter, Angestellte(r) im öffentlichen Dienst	госслу́жащий, госслу́жащая
Wenn man verbeamtet ist, kann einem nicht gekündigt werden.	С госслу́жбы не мо́гут уво́лить.
Bibliothekar(in)	**библиоте́карь** *m.*
Biologe, Biologin	био́лог
Buchhalter	**бухга́лтер**
Chemiker(in)	хи́мик
Designer(in)	**диза́йнер**
Web~	веб-~
Diplomat(in)	**диплома́т**
Direktor(in)	**дире́ктор**
Stellvertretende(r) ~	замести́тель *m.* дире́ктора
Geschäftsführer(in)	исполни́тельный дире́ктор
Dozent(in), Professor(in)	доце́нт, профе́ссор
Elektriker	**эле́ктрик**
Erzieher(in), Kindergarten~	воспита́тель(ница), ~ де́тского са́да
Fahrer	**води́тель** ↗Verkehrsmittel: s. S. 100
Bus~, Straßenbahn~, Taxi~	~ авто́буса, ~ трамва́я, такси́ст
Feuerwehrmann	**пожа́рный**
Fischer	рыба́к
Flugzeugbauer(in)	авиаконстру́ктор
Fotograf(in)	**фото́граф**
Friseur(in)	**парикма́хер** *(w. ugs.* парикма́херша)
Gärtner(in), Landschaftsarchitekt	садо́вник, ландша́фтный диза́йнер
Geologe, Geologin	гео́лог
Geschäftsmann, Geschäftsfrau	бизнесме́н
Historiker(in)	**исто́рик**
Informatiker(in), IT-Fachkraft	**программи́ст** ↗Computerprogramme: s. S. 135
Ingenieur(in)	**инжене́р**
Bau~	~-строи́тель
Journalist(in)	**журнали́ст**
Fernseh~	теле~, ~ на телеви́дении

Jurist(in), Rechtswissenschaftler(in)	**юри́ст**, правове́д
Kameramann, Toningenieur	кинооперáтор, звукорежиссёр
Kellner(in)	**официáнт**, официáнтка
Koch, Köchin	**пóвар** *(w. ugs.* повари́ха)
Kosmetiker(in)	**косметóлог**
Kunstwissenschaftler(in)	искусствове́д
Landwirt(in)	**фéрмер**, фéрмерша
Lehrer(in)	**учи́тель**, учи́тельница ↗Schule: s. S. 28
Schul~, Grundschul~	шкóльный ~, ~ начáльных клáссов
Hochschul~	преподавáтель ВУ́За
Literaturwissenschaftler(in), Kritiker(in)	литературове́д, кри́тик
Maler *(Handwerker)*, Anstreicher	**маля́р**
Maler *(Künstler)*	худóжник ↗Malerei: s. S. 51
Gestalter	~-оформи́тель
Modedesigner(in)	**моделье́р**
Model	манеке́нщик, манеке́нщица, (топ-)моде́ль
Offizier, Berufssoldat	офице́р, профессионáльный вое́нный
Physiker(in)	фи́зик
Pilot	лётчик, пилóт ↗Fliegen: s. S. 105
Politiker(in)	**поли́тик**
Polizist(in)	**полице́йский**, же́нщина-~
PR-Berater(in)	специали́ст (консультáнт) по свя́зям с обще́ственностью
Redakteur(in)	**редáктор**
Regisseur(in)	**режиссёр** ↗Film: s. S. 46
Sales Manager	ме́неджер по продáжам
Sänger(in)	певе́ц, певи́ца ↗Musik: s. S. 48
Opern~	óперный ~, óперная ~
Schauspieler(in)	**актёр**, актри́са ↗Theater: s. S. 50
Schiffskapitän, Matrose	капитáн корабля́, матрóс
Schlosser, Klempner, Monteur	**сле́сарь** *m.*, **сантéхник, монтёр**
Schmied	кузне́ц
Schneider(in)	портнóй, портни́ха
Schriftsteller(in)	**писáтель**, писáтельница ↗Literatur: s. S. 45
Sekretär(in)	**секретáрь** (*w. ugs.* секретáрша)
Sportler(in)	**спортсме́н**, спортсме́нка
Steuerberater	**консультáнт по налóговым вопрóсам**
Steward, Stewardess	стюáрд, стюарде́сса
Tänzer(in)	танцóвщик, танцовщи́ца
Übersetzer(in), Dolmetscher(in)	**перевóдчик**, перевóдчица ↗Sprachen: s. S. 84–85
Verkäufer(in)	**продаве́ц**, продавщи́ца
Versicherungsberater	представи́тель страховóй компáнии
Werbefachmann (-fachfrau)	**специали́ст по реклáме**
Wirtschaftswissenschaftler, Betriebswirt	**экономи́ст**
Zimmermann	**столя́р, плóтник**

eigenes Unternehmen, eigene Firma	своё де́ло
selbständig sein, ~ werden	**име́ть ~, откры́ть/открыва́ть ~**
In der Zukunft möchte ich selbständig sein.	В бу́дущем я хочу́ име́ть своё де́ло.
~ eine eigene Firma gründen.	~ откры́ть свою́ фи́рму.
einen Beruf wählen	**вы́брать/выбира́ть профе́ссию**
Ich habe diesen Beruf gewählt, weil ...	Я вы́брал(а) э́ту профе́ссию, потому́ что ...
Ich denke, meine Eltern haben meine Wahl beeinflusst.	Ду́маю, на мой вы́бор повлия́ли роди́тели.
An diesem Beruf finde ich attraktiv, dass ...	В э́той профе́ссии меня́ привлека́ет то, что...
Mir gefällt der Beruf des Arztes, weil ...	Мне нра́вится профе́ссия врача́, потому́ что ...
er meinen Interessen (Veranlagungen) entspricht.	она́ соотве́тствует мои́м интере́сам (скло́нностям). ↗Hobbys: s. S. 44
Lohn	**зарпла́та** (за́работная пла́та)
hoher ~, niedriger ~, stabiler ~	высо́кая ~, ни́зкая ~, стаби́льная ~
~ bekommen	получи́ть/получа́ть зарпла́ту
Einkommen	дохо́д
verdienen	зарабо́тать/зараба́тывать
Juristen verdienen in der Regel sehr gut.	Юри́сты, как пра́вило, мно́го (хорошо́) зараба́тывают.
Als Erzieher(in) kann man nicht viel verdienen.	Воспита́телем мно́го не зарабо́таешь.
Arbeitsmarkt	**ры́нок труда́**
Auf dem Arbeitsmarkt sind diese Berufe (Fachleute) zur Zeit (nicht) gefragt.	На ры́нке труда́ э́ти профе́ссии (специали́сты) сейча́с (не)востре́бованы.
Arbeit	**рабо́та**
feste Stelle, befristete Stelle	постоя́нная ~, вре́менная ~
Arbeit finden	найти́/находи́ть рабо́ту
leicht ~, schwer ~, unmöglich ~	легко́ ~, тру́дно ~, невозмо́жно ~ *кому?* Dat.
Für Architekten ist es jetzt schwer in Deutschland Arbeit zu finden.	Архите́кторам сейча́с в Герма́нии тру́дно найти́ рабо́ту.
Mit diesem Beruf kann man immer Arbeit finden.	С тако́й профе́ссией всегда́ мо́жно найти́ рабо́ту.
arbeitslos	**безрабо́тный**, безрабо́тная, *Pl.* безрабо́тные
Arbeitslosigkeit	безрабо́тица
Arbeitslosengeld	посо́бие по безрабо́тице
In diesem Bereich gibt es jetzt eine hohe Arbeitslosigkeit.	В э́той сфе́ре сейча́с высо́кая безрабо́тица.
Karriere	**карье́ра**
eine (große) ~ machen	сде́лать/де́лать (большу́ю) карье́ру
Selbstverwirklichung	**самореализа́ция**
die Möglichkeit haben, sich zu verwirklichen	име́ть возмо́жность реализова́ть себя́
~, seiner Lieblingsbeschäftigung nachzugehen	~ занима́ться люби́мым де́лом
~ kreativ zu arbeiten	~ рабо́тать тво́рчески
~ unabhängig zu sein	~ быть незави́симым (незави́симой)

3

Freizeit und Hobbys | Свободное время и хобби

Was machst du in der Freizeit? | Чем ты занима́ешься в свобо́дное вре́мя?

Freizeit, in der ~	**свобо́дное вре́мя,** в ~
die ~ verbringen	провести́/проводи́ть ~
Ich habe viel (wenig) Freizeit.	У меня́ мно́го (ма́ло) свобо́дного вре́мени.
sich mit Freunden treffen	**встре́титься/встреча́ться с друзья́ми** ↗ Freunde: s. S. 16
etw. gern machen	полюби́ть/люби́ть *что делать?* Inf.
Ich spiele gern Fußball.	Я люблю́ игра́ть в футбо́л.
sich beschäftigen, treiben	заня́ться/занима́ться *чем?* Instr.
In der Freizeit treibe ich Sport.	В свобо́дное вре́мя я занима́юсь спо́ртом. ↗ Sport: s. S. 54
sich interessieren für *etw.*	**заинтересова́ться/интересова́ться** *чем?* Instr.
Ich interessiere mich für Computer.	Я интересу́юсь компью́терами.
~ Fotografie.	~ фотогра́фией. ↗ Computer: s. S. 133
interessieren	заинтересова́ть/интересова́ть *кого?* Akk.
Mich interessieren Computerspiele.	Меня́ интересу́ют компью́терные и́гры.
Interessen	интере́сы
vielseitige ~, einseitige ~	разносторо́нние ~, ограни́ченные ~
Talent	**тала́нт** к *чему?* Dat.
Fähigkeiten, Begabung	спосо́бности к *чему?* Dat.
Veranlagungen	скло́нности к *чему?* Dat.
talentiert, begabt	тала́нтливый, одарённый
fähig	спосо́бный
Mein Bruder ist sehr talentiert, er ist musikalisch sehr begabt.	Мой брат о́чень тала́нтливый, у него́ больши́е спосо́бности к му́зыке.
sich begeistern *für etw.*, *etw.* **treiben**	**увле́чься/увлека́ться** *чем?* Instr.
Ich mache Karate.	Я увлека́юсь карате́.
Mein Bruder begeistert sich für Schach.	Мой брат увлека́ется ша́хматами.
Lieblingsbeschäftigung, Hobby	**увлече́ние, люби́мое заня́тие, хо́бби**
Ich habe viele (keine) Hobbys.	У меня́ мно́го (нет) увлече́ний (хо́бби).
sammeln	**собра́ть/собира́ть, коллекциони́ровать**
Briefmarken ~, Poster ~	~ (почто́вые) ма́рки, ~ по́стеры
Abzeichen ~, Kühlschrankmagnete ~	~ значки́, ~ магни́ты для холоди́льника
Sammlung	колле́кция *чего?* Gen.
Ich habe eine große Briefmarkensammlung.	У меня́ больша́я колле́кция ма́рок.
Verein	**клуб, объедине́ние, се́кция** по *чему?* Dat.
Vereinsmitglied	член клу́ба (объедине́ния)
Ich bin im Schwimmverein.	Я хожу́ в клуб (се́кцию) по пла́ванию.

Liest du gern?	**Ты лю́бишь чита́ть?**
lesen	**прочита́ть/чита́ть** *что?* Akk.
Lesen	чте́ние
Lesen ist meine Lieblingsbeschäftigung.	Чте́ние – э́то моё люби́мое заня́тие.
Ich lese (nicht) gern.	Я (не) люблю́ чита́ть.
Ich lese nur das, was man für die Schule lesen muss.	Я чита́ю то́лько то, что задаю́т в шко́ле. ~ , что на́до для шко́лы.
Ich lese Zeitungen und Blogs im Internet.	Я чита́ю газе́ты и бло́ги в Интерне́те. ↗Internet: s. S. 137
Ich habe einen E-(Book-)Reader.	У меня́ есть электро́нная (цифрова́я) кни́га (*ugs.* букри́дер, чита́лка).
Ich mag Hörbücher, Hörspiele.	Я люблю́ слу́шать аудиокни́ги, аудиоспекта́кли.
Literatur	**литерату́ра**
Kinder~, ~ für Jugendliche	~ для дете́й, ~ для подростко́в
Schriftsteller(in)	**писа́тель, писа́тельница**
Lieblings~	люби́мый (люби́мая) ~
moderne(r) ~	совреме́нный (совреме́нная) ~
populäre(r) ~	популя́рный (популя́рная) ~
Autor	а́втор
Dichter(in)	поэ́т, поэте́сса
Dramatiker(in)	драмату́рг
Leser(in)	**чита́тель, чита́тельница**
Genre	**жанр**
Werk	произведе́ние
Prosa	про́за
Roman	**рома́н**
Krimi~	детекти́вный ~ (*ugs.* детекти́в)
Abenteuer~, historischer ~	приключе́нческий ~, истори́ческий ~
Science Fiction~	фантасти́ческий ~
Novelle, Erzählung	**по́весть** *w.*, **расска́з**
Science Fiction	**(нау́чная) фанта́стика**
Fantasy	**фэ́нтези**
Poesie, Lyrik	поэ́зия, ли́рика
Gedicht	стихотворе́ние (стих, *Pl.* стихи́)
Fabel, Märchen	ба́сня, ска́зка
Drama	**дра́ма**
Theaterstück, Tragödie, Komödie	пье́са, траге́дия, коме́дия
Comics	**ко́миксы**
Graphic Novel, Manga	графи́ческий рома́н, ма́нга
Ich lese gern Krimis und Science Fiction.	Я люблю́ детекти́вы и фанта́стику.
Meine Mutter mag historische Romane.	Моя́ ма́ма лю́бит истори́ческие рома́ны.
Der Roman (Das Buch, Das Werk) wurde … geschrieben.	Рома́н (Кни́га, Произведе́ние) был (была́, бы́ло) напи́сан (напи́сана, напи́сано) …

veröffentlichen	опубликова́ть/публикова́ть *что?* Akk.
Der Roman wurde erst nach dem Tod des Schriftstellers veröffentlicht.	Рома́н был опублико́ван уже́ по́сле сме́рти писа́теля.
Handlung	**де́йствие**
Ereignis	собы́тие
sich ereignen, stattfinden	произойти́/происходи́ть
Die Handlung des Romans spielt ...	Де́йствие рома́на происхо́дит ...
Die Ereignisse finden ... statt.	Собы́тия происхо́дят ...
Sujet, Gegenstand der Handlung	**сюже́т**
Entwicklung des Sujets	разви́тие сюже́та
sich entwickeln	разви́ться/развива́ться
Held(in), Figur, Charakter	**геро́й, герои́ня**
Haupt~	гла́вный (гла́вная) ~
Neben~	второстепе́нный (второстепе́нная) ~
lyrisches Ich	лири́ческий ~ (лири́ческое Я)
handelnde Person	персона́ж, де́йствующее лицо́
aus der Ich-Perspektive	от пе́рвого лица́
aus der Perspektive von ...	от лица́ *кого?* Gen.
Die Geschichte wird aus der Perspektive des Jungen erzählt.	Исто́рия расска́зывается от лица́ ма́льчика.
beschreiben	**описа́ть/опи́сывать** *кого? что?* Akk.
In seinem Werk beschreibt der Autor ...	В своём произведе́нии а́втор опи́сывает ...
~ das Leben, die Geschichte von ...	~ жизнь, исто́рию *кого? чего?* Gen.
In der Erzählung werden die Ereignisse ... beschrieben.	В расска́зе опи́сываются собы́тия ...
erschließen, aufdecken, aufzeigen	**раскры́ть/раскрыва́ть**
den Charakter von ... ~	~ хара́ктер *кого?* Gen.
das Phänomen von ...~	~ явле́ние *чего?* Gen.
kritisieren, Kritik üben	**критикова́ть** *кого? что?* Akk.
vergleichen	сравни́ть/сра́внивать *кого? что?* Akk.

↗ Meinung: s. S. 122

Magst du Filme? / Ты лю́бишь смотре́ть фи́льмы?

Film	**фильм**
Spiel~, Dokumentar~	худо́жественный ~, документа́льный ~
Krimi, Thriller, Action~, Horror~	детекти́в, три́ллер, боеви́к, ~ у́жасов
Kurz~, Farb~	короткометра́жный ~, цветно́й ~
Schwarz-Weiß~, Stumm~	чёрно-бе́лый ~, немо́й ~ (*allg.* немо́е кино́)
3D~, Zeichentrick~, Anime	~ в трёхме́рном изображе́нии, мульт~, аниме́
ein interessanter ~, ein packender ~	интере́сный ~, захва́тывающий ~

Dem deutschen „Teil“ bzw. „Folge“ entspricht im Russischen bezogen auf den Film das Wort се́рия. Ein zweiteiliger Film heißt also: двухсери́йный фильм. Eine Fernsehserie wird als сериа́л bezeichnet. Und Seifenoper bleibt Seifenoper: «мы́льная о́пера».

schauen, sich anschauen	**посмотре́ть/смотре́ть**
im Kino ~, im Fernsehen ~	~ в кино́, ~ по телеви́дению (*ugs.* по телеви́зору) ↗Fernsehen: s. S. 129
Prät.: geschaut haben (wissen, worum es geht)	ви́деть
Ich möchte mir diesen Film nicht anschauen, ich habe ihn schon gesehen.	Я не хочу́ смотре́ть э́тот фильм, я его́ уже́ ви́дел(а).
drehen, aufnehmen	**снять/снима́ть**
mit einer (Digital)Kamera ~	~ на (цифрову́ю) ка́меру *на что?* Akk.
mit dem Mobiltelefon ~	~ на моби́льный телефо́н ↗Technik: s. S. 141
Der Film wurde nach dem Roman ... gedreht.	Фильм снят по рома́ну ... *по чему?* Dat. ~ по моти́вам рома́на ...
Verfilmung	**экраниза́ция** *чего?* Gen.
(k)eine gelungene ~	(не)уда́чная ~
Regisseur	**режиссёр** ↗Beruf: s. S. 40–42
Schauspieler(in), Darsteller	**актёр, актри́са**
Rolle	**роль** *w.*
Haupt~, Neben~	гла́вная ~, ~ второ́го пла́на
in der Hauptrolle (in den Hauptrollen)	в гла́вной ро́ли (в гла́вных роля́х)
in der Rolle von ...	в ро́ли *кого?* Gen.

Das deutsche Wort „**spielen**“ hat im Zusammenhang mit Filmen mehrere Bedeutungen. Im Russischen verwendet man dafür verschiedene Begriffe.

eine Rolle spielen	**сыгра́ть/игра́ть** *кого?* Akk., *какую* роль? Akk. *как?*	Я игра́л (роль) полице́йского. Актёр о́чень хорошо́ игра́ет.
in einer Rolle *(einem Film)* mitwirken	сня́ться/снима́ться *где?* в *каком* фильме? Präp. в *какой* роли? Präp. у *какого* режиссёра? Gen.	Э́та актри́са ча́сто снима́ется в сериа́лах. В гла́вной ро́ли сня́лся сам режиссёр.
stattfinden *(Handlung eines Filmes)*	**происходи́ть**	Де́йствие фи́льма происхо́дит в ма́ленькой дере́вне.

Kino *(Gebäude)*	**кинотеа́тр**
Freiluftkino	~ под откры́тым не́бом
Kino	кино́
ins ~ gehen	пойти́/идти́, ходи́ть в ~ *куда?* Akk.
jmdn. ins ~ einladen	пригласи́ть/приглаша́ть *кого?* Akk. в ~
Mein Freund und ich gehen oft ins Kino.	Мы с дру́гом ча́сто хо́дим в кино́.
einen Film anschauen (*wörtl.* in einen Film gehen)	**пойти́/идти́ на** *какой?* **фильм** Akk.
Heute schauen wir uns „Sherlock Holmes“ an.	Сего́дня мы идём на «Ше́рлока Хо́лмса».
Zuschauer(in)	**зри́тель, зри́тельница**
Zuschauerraum	зри́тельный зал
Reihe, in der ~	ряд, *Präp.* в ряду́
Ich sitze nicht gern in der ersten Reihe.	Я не люблю́ сиде́ть в пе́рвом ряду́.

Platz	ме́сто
Eintrittskarte, Ticket	**биле́т**
ein(e) ~ für einen Film kaufen	купи́ть/покупа́ть ~ на фильм
~ an der Kasse, im Voraus ~	~ в ка́ссе, ~ зара́нее
ein(e) ~ im Internet bestellen	заказа́ть/зака́зывать ~ по Интерне́ту
ein(e) ~ für ... Reihe, für ... Platz	~ в *какой*? ряд, на *какое?* ме́сто Akk.
Fimvorführung	**сеа́нс**
in die letzte ~ gehen	пойти́/идти́ на после́дний ~
Beginn (Ende) der ~	нача́ло (коне́ц) сеа́нса ↗ Zeitangaben: s. S. 145
Lass (Lasst, Lassen Sie) uns ins Kino gehen!	**Дава́й(те) пойдём в кино́!**
Gehen wir ins Kino!	Пошли́ в кино́!
Was läuft heute?	Что сего́дня идёт?
Möchtest du mit mir in diesen Film gehen?	Ты не хо́чешь пойти́ со мно́й на э́тот фильм?
Wann beginnt der Film?	Когда́ начина́ется фильм?
Schaffen wir es noch?	Мы успе́ем?
Ich glaube nicht, dass es vor der Kasse eine lange Schlange geben wird.	Я не ду́маю, что бу́дет больша́я о́чередь в ка́ссу.
Lass (Lasst, Lassen Sie) uns am/vor dem Kino treffen!	Дава́й(те) встре́тимся во́зле (у) кинотеа́тра!
Ich warte auf dich (Sie) am Eingang.	Я бу́ду ждать тебя́ (Вас) у вхо́да.
Warte (Wartet, Warten Sie) auf mich im Foyer.	Жди́(те) меня́ в фойе́.
Sagen Sie, gibt es noch Karten für ...?	Скажи́те, ещё есть биле́ты на ...?
Ich hätte gern zwei Karten.	Мо́жно (пожа́луйста) два биле́та?

Welche Rolle spielt Musik in deinem Leben? / Каку́ю роль в твое́й жи́зни игра́ет му́зыка?

Musik	**му́зыка**
klassische ~, Volks~	класси́ческая ~, наро́дная ~
moderne ~, Elektro~	совреме́нная ~, электро́нная ~
Pop~, Rock~, Techno~	поп-му́зыка, рок-му́зыка, те́хно
~ zum Tanzen	танцева́льная ~
Musikstil	**музыка́льный стиль**
Jazz, Hardrock, R'n'B, Reggae, House, Soul	джаз, хард-рок, аренби́, ре́гги, ха́ус, со́ул
hören	**послу́шать/слу́шать** *кого? что?* Akk.
Ich höre ständig Musik.	Я постоя́нно слу́шаю му́зыку.
Musikinstrumente	**музыка́льные инструме́нты**
Streicher, Bläser, Schlagzeug	скрипи́чные, духовы́е, уда́рные ~
Klavier, Flügel	пиани́но, роя́ль *m.* (*allg.* фортепиа́но)
Geige, Cello, Bratsche, Kontrabass, Harfe	скри́пка, виолонче́ль *w.*, альт, контраба́с, а́рфа
Flöte, Oboe, Trompete, Horn, Saxofon	фле́йта, гобо́й, горн, рожо́к, саксофо́н
Gitarre, Bassgitarre	гита́ра, бас-гита́ра
Trommel, Schlagzeug	бараба́н, уда́рная устано́вка
Keyboard	синтеза́тор
spielen	**поигра́ть (сыгра́ть)/игра́ть** на *чём*? Präp.

ein Musikinstrument ~	~ на музыка́льном инструме́нте
Mein Bruder spielt Gitarre, und ich lerne Geige spielen.	Мой брат игра́ет на гита́ре, а я учу́сь игра́ть на скри́пке.
können, die Fähigkeit besitzen	**суме́ть/уме́ть** *что делать?* Inf.
Ich kann kein Musikinstrument spielen.	Я не уме́ю игра́ть ни на како́м инструме́нте.
Musiker	**музыка́нт**
Berufs~, Amateur~ (Laie)	профессиона́льный ~, ~-люби́тель
Orchester	**орке́стр**
Sinfonie~, Jazz~	симфони́ческий ~, джа́зовый ~
Pianist(in)	пиани́ст, пиани́стка
Geigenspieler(in)	скрипа́ч, скрипа́чка
Cellist(in)	виолончели́ст, виолончели́стка
Gitarrist(in)	гитари́ст, гитари́стка
Dirigent	дирижёр
Band	**гру́ппа**
Keyboardspieler	кла́вишник
Schlagzeuger	уда́рник
Solist(in)	соли́ст, соли́стка
Wir haben eine eigene Band.	У нас своя́ гру́ппа.
Ich bin Schlagzeuger und mein Freund ist Bassgitarrist.	Я уда́рник , а мой друг – бас-гитари́ст.
singen	**спеть/петь**
im Chor ~, Karaoke ~, nach Noten ~	~ в хо́ре, ~ карао́ке, ~ по но́там
falsch ~, richtig ~	фальши́во ~, ве́рно ~
Meine Schwester singt sehr gut.	Моя́ сестра́ о́чень хорошо́ поёт.
Ich singe gern Karaoke.	Я люблю́ петь карао́ке.
Sänger(in)	**певе́ц, певи́ца**
Opern~, Background~	о́перный (о́перная) ~, бэк-вокали́ст(ка)
Stimme	**го́лос**
eine schöne ~, hohe ~, tiefe ~	краси́вый ~, высо́кий ~, ни́зкий ~
(un)angenehme ~, Pieps~	(не)прия́тный ~, пискля́вый ~
Lied	**пе́сня**
Volks~, Schlaf~	наро́дная ~, колыбе́льная ~
Hit, Schlager, ~ nach den Versen von ...	хит, шля́гер, ~ на стихи́ *кого?* Gen.
Konzert	**конце́рт**
klassisches ~	~ класси́ческой му́зыки
ins ~ gehen, Konzerte besuchen	пойти́/идти́ на ~, ходи́ть на конце́рты
ein ~ geben	дать/дава́ть ~
Auftritt	**выступле́ние**
auftreten	вы́ступить/выступа́ть *где?* Präp.
Heute tritt im Club meine Lieblingsband auf.	Сего́дня в клу́бе выступа́ет моя́ люби́мая гру́ппа.
Komponist	**компози́тор**
komponieren	написа́ть/писа́ть *что?* Akk.
Musik ~, Musik zum Film ... ~	~ му́зыку, ~ му́зыку к фи́льму ...
eine Sinfonie ~, eine Oper ~	~ симфо́нию, ~ о́перу

Tanzst du gern?	Ты лю́бишь танцева́ть?
tanzen	**станцева́ть (потанцева́ть)/танцева́ть**
zur Musik ~	~ под му́зыку
Ich kann nicht gut tanzen, aber mein Freund tanzt sehr gut.	Я не уме́ю танцева́ть, а мой друг хорошо́ танцу́ет.
Tanz	**та́нец**
Breakdance, Streetdance	брейк-данс, стрит-данс
moderner ~, Volks~	совреме́нный ~, наро́дный ~
Walzer, Tango, Rock'n'Roll, Foxtrott	вальс, та́нго, рок-н-ролл, фокстро́т
jmdn. zum ~ auffordern	пригласи́ть/приглаша́ть на ~ *кого?* Akk.
tanzen gehen, einen Tanzkurs besuchen	ходи́ть на та́нцы
Gesellschaftstanz lernen	занима́ться ба́льными та́нцами
Disko	**дискоте́ка**
in die ~ gehen	пойти́/идти́ на дискоте́ку
die ~ besuchen	ходи́ть на дискоте́ку
Meine Freundin und ich gehen oft in die Disko.	Мы с подру́гой ча́сто хо́дим на дискоте́ку.

Gehst du oft ins Theater?	Ты ча́сто хо́дишь в теа́тр?
Theater	**теа́тр**
~ für Oper und Ballett, Kammer~	~ о́перы и бале́та, ка́мерный ~
Straßen~, Open Air~	у́личный ~, ~ под откры́тым не́бом
Amateur~	самоде́ятельный ~
~AG	драмати́ческий кружо́к (драмкружо́к) ↗ Schule: s. S. 30
Ich besuche eine Theater-AG.	Я занима́юсь в драмкружке́.
Theaterschule	театра́льное учи́лище
Theateraufführung	театра́льная постано́вка
Theaterkostüm, ~festival	театра́льный костю́м, ~ фестива́ль
Bühne	**сце́на**
Bühnenbild	декора́ции
Kulisse, hinter der Kulisse	кули́сы, за кули́сами
Vorhang	за́навес
sich heben	подня́ться/поднима́ться
sich senken	опусти́ться/опуска́ться
Beleuchtung	освеще́ние
Theatervorstellung	**спекта́кль** *m.*
~ nach dem Werk von ...	~ по произведе́нию *кого?* Gen.
~ nach dem Stück von ...	~ по пье́се *кого?* Gen.
Akt	**де́йствие, акт**
ein Stück in drei Akten	пье́са в трёх де́йствиях
Szene	сце́на
die erste Szene des 2. Aktes	пе́рвая сце́на второ́го де́йствия (а́кта)
Oper, Ballett	**о́пера, бале́т**
~ zur Musik von ...	~ на му́зыку *кого?* Gen.

auf die Bühne bringen, inszenieren	поста́вить/ста́вить *что?* Akk.
ein Stück ~, eine Oper ~ , ein Ballett ~	~ спекта́кль, ~ о́перу, ~ бале́т
In der Schule inszenieren wir jetzt ein Stück von Lessing.	В шко́ле мы сейча́с ста́вим спекта́кль по пье́се Ле́ссинга.
Das Ballett „Romeo und Julia“ wurde nach dem Stück von Shakespeare zur Musik von Prokofjew inszeniert.	Бале́т «Роме́о и Джулье́тта» поста́влен по пье́се Шекспи́ра на му́зыку Проко́фьева.
Probe	**репети́ция**
proben, einüben	отрепети́ровать/репети́ровать
Premiere, Uraufführung	**премье́ра**
stattfinden	**состоя́ться**
Die Premiere unseres Stücks findet Ende des Jahres statt.	Премье́ра на́шего спекта́кля состои́тся в конце́ го́да.
verlaufen	пройти́/проходи́ть
Die Premiere ist erfolgreich verlaufen.	Премье́ра прошла́ успе́шно.
Publikum, Zuschauer	**пу́блика, зри́тели**
applaudieren	**аплоди́ровать** *кому?* Dat.
Die Zuschauer haben den Künstlern lange applaudiert.	Зри́тели до́лго аплоди́ровали арти́стам.
Applaus	аплодисме́нты *(Pl.)*
reger ~, Standing Ovations	гро́мкие ~
Es brach reger Applaus aus.	Раздали́сь гро́мкие аплодисме́нты.

Hat die Aufführung den Zuschauern gefallen, rufen sie nach der Vorstellung «Бис!» („Zugabe!“), um ihre Begeisterung auszudrücken und den Künstlern zu danken.

Interessiert du dich für Malerei?	**Тебя́ интересу́ет жи́вопись?**
malen, zeichnen	**нарисова́ть/рисова́ть** *кого? что?* Akk.
mit Farben ~, mit dem Bleistift ~	~ кра́сками, ~ карандашо́м *чем?* Instr.
(Mal)Farben	**кра́ски (для рисова́ния)** ↗ Farben: s. S. 160
Malkreide	мелки́ для рисова́ния
Pinsel	**ки́сточка**
Zeichnung, selbst gemaltes Bild	**рису́нок**
Kinderzeichnung	де́тский ~
Ich kann gut zeichnen.	Я хорошо́ уме́ю рисова́ть.
In meinem Zimmer hängen an der Wand meine Zeichnungen (Bilder).	У меня́ в ко́мнате на стене́ вися́т мои́ рису́нки. ↗ Wohnen: s. S. 12
(darstellende) Kunst	**(изобрази́тельное) иску́сство**
moderne ~, ~ der vergangenen Jahrhunderte	совреме́нное ~, ~ про́шлых веко́в
Kunstwerk	**произведе́ние иску́сства**
schaffen	**созда́ть/создава́ть** *что?* Akk.
Das Werk wurde Anfang des 20. Jahrhunderts geschaffen.	Произведе́ние (бы́ло) со́здано в нача́ле XX-го ве́ка. ↗ Zeitangaben: s. S. 145
Malerei	**жи́вопись** *w.*

Maler(in)	**худо́жник, худо́жница**
Bild, Gemälde	**карти́на**
Bildnis, Portrait	портре́т *кого?* Gen.
Selbst~, ~ eines Kindes	авто~, ~ ребёнка
Landschaft, Stillleben	пейза́ж, натюрмо́рт
Leinwand, Bild	полотно́
Gemälde alter Meister	поло́тна ста́рых мастеро́в
Holzschnitt, Kupferstich	гравю́ра по де́реву, ме́дная гравю́ра
Bildhauerei, Skulptur	**скульпту́ра**
Bildhauer	ску́льптор
Statue	ста́туя
Denkmal	па́мятник *кому?* Dat. ~ рабо́ты *кого?* Gen.
Graffiti	**граффи́ти**
Spray	спрей
sich auskennen	**разобра́ться/разбира́ться** *в чём?* Präp.
Ich kenne mich mit Kunst nicht besonders aus.	Я не осо́бенно разбира́юсь в иску́сстве.
Epoche, Stil	**эпо́ха, стиль** *m.*
Antike, Mittelalter	анти́чность *w.*, сре́дние века́
Romanik, Gotik	рома́нское иску́сство, го́тика
Renaissance, Barock, Rokoko	Возрожде́ние, баро́кко, рококо́
Klassizismus, Impressionismus	классици́зм, импрессиони́зм
Kubismus, Realismus, Pop-Art	куби́зм, реали́зм, поп-а́рт
Darstellung	**изображе́ние** *кого? чего?* Gen.
darstellen	изобрази́ть/изобража́ть *кого? что?* Akk.
In seinem Werk stellte der Künstler ... dar.	В своём произведе́нии худо́жник изобрази́л *кого? что?* Akk.
Bild, Abbild, Gestalt	о́браз *кого? чего?* Gen.
Auf dem Bild ...	На карти́не ...
Im Vordergrund (im Hintergrund)	На пере́днем (за́днем) пла́не
~ ist (sind) ... dargestellt.	~ изображён (изображена́, изображено́, изображены́) *кто? что?* Nom.
~ sehen wir ...	~ мы ви́дим *кого? что?* Akk.
Um ... zu zeigen, benutzt der Maler ...	Что́бы показа́ть ... *что?* Akk., худо́жник испо́льзует ...
~ grelle (gedämpfte, helle, dunkle) Farben.	~ я́ркие (приглушённые, све́тлые, тёмные) кра́ски.
~ schroffe (dünne, dicke) Pinselstriche.	~ ре́зкие (то́нкие, то́лстые) мазки́.
wiedergeben, vermitteln	**переда́ть/передава́ть** *что?* Akk.
eine Stimmung ~, eine Atmosphäre ~	~ настрое́ние, ~ атмосфе́ру
ein Gefühl ~	~ чу́вство *чего?* Gen. ↗ Gefühle: s. S. 115
Dem Künstler ist es gelungen, ein Gefühl der Einsamkeit zu vermitteln.	Худо́жнику удало́сь переда́ть чу́вство одино́чества.
Der Maler schafft	Худо́жник создаёт
~ eine düstere (helle) Atmosphäre.	~ мра́чную (све́тлую) атмосфе́ру.
~ ein Bild von allgemeiner Freude.	~ карти́ну всео́бщей ра́дости.

Gehst du gern ins Museum oder in Ausstellungen? / Тебе́ нра́вится ходи́ть в музе́и или на вы́ставки?

Ausstellung	**вы́ставка** *чего?* Gen.
Bilder~	~ карти́н и рису́нков
Volkskunst~	~ произведе́ний наро́дного тво́рчества
Kunst-(Dokumentar-)Fotografie~	~ худо́жественной (документа́льной) фотогра́фии
Technik~	~ те́хники
internationale ~	междунаро́дная ~
in eine Ausstellung gehen	**пойти́/идти́ на вы́ставку**
Ausstellungen besuchen	ходи́ть на вы́ставки
eröffnen	откры́ть/открыва́ть
schließen	закры́ть/закрыва́ть
Ausstellungseröffnung	вернисаж, откры́тие вы́ставки
Ausstellungsschluss	закры́тие вы́ставки
Die Ausstellung ist vom 1. Mai bis zum 2. Juli geöffnet.	Вы́ставка откры́та с 1-го ма́я по 2-е ию́ля. ↗ Datumsangaben: s. S. 147
Museum	**музе́й** *чего?* Gen.
~ für Architektur, Naturkunde~	~ архитекту́ры, ~ естествозна́ния
Führung	**экску́рсия**
(Museums-, Fremden-)Führer	экскурсово́д
Wir gehen mit der Schule oft auf Exkursion.	Мы ча́сто хо́дим на экску́рсии со шко́лой.
Galerie	**галере́я**
Gemälde~, Foto~	карти́нная ~, фо́то~

Bastelst du gern? Machst du gern Handarbeiten? / Ты лю́бишь мастери́ть или занима́ться рукоде́лием?

basteln	**смастери́ть/мастери́ть** *что?* Akk.
Das habe ich selbst gebastelt.	Э́то я сам(а́) смастери́л(а).
modellieren, töpfern	**слепи́ть/лепи́ть** *что?* Akk. *из чего?* Gen., занима́ться гонча́рным мастерство́м (де́лом)
Lehm (Ton), Knete (Modelliermasse)	гли́на, пластили́н
Lehmformen, Plasteformen	ле́пка из гли́ны, из пластили́на
Handwerk, Handarbeit	**рукоде́лие, ручна́я рабо́та**
nähen	**сшить/шить**
stricken	связа́ть/вяза́ть *что?* Akk. *чем?* Instr. ~ спи́цами (на спи́цах)
häkeln	~ крючко́м
Diesen Pullover habe ich selbst gestrickt.	Э́тот сви́тер я сама́ связа́ла.
sticken	вы́шить/вышива́ть
Stickerei	вы́шивка

Treibst du Sport?	Ты занима́ешься спо́ртом?
Sport	**спорт**
Leistungs~, Amateur~	большо́й ~, люби́тельский ~
Winter-, Sommer-, olympische Sportart	ле́тний, зи́мний, олимпи́йский вид спо́рта
Schulsport	физкульту́ра *(уро́к в шко́ле)*
Sportler(in)	**спортсме́н (спортсме́нка)**
(Sport) treiben, üben	**заня́ться/занима́ться** (спо́ртом) *чем?* Instr.
~ in einem Verein	~ в се́кции, клу́бе
~ in einem Fitness-Center (-Club)	~ в фи́тнес-це́нтре (-клу́бе)
~ an Geräten	~ на тренажёрах
Morgengymnastik machen	де́лать заря́дку (у́треннюю гимна́стику)
Übung	упражне́ние для *чего?* Gen.
~ für den Rücken	~ для спины́ ↗Körperteile: s. S. 71; Aussehen: s. S. 20–21
Kniebeugen machen	присе́сть/приседа́ть
Liegestützen machen	отжа́ться/отжима́ться (от по́ла)
Muskeln aufbauen	накача́ть/кача́ть мы́шцы
Bauchmuskeln ~	~ пресс
Muskeln dehnen	растяну́ть/растя́гивать мы́шцы
Dehnübungen machen	де́лать упражне́ния на растя́жку
Leichtathletik (Schwerathletik)	**лёгкая (тяжёлая) атле́тика**
Laufen, Läufer(in)	**бег, бегу́н (бегу́нья)**
laufen, joggen	бе́гать
auf dem Hometrainer ~	~ на тренажёре
Ich jogge morgens.	Я бе́гаю по утра́м.
Schwimmen, Schwimmer(in)	**пла́вание, пловéц (пловчи́ха)**
schwimmen	пла́вать *nicht zielger.*, плыть *zielger.*
Rücken~	~ на спине́
Schwimmbad, Freibad	бассе́йн, откры́тый ~
Ich gehe regelmäßig schwimmen.	Я регуля́рно хожу́ в бассе́йн.
Springen, Springer(in)	**прыжки́, прыгу́н (прыгу́нья)**
springen	пры́гать
hoch~, weit ~, Stab ~	~ в высоту́, ~ в длину́, ~ с шесто́м
Kampf, Kämpfer	**борьба́, боре́ц**
(asiatische) Zweikämpfe	(восто́чные) единобо́рства
Judo, Judokämpfer	дзюдо́, дзюдои́ст
Karate, Karatekämpfer	карате́, карати́ст
Box, Boxer	бокс, боксёр
Spiel	игра́
spielen	сыгра́ть (поигра́ть)/игра́ть *во что?* Akk.
Fußball ~	~ в футбо́л
Ball, ~spiele	мяч, и́гры с мячо́м
Fußball, Fußballspieler	**футбо́л, футболи́ст**
Tor *(Gegenstand)*, Tor *(Ball im Tor)*, Feld	воро́та *(Pl.)*, гол, по́ле
Torwart, Verteidiger, Angreifer	врата́рь, защи́тник, напада́ющий

Mittelfeldspieler	полузащи́тник
Handball	**гандбо́л**
Volleyball, Volleyballspieler(in)	**волейбо́л, волейболи́ст (волейболи́стка)**
Netz	се́тка
Basketball, Basketballspieler	**баскетбо́л, баскетболи́ст**
Korb	корзи́на
Eishockey, Hockeyspieler	**хокке́й, хоккеи́ст**
Puck, Schläger, Eis, auf dem Eis	ша́йба, клю́шка, лёд, на льду́
Tennis, Tisch~, Tennisspieler	**те́ннис, насто́льный ~, теннisи́ст**
Tennisschläger, Tennisspielplatz	раке́тка, корт
Federball, Badminton	**бадминто́н**
Ski	**лы́жи**
Alpin~	го́рные ~
Snowboard	сноубо́рд
Schlittschuhe, Rollschuhe (Inlineskates)	**коньки́, ро́лики**
fahren	поката́ться/ката́ться на *чём?* Präp.
(Alpin)Ski ~, Schlittschuh ~, Inlineskates ~, Snowboard ~	~ (го́рных) лы́жах, ~ конька́х, ~ ро́ликах, ~ сноубо́рде
Eiskunstlauf, Eiskunstläufer(in)	**фигу́рное ката́ние, фигури́ст(ка)**
Eisstadion, Eisfläche	като́к
~ überdacht, Frei~, auf dem (der) ~	кры́тый ~, откры́тый ~, на катке́
Im Winter gehe ich oft Schlittschuh fahren.	Зимо́й я ча́сто хожу́ на като́к.
Skateboard, Waveboard	**скейтбо́рд**, вейвбо́рд
Surfen, Surfboard	**се́рфинг**, доска́ для се́рфинга
Fahrrad, Fahrradfahrer	**велосипе́д, велосипеди́ст** ↗Verkehr: s. S. 100
Fahrrad fahren *(Fortbewegung)*	пое́хать/е́хать *zielger.*, е́здить *nicht zielger.* на велосипе́де,
(Freizeitbeschäftigung)	ката́ться на велосипе́де
Ich fahre nur mit Helm Fahrrad.	Я е́зжу на велосипе́де то́лько в шле́ме.
Schach, Schachspieler	**ша́хматы, шахмати́ст**
Schachturnier, ~brett	ша́хматный турни́р, ша́хматная доска́
~figuren	ша́хматные фигу́ры
Mannschaft	**кома́нда**
Herren~, Frauen~	мужска́я ~, же́нская ~
Kapitän, Mannschaftsmitglied	капита́н кома́нды, член кома́нды
National~	сбо́рная *какой страны?* Gen.
Die deutsche Fußballnationalmannschaft ist sehr stark.	Сбо́рная Герма́нии по футбо́лу – о́чень си́льная кома́нда. ↗Länder, Nationalitäten: s. S. 84–85
Olympische Spiele	**Олимпи́йские и́гры**
Meisterschaft	**чемпиона́т, пе́рвенство**
Welt- (Europa-)~ in Hockey	~ ми́ра (Евро́пы) по хокке́ю
Match, Spiel	**матч**
Fußball~	футбо́льный ~, ~ по футбо́лу
~ zwischen ..., Weltpokal~	~ ме́жду *кем?* Instr., ~ на ку́бок ми́ра

Wettbewerb	**соревнова́ние** по *чему?* Dat.
Schwimm~, Hochsprung~	~ по пла́ванию, ~ по прыжка́м в высоту́
~ zwischen ...	~ между *кем?* Dat.
In dieser Woche findet ein Leichtathletik-Wettbewerb zwischen den Schulen unserer Stadt statt.	На э́той неде́ле ме́жду шко́лами на́шего го́рода прохо́дят соревнова́ния по лёгкой атле́тике.
gegen *jmdn.* **spielen, antreten**	**соревнова́ться** с *кем?* Instr. в *чём?* Präp.
teilnehmen	**приня́ть/принима́ть уча́стие** в *чём?* Präp.
Teilnehmer(in)	уча́стник (уча́стница) *чего?* Gen.
Spielstand	**счёт**
unentschieden	ничья́
das Spiel mit „unentschieden“ beenden	сыгра́ть вничью́
2:1 für ...	2:1 (два оди́н) в по́льзу *кого?* Gen.
Wie steht es?	Како́й счёт?
Sieg *über jmdn.*	**побе́да** над *кем?* Instr.
siegen, besiegen	победи́ть/побежда́ть *кого?* Akk. в *чём?* Präp.
Ich bin sicher, unsere Mannschaft wird siegen.	Я уве́рен(а), что на́ша кома́нда победи́т. ↗ Meinung: s. S. 122
Unsere Mannschaft hat 2:1 gewonnen.	На́ши победи́ли со счётом 2:1.
gewinnen	вы́играть/выи́грывать у *кого?* Gen.
einen Preis ~, den Pokal ~	~ приз, ~ ку́бок
Unsere Mannschaft hat gegen München 2:1 gewonnen.	На́ши вы́играли у Мю́нхена со счётом 2:1.
Sieger(in), Gewinner(in)	победи́тель, победи́тельница
Meister(in)	чемпио́н, чемпио́нка
Niederlage	**пораже́ние**
verlieren	проигра́ть/прои́грывать *кому?* Dat., в *чём?* Präp. (*во что?* Akk. bei Spielangabe)
Mein Bruder verliert im Schach immer gegen mich.	Мой брат всегда́ прои́грывает мне в ша́хматы.
Verlierer, der Besiegte	проигра́вший, побеждённый
Verlierermannschaft	проигра́вшая (побеждённая) кома́нда
jmdn. zum Sieger (Verlierer) erklären	присуди́ть/ присужда́ть побе́ду (пораже́ние) *кому?* Dat.
Schiedsrichter	**судья́**
Platz	**ме́сто**
den ersten (letzten) ~ belegen	заня́ть/занима́ть пе́рвое (после́днее) ~
Fan von .... sein, *jmdm.* den Sieg wünschen	боле́ть за *кого? за какую команду?* Akk.
Ich bin für Dortmund.	Я боле́ю за До́ртмунд.
Anhänger	**боле́льщик, боле́льщица**
Fan	фана́т, фана́тка *кого?* Gen.
verpassen	**пропусти́ть/пропуска́ть** *что?* Akk.
ein Tor ~, ein Spiel ~	~ гол, ~ игру́ (матч)
Mein Bruder ist ein begeisterter Fußballfan, er lässt sich kein Spiel entgehen.	Мой брат – стра́стный футбо́льный боле́льщик, он не пропуска́ет ни одного́ ма́тча.

4

Ernährung und Gesundheit / Питание и здоровье

Guten Appetit! / Приятного аппетита!

Ernährung	**пита́ние**
(un)gesunde ~	(не)здоро́вое ~
sich ernähren	пита́ться *чем?* Instr.
Wenn meine Eltern verreisen, ernähre ich mich nur von belegten Broten.	Когда́ роди́тели куда́-нибудь уезжа́ют, я пита́юсь одни́ми бутербро́дами.
essen (aufessen)	**пое́сть,** (съесть)/**есть**, поку́шать/ку́шать
Ich esse gern.	Я люблю́ вку́сно пое́сть.
Essen	**еда́**
vor dem ~, beim ~ (während des Essens)	пе́ред едо́й, за едо́й (во вре́мя еды́)
nach dem ~, ohne ~	по́сле еды́, без еды́
Hunger	**го́лод**
hungrig	голо́дный (голо́дная, голо́дные)
hungrig sein, Hunger haben	*кто?* го́лоден (голодна́, голодны́)
Ich bin sehr hungrig.	Я о́чень го́лоден (голодна́).
Ich möchte essen.	Я хочу́ есть. Мне хо́чется есть.
Frühstück	**за́втрак**
zum ~, beim ~	на ~, за за́втраком
Zum Frühstück esse ich gewöhnlich Müsli.	На за́втрак я обы́чно ем мю́сли.
frühstücken, Frühstück essen	поза́втракать/за́втракать
Ich frühstücke normalerweise um halb sieben.	Обы́чно я за́втракаю в полседьмо́го.
	↗ Zeitangaben: s. S. 148
Mittagessen, beim ~	**обе́д,** за обе́дом
Was gibt es heute zum Mittagessen?	Что у нас сего́дня на обе́д?
(zu) Mittag essen	пообе́дать/обе́дать
zu Hause ~, in der Schulkantine ~	~ до́ма, ~ в шко́льной столо́вой
Abendessen, Abendbrot	**у́жин**
zu Abend essen, Abendbrot essen	поу́жинать/у́жинать
Wir essen gewöhnlich spät zu Abend.	Мы обы́чно у́жинаем по́здно.
Zum Abendbrot gibt es bei uns Salat und belegte Brote.	На у́жин мы еди́м сала́т и бутербро́ды.

Am liebsten esse ich … / Бо́льше всего́ я люблю́ ….

Mein Lieblingsgericht ist …	**Моё люби́мое блю́до** – *что?* Nom.
... ist mein Lieblingsessen.	*Что?* Nom. – э́то моя́ люби́мая еда́.
... mag ich überhaupt nicht.	Я терпе́ть не могу́ *что?* Akk.
schmackhaft, lecker	вку́сный
Fleisch mit Pilzen ist sehr lecker.	Мя́со с гриба́ми – э́то о́чень вку́сно.
süß, bitter	сла́дкий, го́рький

salzig, sauer	солёный, ки́слый
Ich mag Salziges.	Я люблю́ солёное.
Lebensmittel	**проду́кты пита́ния** (*ugs.* проду́кты)
Bio~	экологи́чески чи́стые (органи́ческие) ~ ↗ Umwelt: s. S. 97
tierische (pflanzliche) ~	~ живо́тного (расти́тельного) происхожде́ния
~ aus der Dose (Konserven)	консерви́рованные ~ (*ugs.* консе́рвы)
Wir kaufen nach Möglichkeit nur Bio-Lebensmittel.	Мы покупа́ем по возмо́жности то́лько экологи́чески чи́стые проду́кты.
Vegetarier(in)	**вегетариа́нец, вегетариа́нка**
vegetarische Küche	вегетариа́нская ку́хня
Ich esse kein Fleisch, ich bin Vegetarier(in).	Я не ем мя́са, я вегетариа́нец (вететариа́нка).
Ich bin Veganer(in), ich esse keine tierischen Produkte.	Я не ем проду́ктов живо́тного происхожде́ния.
Reis	**рис**
Gemüse	**о́вощи** *Pl., Sg.* о́вощ ↗ Pflanzen: s. S. 93
frisches ~, gesundes ~	све́жие ~, поле́зные ~
Mohrrüben sind sehr gesund. Sie enthalten viel Vitamin A.	Морко́вь о́чень поле́зна. В ней (она́ соде́ржит) мно́го витами́на А.
Kartoffel(n)	**карто́шка** (*ugs.*), **карто́фель** *m.*
Brat~, gekochte ~, Pell~, Pommes frites	жа́реная ~, варёная ~, ~ в мунди́ре, ~ фри
~salat, ~pürree, ~klöße	карто́фельный сала́т, карто́фельное пюре́, карто́фельные клёцки
Tomate	**помидо́р**, тома́т
Tomatensuppe, -salat	тома́тный суп, сала́т из помидо́ров
Gurke	**огуре́ц** (*Pl.* огурцы́)
Paprika	**болга́рский пе́рец**
Karotten (Mohrrüben, Möhren)	**морко́вь** *w.* (*ugs.* морко́вка)
Kohl	**капу́ста**
~kopf, Weiß~	коча́н капу́сты, белокоча́нная ~
Rot~, Blumen~, Brokkoli	кра́сная ~, цветна́я ~, бро́кколи
Sauerkraut	ква́шеная (ки́слая) ~
rote Bete	**свёкла**
eingelegte ~	марино́ванная ~
Zucchini, Auberginen	**цукки́ни, баклажа́ны**
Zwiebeln, *auch* Lauch	лук
Schnittlauch, Zwiebelsuppe	зелёный ~, лу́ковый суп
Knoblauch	**чесно́к**
~soße	чесно́чный со́ус
frische Kräuter	**зе́лень** *w.*
Petersilie, Dill, Basilikum, Koriander	петру́шка, укро́п, базили́к, кориа́ндр (кинза́)
Gewürze	пря́ности, спе́ции

Pilze	**грибы́** (*Sg.* гриб)
Stein~, Champignons, Pfifferlinge	бе́лые ~, шампиньо́ны, лиси́чки
Pilzsuppe	грибно́й суп
Gericht, Speise	**блю́до**
Fleisch	**мя́со**
Rind~, Kalbs~, Schweine~, Lamm~	говя́дина, теля́тина, свини́на, бара́нина ↗Tiere: s. S. 94
Hühner~, Puten~, rohes ~	кури́ное ~ (*ugs.* ку́рица), ~ инде́йки, сыро́е ~
Schnitzel, Beefsteak	шни́цель *m.*, бифште́кс
Braten	жарко́е *Subst. из чего?* Gen.
Rinder~, Schweine~	~ из говя́дины, свино́е ~
Wild	дичь *w.*

Bulette, Frikadelle	котле́та
Kotelett	мя́со с ко́сточкой
kleine Frikadellen (Fleischbällchen)	фрикаде́льки, тефте́ли

Wurst	**колбаса́**
geräucherte ~, Salami	копчёная ~, саля́ми
Würstchen	соси́ски
~ mit Ketchup (Senf) essen	есть ~ с ке́тчупом (с горчи́цей)
Schaschlik	шашлы́к
Pelmeni *(Teigtaschen mit Fleisch)*	**пельме́ни**
echte sibirische ~	настоя́щие сиби́рские ~
~ mit saurer Sahne (Essig) essen	есть ~ со смета́ной (с у́ксусом)
Ei	**яйцо́** (*Pl.* я́йца)
hart (weich) gekochtes ~	~ вкруту́ю (всмя́тку)
Spiegeleier, Omelett	яи́чница-глазу́нья, омле́т
Fisch	**ры́ба**
roher ~, gebratener ~	сыра́я ~, жа́реная ~
Forelle, Lachs, Hering	форе́ль *w.*, лосо́сь *m.*, сельдь *w.* (*ugs.* селёдка)
Kaviar, Fischsuppe	икра́, уха́
Meeresfrüchte	**морепроду́кты**
Krabben, Hummer, Garnelen, Austern	кра́бы, кальма́ры, креве́тки, у́стрицы
Garnelensalat	сала́т с креве́тками
Milchprodukte	**моло́чные проду́кты**
Milch	**молоко́**
Voll~, fettarme ~	~ высо́кой (ни́зкой) жи́рности
H-~, Soja~	гомогенизи́рованное ~, со́евое ~
Sahne	сли́вки
Schlag~, saure ~	взби́тые ~, смета́на
Quark	творо́г (*auch* тво́рог)

Butter	**(сли́вочное) ма́сло**
~ aufs Brot streichen	нама́зать/нама́зывать ~ на хлеб
Butterbrot	бутербро́д с ма́слом

> Ма́сло bezeichnet im Russischen Fett verschiedener Herkunft: сли́вочное ма́сло (Butter), расти́тельное ма́сло: оли́вковое, подсо́лнечное (Pflanzenöl: Oliven-, Sonnenblumenöl). Aber auch: маши́нное ма́сло (Maschinenöl).

Joghurt	**йо́гурт**
Frucht~, Erdbeer~, Natur~	фрукто́вый ~, клубни́чный ~, натура́льный ~ (~ без доба́вок)
Mehl, Teigwaren	**мука́**, мучно́е *Subst.*
Teig	те́сто
Blätter~, Hefe~, Mürbe~	слоёное ~, дрожжево́е ~, песо́чное ~
Nudeln, Pasta	**лапша́**
Spaghetti, Makkaroni	спаге́тти, макаро́ны
Nudelauflauf	запека́нка из лапши́
Zu Hause essen wir sehr oft Nudeln.	До́ма мы о́чень ча́сто еди́м лапшу́.

Brötchen	**бу́лочка**
Rosinen~	~ с изю́мом
belegtes Brot (Brötchen)	бутербро́д
~ mit Wurst, ~ mit Käse, ~ mit Kaviar	~ с колбасо́й, ~ с сы́ром, ~ с икро́й
Cornflakes, Müsli	**кукуру́зные хло́пья, мю́сли**
Haferbrei	овся́ная ка́ша
Pfann-(Eier-)kuchen	блины́
Konfitüre, Marmelade	варе́нье, джем
Nachtisch, Dessert	**сла́дкое** *Subst.*, **десе́рт**

Süßigkeiten	**сла́дости**
Torte, Törtchen	торт, пиро́жное *Subst.*
Kuchen, Piroggen *(gefüllte Teigtaschen)*	**пиро́г**, пирожо́к (*Pl.* пирожки́) с *чем?* Inst.
Apfelkuchen, Piroggen mit Fleisch	пиро́г с я́блоками, пирожки́ с мя́сом
Kekse	**пече́нье**
Bonbons	конфе́ты, караме́ль *w.*
Schokoriegel	шокола́дный бато́нчик
Pralinen, Pralinenschachtel	шокола́дные конфе́ты, коро́бка конфе́т
Zucker, Honig	**са́хар, мёд**
Apfel, Birne, Orange (Apfelsine)	я́блоко (*Pl.* я́блоки), гру́ша, апельси́н
Pflaume, Weintraube, Banane, Ananas	сли́ва, виногра́д, бана́н, анана́с
Mandarine, Zitrone, Pfirsich, Aprikose	мандари́н, лимо́н, пе́рсик, абрико́с
Kirsche, Süßkirsche	ви́шня, чере́шня
Wassermelone, Honigmelone	арбу́з, ды́ня
Beeren	я́годы (*Sg.* я́года)
Erdbeere, Erdbeer-Eis	клубни́ка, клубни́чное моро́женое
Himbeere, Johannisbeere, Brombeere	мали́на, сморо́дина, ежеви́ка
Blaubeeren, Preisel~, Stachel~, Sanddorn	черни́ка, брусни́ка, крыжо́вник, облепи́ха
Knabbereien	**снэк (снек), снэ́ки, лёгкая заку́ска**
Erdnüsse, Haselnüsse, Walnüsse	ара́хис, фунду́к, гре́цкие оре́хи
Chips, Erdnussflips	чи́псы, ара́хисовые па́лочки
Fastfood	**проду́кты бы́строго приготовле́ния (фаст-фуд)**
Currywurst mit Pommes frites	карриву́рст (соси́ска под со́усом ка́рри) с карто́шкой фри
Hamburger, Cheeseburger	га́мбургер, чи́збургер
Döner Kebab, Schawarma	дёнер-кеба́б, шаве́рма (*auch* шаурма́)
Diät	**дие́та**
eine strenge ~, ~ halten	стро́гая ~, соблюда́ть дие́ту
mit einer ~ anfangen, eine ~ machen	сесть на дие́ту, сиде́ть на дие́те (*ugs.*)
Ich möchte abnehmen und mache eine Diät.	Я хочу́ похуде́ть, поэ́тому сижу́ на дие́те. ↗ Aussehen: s. S. 21
Ich darf keine Nüsse essen, ich habe eine Allergie.	Мне нельзя́ (есть) оре́хи, у меня́ на них аллерги́я. ↗ Gesundheit: s. S. 69
Ich kann keine Milch trinken, ich habe eine Laktoseintoleranz.	Мне нельзя́ (пить) молоко́, у меня́ непереноси́мость лакто́зы (я не переношу́ лакто́зу).

Was trinkst du gern? / Каки́е напи́тки ты лю́бишь?

trinken (austrinken)	**попи́ть (вы́пить)/пить** *что?* Akk.
Durst	**жа́жда**
den ~ stillen	утоли́ть/утоля́ть жа́жду
Ich habe Durst.	Я хочу́ пить. Мне хо́чется пить.
Getränke	**напи́тки** (*Sg.* напи́ток)
warme ~, Erfrischungs~	горя́чие ~, прохлади́тельные ~

alkoholische ~	алкого́льные (спиртны́е) ~
alkoholfreie ~	безалкого́льные ~
Tee	**чай**
schwarzer ~, grüner ~, Jasmin~	чёрный ~, зелёный ~, жасми́новый ~
Eis~	холо́дный ~ (~ со льдом)
~ mit Zitrone und Zucker, ~ ohne Zucker	~ с лимо́ном и са́харом, ~ без са́хара
eine Tasse ~	ча́шка ча́ю
Ich trinke den Tee mit zwei Stücken Zucker.	Я кладу́ два кусо́чка са́хара в чай.
Kaffee	**ко́фе** *m.*
schwarzer ~ (ohne Milch), ~ mit Milch	чёрный ~ (без молока́), ~ с молоко́м
Eiskaffee, Cappuccino, Latte Macchiato	ко́фе гляссе́ (ко́фе с моро́женым), капучи́но (капуччи́но), ла́тте макиа́то
Zum Frühstück trinke ich gewöhnlich Kaffee mit Kaffeesahne.	За за́втраком я обы́чно пью ко́фе со сли́вками.
Kakao, Milchshake	кака́о, моло́чный кокте́йль
Wasser	**вода́**
Mineral~ (mit Kohlensäure, stilles ~)	минера́льная ~ (~ с га́зом, ~ без га́за)
Leitungs~	~ из-под кра́на (водопрово́дная ~)
ein Glas (eine Flasche) ~	стака́н (буты́лка) воды́
Limonade (Brause), Cola	**лимона́д, ко́ла**
Saft	**сок**
Apfel~, Orangen~, Tomaten~	я́блочный ~, апельси́новый ~, тома́тный ~
Apfelschorle	минера́льная вода́ с я́блочным со́ком
Wein	**вино́**
Rot~, Weiß~, (halb)trockener ~	кра́сное ~, бе́лое ~, (полу)сухо́е
ein Glas (eine Flasche) ~	бока́л (буты́лка) вина́
Bier	**пи́во**
dunkles ~, helles ~, ein Glas ~	тёмное ~, све́тлое ~, кру́жка пи́ва
Wodka	**во́дка**
echter russischer ~, ein Gläschen ~	настоя́щая ру́сская ~, рю́мка во́дки
Sekt	**шампа́нское**
ein Glas ~	бока́л шампа́нского
anstoßen (*wörtl.* Glas (Gläser) erheben) auf *jmdn./etw.*	подня́ть/поднима́ть бока́л(ы) *за кого? что?* Akk. (*ugs.* чо́каться) ↗ Feste: s. S. 74
einen Trinkspruch aussprechen	произнести́/произноси́ть тост
auf jmdn./etw. trinken	вы́пить/пить *за кого? что?* Akk.
auf das Geburtstagskind ~	~ за имени́нника (имени́нницу) ↗ Geburtstag: s. S. 76
Lasst uns auf unser Treffen trinken!	Дава́йте вы́пьем за на́шу встре́чу!
Auf dich! Prost! Zum Wohl (Auf dein Wohl)!	Пьём за тебя! За (твоё) здоро́вье!

Hast du gern Besuch? / Ты лю́бишь угоща́ть други́х?

Gastgeber(in), Wirt(in)	**хозя́ин (хозя́йка)**
Gast	**гость** *m.* **(го́стья** *w.*, **го́сти** *Pl.***)**
bewirten, *jmdm. etw.* **servieren, anbieten**	**угости́ть/угоща́ть** *кого?* Akk. *чем?* Instr.

Ich backe gern Pfannkuchen für meine Freunde.	Я люблю́ угоща́ть друзе́й блина́ми.
Bediene dich (Greif zu)! Bedienen Sie sich!	Угоща́йся! Угоща́йтесь!
den Tisch decken	**накры́ть/накрыва́ть (на) стол** ↗ Haushalt: s. S. 15
Ich bitte zu Tisch!	Прошу́ к столу́!
einen guten Appetit wünschen	**пожела́ть/жела́ть прия́тного аппети́та** *кому?* Dat.
Guten Appetit!	Прия́тного аппети́та!
Darf ich dir (Ihnen) noch etwas Fleisch geben?	Тебе́ (Вам) положи́ть ещё мя́са?
Noch ein bisschen, bitte!	Ещё немно́го (немно́жко)!
einschenken	**нали́ть/налива́ть** *что?* Akk. *куда?* Akk. *кому?* Dat.
Darf ich dir (Ihnen) noch etwas Saft (Wein) einschenken?	Тебе́ (Вам) нали́ть ещё со́ка (вина́)?

In der Umgangssprache wird bei einem Serviervorschlag oft nur das Futur von быть verwendet (пить, есть werden weggelassen), z. B.: Ты бу́дешь чай и́ли ко́фе? – Я бу́ду чай.

probieren, kosten	**попро́бовать/про́бовать** *что?* Akk.
Probiere (Probieren Sie) den Salat!	Попро́буй(те) сала́т!
nehmen	взять/брать *что?* Akk.
Nimm (Nehmen Sie) Pralinen!	Бери́(те) конфе́ты!
Danke, es ist alles sehr lecker!	Спаси́бо, всё о́чень вку́сно!
satt sein	*кто?* Nom. **сыт (сыта́, сы́ты)**
Danke, ich bin schon satt.	Спаси́бо, я уже́ сыт(а́).
Danke, es ist genug.	Спаси́бо, доста́точно.
Ich bin satt.	Я нае́лся (нае́лась).

Kannst du kochen? / Ты уме́ешь гото́вить?

kochen *(Essen zubereiten)*	**пригото́вить/гото́вить** *что?* Akk.
Ich kann überhaupt nicht kochen.	Я соверше́нно не уме́ю гото́вить.
Ich kann nur einfache Gerichte zubereiten.	Я гото́влю то́лько просты́е блю́да.
fertig, gar sein	гото́в (гото́ва, гото́вы)
Die Suppe ist fertig, aber das Fleisch noch nicht.	Суп гото́в, а мя́со ещё не гото́во.
aufwärmen	**разогре́ть/разогрева́ть** *что?* Akk. *где?* Präp.
auf dem Herd ~, in der Mikrowelle ~	~ на плите́, ~ в микроволно́вке (*ugs.*) ↗ Haushaltsgeräte: s. S. 144
vorgekochte Gerichte, Tiefkühlkost	полуфабрика́ты
kochen *(im kochenden Wasser zubereiten)*	**свари́ть/вари́ть**
Eier ~, eine Suppe ~, gekocht	~ я́йца, ~ суп, варёный
braten	**пожа́рить/жа́рить** *что?* Akk.
Kartoffeln ~, Fleisch ~, gebraten	~ карто́шку, ~ мя́со, жа́реный
im Ofen braten	запе́чь/запека́ть
Fleisch im Backofen (auf dem Grill) ~	~ мя́со в духо́вке (на гри́ле)
dünsten, schmoren	**потуши́ть/туши́ть**
Schmorgemüse	тушёные о́вощи

backen	**испе́чь/печь**
Meine Mutter bäckt oft Pfannkuchen.	Моя́ ма́ма ча́сто печёт блины́.
schneiden	**наре́зать/ре́зать**
Brot ~, Gemüse für den Salat ~	~ хлеб, ~ о́вощи на сала́т
in dünne Scheiben ~, in Würfel ~	то́нко ~, ~ ку́биками
zugeben	**доба́вить/добавля́ть**
Salz ~, Pfeffer ~, Gewürze ~	~ соль *w.*, ~ пе́рец, ~ пря́ности (спе́ции)
umrühren, mischen	**перемеша́ть/переме́шивать**
Rezept	**реце́пт** *чего?* Gen.
Kuchen~, das ~ aufschreiben	~ пирога́, записа́ть/запи́сывать ~
Rezepte im Internet finden/suchen	найти́/иска́ть реце́пты в Интерне́те ↗ Internet: s. S. 137
nach ~	по реце́пту
Kochbuch	пова́ренная кни́га
Geschirr	**посу́да**
(kleiner) Teller, großer Teller (Platte), Schälchen (Untertasse)	таре́лка, блю́до, блю́дце
Tasse, Glas, Weinglas	ча́шка, стака́н, бока́л
Kaffeekanne, Teekanne	кофе́йник, ча́йник
Besteck	**столо́вый прибо́р**
Messer, Gabel, Ess-, Teelöffel	нож, ви́лка, столо́вая (ча́йная) ло́жка
mit Messer und Gabel essen	есть ножо́м и ви́лкой *чем?* Inst.
Stäbchen	па́лочки
Kochtopf, Pfanne	**кастрю́ля, сковорода́** (*ugs.* **сковоро́дка**)
(elektrischer) Samowar	(электри́ческий) самова́р
Thermoskanne	те́рмос

Wer kauft bei euch ein? — **Кто в ва́шей семье́ покупа́ет проду́кты?**

Geschäft	**магази́н**
Lebensmittel~, Supermarkt	продукто́вый ~ (гастроно́м), суперма́ркет
Markt	ры́нок (база́р)
Bäckerei, Fleischerei	бу́лочная, мясна́я ла́вка
kaufen	**купи́ть/покупа́ть** *что?* Akk. *где?* Präp.
Lebensmittel im Supermarkt ~	~ проду́кты в суперма́ркете
auf dem Markt ~, in der Bäckerei	~ на ры́нке, ~ в бу́лочной
Bei uns kauft gewöhnlich Papa ein.	У нас проду́кты обы́чно покупа́ет па́па.
den Einkauf machen	**сдела́ть/де́лать поку́пки**
etw. holen, kaufen gehen	пойти́/идти́, ходи́ть за *чем?* Instr.
Lebensmittel ~, Milch ~	~ за проду́ктами, ~ за молоко́м
Wir kaufen im Supermarkt ein.	Мы хо́дим за проду́ктами в суперма́ркет.
Brot holen wir bei der Bäckerei.	За хле́бом мы хо́дим в бу́лочную.
Preis	**цена́**
hoher ~, niedriger ~, reduziert	высо́кая ~, ни́зкая ~, со ски́дкой
teuer, preiswert (billig)	дорого́й, дешёвый

Hier ist alles sehr teuer (preiswert).	Здесь всё о́чень до́рого (дёшево).
kosten	**сто́ить**
Was kostet eine Packung Milch?	Ско́лько сто́ит паке́т молока́?
~ Butter?	~ па́чка ма́сла?
Was kosten bei Ihnen die Äpfel?	Почём у вас я́блоки? (*ugs.*)

1	оди́н е́вро (рубль, цент); одна́ копе́йка
2,3,4	два, три, четы́ре е́вро (рубля́, це́нта); две, три, четы́ре копе́йки
5...20	пять е́вро (рубле́й, це́нтов); пять копе́ек

Geben Sie mir bitte ...	Да́йте мне, пожа́луйста, *что?* Akk.
Ich nehme ...	Я возьму́ *что?* Akk.
~ ein Kilo (einen Liter) ...	~ килогра́мм (литр) *чего?* Gen.
	↗ Größenangaben: s. S. 156

Gehst du gern in Cafés oder Restaurants? / Ты лю́бишь ходи́ть в кафе́ или рестора́ны?

Café	**кафе́**
Eisdiele	~-моро́женое
Imbiss (Imbiss-Kette), Kantine	заку́сочная (сеть заку́сочных), столо́вая
Pizzeria	пиццери́я
Restaurant	**рестора́н**
Mein(e) Freund(in) und ich essen oft bei McDonald's.	Мы с дру́гом (подру́гой) ча́сто хо́дим в «Макдо́нальдс».

Ein Tisch im Café oder Restaurant wird сто́лик genannt: свобо́дный сто́лик, сто́лик на двои́х (на четверы́х).Das Wort меню́ entspricht der deutschen „Speisekarte“, während Menü im Sinne einer Speisenzusammenstellung mit ко́мплексный обе́д übersetzt wird.

einen Tisch reservieren	зарезерви́ровать/резерви́ровать сто́лик
bestellen	**заказа́ть/зака́зывать** *что?* Akk.
eine Vorspeise ~, das Hauptgericht ~, den ersten (zweiten) Gang ~	~ заку́ску, ~ гла́вное блю́до, ~ пе́рвое (второ́е) блю́до
Nachtisch ~, die Spezialität des Hauses ~	~ десе́рт, ~ фи́рменное блю́до
Bestellung	зака́з
die ~ entgegennehmen	приня́ть/принима́ть ~
Der Kellner bringt die Speisekarten und nimmt die Bestellung entgegen.	Официа́нт прино́сит меню́ и принима́ет зака́з. ↗ Berufe: s. S. 40–43
Was möchten Sie bestellen?	Что бу́дете зака́зывать?
Sagen Sie bitte, haben Sie ...?	Скажи́те, у вас есть *что?* Nom.
Für mich bitte ...	Мне, пожа́луйста, ... *что?* Akk.
Ich nehme die Gemüsesuppe als Vorspeise, Fisch mit Kartoffeln als Hauptgericht und Eis zum Nachtisch.	Я возьму́ овощно́й суп на пе́рвое, ры́бу с карто́шкой на второ́е и моро́женое на десе́рт.
Rechnung	**счёт** (*Pl.* счета́)

um die ~ bitten — попроси́ть/проси́ть ~
die ~ bringen — принести́/приноси́ть ~
Kann ich bitte die Rechnung haben? — Мо́жно, пожа́луйста, счёт?
zahlen — заплати́ть/плати́ть за *кого? что?* Akk.
für alle ~ — ~ за всех
in bar ~, mit Kreditkarte ~ — ~ нали́чными, ~ по креди́тной ка́рточке
Akzeptieren Sie Kreditkarten? — Вы принима́ете креди́тные ка́рты?
Trinkgeld geben — дать/дава́ть чаевы́е (на чай) *кому?* Dat.
In Deutschland ist es üblich, als Trinkgeld ca. 10 % von der Bestellung zu geben. — В Герма́нии при́нято дава́ть на чай о́коло 10 проце́нтов от су́ммы зака́за. ↗ Länder: s. S. 84–85

Lebst du gesund? — Ты ведёшь здоро́вый о́браз жи́зни?

Gesundheit — **здоро́вье**
gute ~, schwache ~ — кре́пкое ~, сла́бое ~
auf die ~ achten — следи́ть за здоро́вьем *за чем?* Instr.
Ich achte (nicht) auf meine Gesundheit. — Я (не) слежу́ за свои́м здоро́вьем.

gesund		
1. *Personen* a) nicht krank *allg.*; b) Gesundheitszustand zu einem bestimmten Moment	a) **здоро́вый** b) *Kurzform* **здоро́в** (здоро́ва, здоро́вы)	Он всегда́ был о́чень здоро́вым ребёнком. Я сего́дня нездоро́в(а). Де́ти уже́ совсе́м здоро́вы.
2. *Dinge* a) nicht schädlich b) gesundheitsförderlich, wohltuend	a) **здоро́вый** b) **поле́зный** (для здоро́вья), поле́зно	Здоро́вое пита́ние – э́то о́чень ва́жно. Авока́до – о́чень поле́зный фрукт. Пить мно́го воды́ поле́зно для здоро́вья.

eine gesunde Lebensweise führen — вести́ здоро́вый о́браз жи́зни
der Gesundheit schaden — **повреди́ть/вреди́ть здоро́вью** *чему?* Dat.
gefährlich — опа́сно, опа́сный
ungesund, schädlich — вре́дно (для здоро́вья), вре́дный
schlechte Angewohnheit — вре́дная привы́чка
Ich habe keine (viele) ungesunde Angewohnheiten. — У меня́ нет (мно́го) вре́дных привы́чек.
rauchen — **покури́ть/кури́ть**
Zigaretten ~, Pfeife ~, Tabak ~ — ~ сигаре́ты, ~ тру́бку, ~ таба́к
das Rauchen aufgeben — бро́сить/броса́ть кури́ть
In unserer Familie raucht keiner. — В на́шей семье́ никто́ не ку́рит.
Mein Vater hat früher geraucht, hat damit aber jetzt aufgehört. — Оте́ц ра́ньше кури́л, а тепе́рь бро́сил.
Rauchen in der Öffentlichkeit ist verboten. — Куре́ние в обще́ственных места́х запрещено́.
(Nicht)Raucher, ~abteil — (не)куря́щий, купе́ для (не)куря́щих
Drogen, ~ nehmen — нарко́тики, принима́ть ~
Drogensucht — наркоти́ческая зави́симость, нарками́ния
der (die) Drogenabhängige — нарком́ан, наркома́нка

sich abgewöhnen, loswerden, bekämpfen	избáвиться/избавля́ться *от чего?* Gen.
ungesunde Angewohnheiten ~	~ от врéдных привы́чек
Um schlechte Angewohnheiten zu bekämpfen, braucht man einen starken Willen.	Чтóбы избáвиться от врéдных привы́чек, нужнá си́льная вóля.

Wie sieht dein Tagesablauf aus? / Какóй у тебя́ распоря́док дня?

Tagesablauf	**распоря́док дня, режи́м дня**
einem festen ~ folgen	соблюдáть ~
den ~ durcheinander bringen	нарýшить/нарушáть ~
In den Ferien ist mein Tagesablauf nicht so fest.	На кани́кулах у меня́ не такóй стрóгий режи́м дня. ↗ Schule: s. S. 32
aufwachen	**проснýться/просыпáться**
früh ~, spät ~	рáно ~, пóздно ~ ↗ Zeitangaben: s. S. 148
wecken	разбуди́ть/буди́ть *кого?* Akk.
Wecker	буди́льник
den ~ stellen	завести́/заводи́ть ~
aufstehen	**встать/вставáть**
nach dem Wecker ~	~ по буди́льнику
Ich stehe als erster (erste) auf, dann wecke ich meinen Bruder.	Я встаю пéрвым (пéрвой), потóм бужý брáта.
Es fällt mir schwer, morgens aufzustehen.	Мне тяжелó вставáть по утрáм.
Morgengymnastik machen	сдéлать/дéлать заря́дку ↗ Sport: s. S. 54
waschen	**вы́мыть/мыть** *кого? что?* Akk.
die Hände (vor dem Essen) ~	~ рýки (пéред едóй)

> Für das Wort „waschen" gibt es im Russischen mehrere Entsprechungen – je nach dem, was genau gereinigt wird. In Bezug auf Wäsche, Stoffe u.ä. wird das Verb стирáть gebraucht: стирáть одéжду, бельё. Daher auch: стирáльная маши́на. ↗ Haushaltsgeräte: s. S. 144 In Bezug auf Körper, Flächen, Gegenstände benutzt man das Verb мыть: мыть рýки, полы́, óкна, посýду.

Wasser	водá
kaltes ~, Warm~	холóдная ~, горя́чая ~
Seife	мы́ло
sich das Gesicht waschen	умы́ть/умывáть лицó, умы́ться/умывáться
~ mit kaltem Wasser ~	~ холóдной водóй *чем?* Instr.
~ mit Seife ~	~ с мы́лом *с чем?* Instr.
Zahnbürste, -pasta, -seide	зубнáя щётка, ~ пáста, ~ нить
sich die Zähne putzen	**почи́стить/чи́стить зýбы**
~ mit einer (elektrischen) Zahnbürste ~	~ (электри́ческой) щёткой *чем?* Instr.
~ vor dem Schlafengehen ~, ~ nach dem Frühstück ~	~ пéред сном, пóсле зáвтрака ↗ Ernährung: s. S. 57
Ich putze mir zweimal am Tag die Zähne.	Я чи́щу зýбы два рáза в день.
Zahnseide benutzen	пóльзоваться зубнóй ни́тью *чем?* Instr.
sich duschen (ein Bad nehmen)	**приня́ть/принимáть душ (вáнну)**
Ich dusche mich immer morgens.	Я всегдá принимáю душ по утрáм.

baden	вы́купаться/купа́ться
sich (die Haare) kämmen	**расчеса́ться/расчёсываться,** расчеса́ть/расчёсывать во́лосы
ins Bett gehen	**лечь/ложи́ться спать**
rechtzeitig (nicht zu spät) ~	во́время ~
In den Ferien gehe ich immer spät zu Bett.	На кани́кулах я всегда́ ложу́сь спать по́здно.
schlafen	**поспа́ть/спать**
lange ~, fest ~	до́лго ~, кре́пко ~
Ich mag es, lange zu schlafen.	Я люблю́ подо́льше поспа́ть.
einschlafen, leicht ~	засну́ть/засыпа́ть, легко́ ~
verschlafen	проспа́ть/просыпа́ть
Gestern kam ich zu spät in die Schule, da ich verschlafen hatte.	Вчера́ я опозда́л(а) в шко́лу, потому́ что проспа́л(а́).
ausschlafen	вы́спаться/высыпа́ться
Ich bin heute unausgeschlafen.	Сего́дня я не вы́спался (вы́спалась).
Am Wochenende kann ich endlich ausschlafen.	В выходны́е я наконе́ц-то смогу́ отоспа́ться.
Schlaf, *auch* **Traum**	**сон**
fester ~, tiefer ~, unruhiger ~	кре́пкий ~, глубо́кий ~, беспоко́йный ~
Alptraum	стра́шный ~, кошма́р
im ~, im Traum	во сне

	im Schlaf	*Wunsch (bewusst)*
Traum	**сон**	**мечта́**
träumen	**уви́деть/ви́деть во сне** *кого? что?* Akk. Я ча́сто ви́жу во сне мо́ре.	**мечта́ть** *о чём?* Präp. Я мечта́ю о пое́здке на мо́ре. Я мечта́ю стать врачо́м.
jmdm. im Schlaf (er)scheinen	присни́ться/сни́ться *кому?* Dat. Мне ча́сто сни́тся мо́ре. Мне присни́лось, что я лечу́ на Луну́. Вчера́ мне присни́лся стра́шный сон.	

Schlaflosigkeit	бессо́нница
an ~ leiden	страда́ть бессо́нницей *чем?* Instr.
ein Schlafmittel einnehmen	приня́ть/принима́ть снотво́рное

Bist du oft krank? — Ты ча́сто боле́ешь?

krank sein *(allg.)*	**боле́ть**
Ich bin fast nie krank.	Я практи́чески никогда́ не боле́ю.
Erkrankung	заболева́ние
chronische ~	хрони́ческое ~
Krankheit	**боле́знь**
ernsthafte ~, ansteckende ~, Erb~	серьёзная ~, зара́зная ~, насле́дственная ~
tödliche ~, unheilbare ~	смерте́льная ~, неизлечи́мая ~

Angina, Grippe, Lungenentzündung	анги́на, грипп, воспале́ние лёгких
Erkältung	просту́да
sich erkälten	простуди́ться/простужа́ться
Im Winter erkälte ich mich oft.	Зимо́й я ча́сто простужа́юсь.
Ich habe eine Allergie gegen Nüsse.	У меня́ аллерги́я на оре́хи. ↗Essen: s. S. 61
der Kranke (die Kranke, die Kranken)	больно́й (больна́я, больны́е)
Wir wollen einen kranken Freund besuchen.	Мы хоти́м навести́ть больно́го дру́га.
krank sein *(in einer konkreten Situation)*	**бо́лен (больна́, больны́)**
Max ist heute nicht in der Schule, er ist krank.	Ма́кса сего́дня нет в шко́ле, он бо́лен.
an etw. erkrankt sein	боле́ть *чем?* Instr.
In unserer Klasse sind jetzt viele Schüler an Grippe erkrankt.	У нас в кла́ссе сейча́с мно́гие боле́ют гри́ппом.
krank werden, erkranken	заболе́ть/заболева́ть *чем?* Instr.
Wir haben jetzt keinen Matheunterricht, unser Lehrer ist krank.	У нас сейча́с нет матема́тики, учи́тель заболе́л. ↗Schule: s. S. 32
Ich habe Angina bekommen.	Я заболе́л(а) анги́ной.
sich anstecken	**зарази́ться/заража́ться** *чем?* Instr. от *кого?* Gen.
Ich weiß nicht, bei wem ich mich mit Grippe angesteckt habe.	Я не зна́ю, от кого́ я зарази́лся (зарази́лась) гри́ппом.
Krankheitssymptome	**симпто́мы боле́зни**
Entzündung	воспале́ние *чего?* Gen.
Husten, husten	ка́шель *m.* , ка́шлянуть/ка́шлять
Schnupfen, niesen	на́сморк, чихну́ть/чиха́ть

> Sollte der Gesprächspartner niesen, wünscht man ihm mit einem Imperativ „Gesundheit!“:
> Будь здоро́в(а)! Бу́дьте здоро́вы!

Temperatur	температу́ра
eine normale ~, Fieber	норма́льная ~, высо́кая ~
die ~ messen	сме́рить/ме́рить температу́ру
Thermometer	гра́дусник, термо́метр
weh tun	боле́ть (*3. Pers. Sg.* боли́т, *3. Pers. Pl.* боля́т)

> Die russischen Verben für „weh tun“ und „krank sein“ sehen im Infinitiv gleich aus – боле́ть.
> Bei der Konjugation wird der Unterschied deutlich: Мой брат боле́ет. У него́ боли́т живо́т.

Ich habe Kopfschmerzen.	У меня́ боли́т голова́.
~ Bauchschmerzen, ~ Halsschmerzen.	~ живо́т, ~ го́рло.
Meine Schwester isst viele Süßigkeiten und hat oft Zahnschmerzen.	Моя́ сестра́ ест мно́го сла́дкого, и у неё ча́сто боля́т зу́бы.
schmerzhaft sein, weh tun	бо́льно *кому?* Dat.
Ich habe Schmerzen beim Schlucken.	Мне бо́льно глота́ть.
Schmerz(en)	**боль** *w.* (*Pl.* **бо́ли**) *где?* Präp.
Bauch~, Rücken~	~ в животе́, ~ в спине́

starker ~, stechender ~, tauber ~	си́льная ~, о́страя ~, тупа́я ~
unerträgliche(r)	нестерпи́мая ~, невыноси́мая ~
Kopf~, Zahn~	головна́я ~, зу́бная ~
~ ertragen	терпе́ть ~
sich fühlen	**почу́вствовать/чу́вствовать себя́**
~ gut ~, ~ schlecht ~	хорошо́ ~, пло́хо ~
Ich fühle mich heute nicht besonders gut.	Я сего́дня нева́жно себя́ чу́вствую.
Ich fühle mich schlecht (schon besser).	Мне пло́хо (уже́ лу́чше).
Mir ist schwindelig.	У меня́ кру́жится голова́.
spüren, empfinden, fühlen	почу́вствовать/чу́вствовать ↗ Gefühle: s. S. 115
Schmerzen ~, Müdigkeit ~, Schwäche ~	~ боль, ~ уста́лость, ~ сла́бость
müde werden	уста́ть/устава́ть от *чего?* Gen.
von der Arbeit ~	~ от рабо́ты
Die Schule ist bei uns sehr anstrengend, ich werde schnell müde.	У нас в шко́ле больши́е нагру́зки, я о́чень устаю́.
Wohlbefinden	самочу́вствие

Wann warst du letztes Mal beim Arzt? / Когда́ ты после́дний раз был(а́) у врача́?

Arzt	**врач** ↗ Berufe: s. S. 40–43
~ mit eigener Praxis	ча́стно практику́ющий ~
HNO-~	у́хо-го́рло-нос, лор
zum Arzt (in die Sprechstunde) gehen	пойти́/идти́ (на приём) к врачу́
einen Termin vereinbaren	записа́ться/запи́сываться на приём
Patient(in) (der Kranke, die Kranke)	пацие́нт, пацие́нтка (больно́й, больна́я)
Ich gehe nicht gern zum Arzt.	Я не люблю́ ходи́ть по врача́м.
Beschwerde	**жа́лоба**
sich beschweren	пожа́ловаться/жа́ловаться на *что?* Akk.
~ über Rückenschmerzen ~	~ на бо́ли в спине́
Was fehlt Ihnen (dir)?	На что жа́луетесь (жа́луешься)?
Machen Sie (Mach') den Mund auf!	Откро́й(те) рот!
Strecken Sie (Streck') die Zunge aus!	Покажи́(те) язы́к!
Machen Sie (Mach') den Oberkörper frei!	Разде́ньтесь (Разде́нься) до по́яса!
behandeln, heilen	**вы́лечить/лечи́ть** *кого?* Akk. от *чего?* Gen.
Meine Mutter ist Kinderärztin, sie behandelt Kinder.	Моя́ ма́ма – де́тский врач, она́ ле́чит дете́й.
sich behandeln lassen, sich auskurieren	вы́лечиться/лечи́ться от *чего?* Gen. у *кого?* Gen.
Sie ist eine sehr gute Ärztin, alle wollen sich von ihr behandeln lassen.	Она́ о́чень хоро́ший врач, все хотя́т у неё лечи́ться.
untersuchen	обсле́довать *кого? что?* Akk.
In unserer Schule werden die Schüler einmal im Jahr ärztlich untersucht.	У нас в шко́ле раз в год прово́дят медосмо́тр.
Behandlung	лече́ние
eine ~ verschreiben	назна́чить/назнача́ть ~

ein Rezept ausstellen	вы́писать/выпи́сывать реце́пт
eine Überweisung zum Röntgen ~	~ направле́ние на рентге́н
Arzneimittel, Medikament	**лека́рство, медикаме́нт**
ein Mittel gegen *etw.*	сре́дство от *чего?,* ~ против *чего?* Gen.
Schmerz~	обезбо́ливающее ~
Pillen	табле́тки от *чего?* Gen.
~ gegen Kopfschmerzen	~ от головно́й бо́ли (*ugs.* от головы́)
Antibaby~	противозача́точные ~
verschreiben	прописа́ть/пропи́сывать *что?* Akk. *кому?* Dat.
in der Apotheke (im Internet) kaufen	купи́ть/покупа́ть в апте́ке (по Интерне́ту) ↗ Internet: s. S. 137
(ein)nehmen	приня́ть/принима́ть (вы́пить/пить)
Pillen ~, Medikamente ~	~ табле́тки, ~ лека́рства
Mein Opa hat hohen Blutdruck, er muss ständig Medikamente einnehmen.	У моего́ де́душки высо́кое давле́ние, ему́ на́до постоя́нно принима́ть (пить) табле́тки.
Spritze (Injektion)	уко́л (уко́лы)
eine ~ geben	поста́вить/ста́вить ~ *кому?* Dat.
Mein Freund ist Diabetiker, er bekommt regelmäßig Insulininjektionen.	У моего́ дру́га диабе́т, ему́ регуля́рно де́лают инъе́кции инсули́на.
Analyse (*Pl. ugs. auch* Befunde, Proben)	ана́лиз (*Pl.* ана́лизы)
Blutprobe, Befunde	~ кро́ви, результа́ты ана́лизов
Proben abgeben	сдать/сдава́ть ана́лизы
Krankenversicherung	**медици́нское страхова́ние,** *ugs.* **медици́нская страхо́вка**
Krankenversicherungsnachweis	страхово́й по́лис

Hast du einen gesunden Organismus? / У тебя́ здоро́вый органи́зм?

Körper, Körperteile	**те́ло**, **ча́сти те́ла** ↗ weitere Körperteile: s. S. 21–22
Arm, Hand	рука́
linke(r) ~, rechte(r) ~	ле́вая ~, пра́вая ~
Bein, Fuß	нога́
bewegen	дви́нуть/дви́гать *чем?* Instr.
Ich kann meinen rechten Arm nicht bewegen.	Я не могу́ дви́гать пра́вой руко́й.
Knie	коле́но (*Pl.* коле́ни)
heben	подня́ть/поднима́ть *что?* Akk.
senken	опусти́ть/опуска́ть *что?* Akk.
knicken, beugen	согну́ть/сгиба́ть *что?* Akk.
Finger, Zeh	па́лец (*Pl.* па́льцы), ~ на рука́х, ~ на нога́х
Brust	грудь *w.*
Rücken	спина́
Seite	бок (*Präp.* в боку́, на боку́)
innere Organe	**вну́тренние о́рганы** (*Sg.* о́рган)

Bauch, Magen	живо́т, желу́док
Lungen	лёгкие (*Sg.* лёгкое)
atmen, die Atmung	дыша́ть, дыха́ние
Herz	се́рдце
Herz~, Herzens~, herzlich	серде́чный
Blut	кровь *w.*
Sinnesorgane	**о́рганы чу́вств**
sehen, Sehvermögen	**ви́деть, зре́ние**
Ich kann schlecht sehen, möchte aber keine Brille tragen.	Я пло́хо ви́жу, но очки́ носи́ть не хочу́.
weitsichtig, kurzsichtig	дальнозо́ркий, близору́кий
blind, Blindheit	слепо́й, слепота́
hören, Gehör	**слы́шать, слух**
schwerhörig, taub, Taubheit	слабослы́шащий, глухо́й, глухота́
Mein Opa hört schlecht, er hat ein Hörgerät.	Мой де́душка пло́хо слы́шит, он но́сит слухово́й аппара́т.
an *etw.* **riechen**	**поню́хать/ню́хать** *что?* Akk.
nach *etw.* riechen, *auch* duften, stinken	**запа́хнуть/па́хнуть** *чем?* Instr.
Geruchssinn	обоня́ние
Geruch	за́пах *чего?* Gen.
einen ~ wahrnehmen	почу́вствовать/чу́вствовать ~
nach etw. **schmecken**; einen Beigeschmack haben	**име́ть вкус** *чего?* Gen., отдава́ть *чем?* Instr.
Geschmack	вкус ↗ Essen: s. S. 57
berühren, antasten	**косну́ться/каса́ться** *чего?* Gen. *чем?* Inst.
Tastsinn	осяза́ние
Er berührte die Klaviertasten leicht mit seinen Fingern.	Он легко́ косну́лся па́льцами кла́виш.
körperliche (geistige) Behinderung	**физи́ческий (у́мственный) недоста́ток**
angeborene ~	врождённый ~
der (die) Behinderte, Behinderung	инвали́д, инвали́дность *w.*
Seh~	~ по зре́нию
Menschen mit Behinderung	лю́ди с ограни́ченными возмо́жностями
behindertengerechter (barrierefreier) Zugang	вход, приспосо́бленный для инвали́дов

Hattest du schon mal einen Unfall?

С тобо́й когда́-либо происходи́л несча́стный слу́чай?

Unfall	**несча́стный слу́чай**
passieren, zustoßen	произойти́/происходи́ть с *кем?* Instr.
Mein Freund hatte einen Unfall.	С мои́м дру́гом произошёл несча́стный слу́чай.
einen Autounfall haben	попа́сть/попада́ть в ава́рию
unter ein Auto, einen Zug geraten	~ под маши́ну, ~ под по́езд
Er ist von einem Auto angefahren worden.	Он попа́л под маши́ну. На него́ нае́хала маши́на. ↗ Autofahren: s. S. 102

zu Schaden kommen, verletzt werden	**пострада́ть**
bei einem Unfall ~	~ в результа́те несча́стного слу́чая
Unfallopfer	пострада́вший (пострада́вшая)
Unfallverursacher (bei einem Autounfall)	вино́вный в ава́рии *в чём?* Präp.
Unfallort	ме́сто происше́ствия
Der Fahrer hat Fahrerflucht begangen.	Води́тель скры́лся с ме́ста происше́ствия.
ausrutschen	**поскользну́ться/поска́льзываться**
hinfallen	**упа́сть/па́дать**
sich den Arm (das Bein) brechen	слома́ть/лома́ть себе́ ру́ку (но́гу) *что?* Akk.
Sein linker Arm ist gebrochen.	У него́ сло́мана ле́вая рука́.
Seine beiden Beine sind gebrochen.	~ сло́маны о́бе ноги́.
Fraktur	перело́м
Hilfe	**по́мощь**
erste ~, Notdienst	пе́рвая ~, ско́рая ~ (неотло́жная ~)
Rettungswagen	маши́на ско́рой по́мощи (*ugs.* неотло́жка)
erste Hilfe leisten	оказа́ть/ока́зывать пе́рвую по́мощь *кому?* Dat.
Ich kann erste Hilfe leisten.	Я уме́ю ока́зывать пе́рвую по́мощь.
~ eine künstliche Beatmung durchführen.	~ де́лать иску́сственное дыха́ние.
den Notdienst rufen, holen	**вы́звать/вызыва́ть ско́рую по́мощь**

Телефо́ны э́кстренной по́мощи (Notrufnummern) в Росси́и:
01 – пожа́рная охра́на (Feuerwehr)
02 – поли́ция (bis 2011: мили́ция)
03 – ско́рая по́мощь

Krankenhaus	**больни́ца**
im ~ liegen	пролежа́ть/лежа́ть в больни́це
ins ~ eingeliefert werden, ins ~ geraten	попа́сть/попада́ть в больни́цу
ins ~ gehen *(für mehrere Tage)*	лечь/ложи́ться ~
ins ~ einweisen	положи́ть/класть ~ *кого?* Akk.
Ich lag noch nie im Krankenhaus.	Я никогда́ не лежа́л(а) в больни́це.
Ihr wurde der Blinddarm entfernt.	Ей удали́ли аппе́ндикс.
Operation	**опера́ция** *где?* Präp.
~ am Herzen	~ на се́рдце
für eine Operation ins Krankenhaus gehen	лечь/ложи́ться на опера́цию
operieren	прооպери́ровать/опери́ровать *кого?* Akk.
Er wurde am Herzen operiert.	Ему́ сде́лали опера́цию на се́рдце.
Die Operation ist erfolgreich verlaufen.	Опера́ция прошла́ уда́чно.

5

Feste und Traditionen / Праздники и традиции

Was ist dein Lieblingsfest?	**Како́й у тебя́ люби́мый пра́здник?**
Fest, Feiertag	**пра́здник**
Familien~, Volks~	семе́йный ~, наро́дный ~ ↗Nationalitäten: s. S. 84
traditionelles ~, religiöses ~	традицио́нный ~, религио́зный ~ ↗Religion: s. S. 78–79
Nationalfeiertag	госуда́рственный (национа́льный) ~
offizieller Feiertag (arbeitsfreier Tag)	официа́льный ~ (нерабо́чий день)
Geburtstag	**день рожде́ния** ↗Datumsangabe: s. S. 147; Sternzeichen: s. S. 7
Mein Lieblingsfest ist mein Geburtstag.	Мой люби́мый пра́здник – мой день рожде́ния.
Am liebsten mag ich Weihnachten und Silvester.	Бо́льше всего́ я люблю́ Рождество́ и Но́вый год.

In Bezug auf Но́вый год wird meist das Verb встре́тить/встреча́ть (treffen, empfangen, *auch* feiern) verwendet: Где ты бу́дешь встреча́ть Но́вый год? Как вы встре́тили Но́вый год?

feiern, (festlich) begehen	**отме́тить/отмеча́ть** *что?* Akk.
ein Fest ~, Geburtstag ~	~ пра́здник, ~ день рожде́ния
den Jahrestag *von …* ~	~ годовщи́ну *чего?* Gen.
im engen Kreis ~, im Kreis der Familie ~	~ в у́зком (те́сном) кругу́, ~ в кругу́ семьи́
Ich möchte meinen Geburtstag mit meinen Freunden in einem Café feiern.	Я хочу́ отме́тить день рожде́ния с друзья́ми в кафе́.
feiern, zelebrieren	**отпра́здновать/пра́здновать** *что?* Akk.
ein freudiges (wichtiges) Ereignis ~	~ ра́достное (ва́жное) собы́тие
das 50-jährige (100-jährige) Jubiläum ~	~ пятидесятиле́тний (столе́тний) юбиле́й *кого? чего?* Gen.
die Wohnungseinweihung ~, Schulabschluss ~	~ новосе́лье, ~ оконча́ние шко́лы ↗Wohnen: s. S. 12, Schule: s. S. 29
mit der ganzen Familie (Klasse) ~	~ всей семьёй (всем кла́ссом)
Wir wollen unseren Schulabschluss auf einem Dampfer feiern.	Мы хоти́м отпра́здновать оконча́ние шко́лы на теплохо́де. ↗Verkehrsmittel: s. S. 106
Abiball, Schulabschlussfeier	**выпускно́й (ве́чер, бал)**
~ organisieren, durchführen	провести́/проводи́ть ~
Taufe	крести́ны (*Pl.*), креще́ние
Kommunion, Konfirmation	причаще́ние, конфирма́ция
Jugendweihe, Jugendfeier	посвяще́ние в совершеннол́етие
Statt einer Konfirmation hatte ich eine Jugendweihe.	У меня́ была́ не конфирма́ция, а пра́здник посвяще́ния в совершенноле́тие.
Hochzeit	сва́дьба ↗Liebe und Partnerschaft: s. S. 26

Welche Feiertage gibt es bei euch?

Каки́е ещё пра́здники у вас отмеча́ют?

– russische Feiertage und Feste; – deutsche Feiertage und Feste

Neujahr	01.01.	Но́вый год
Dreikönigstag	06.01.	Богоявле́ние
Weihnachten (orthodox)	07.01.	Рождество́ (Христо́во)
Neujahr (orthodox)	13.01.	Ста́рый Но́вый год
Valentinstag	14.02.	День свято́го Валенти́на
Tag des Vaterlandverteidigers	23.02.	День защи́тника Оте́чества
Butterwoche	февра́ль/март	Ма́сленица (про́воды зимы́)
Karneval (Fastnacht, Fasching)	февра́ль/март	Карнава́л
Internationaler Frauentag	08.03.	Междунаро́дный же́нский день
Ostern	март/апре́ль	Па́сха
Tag der Raumfahrt	12.04.	День космона́втики
Tag der Arbeit	01.05.	Пе́рвое ма́я – пра́здник весны́ и труда́
Tag der Befreiung	08.05.	День освобожде́ния от нaци́зма
Tag des Sieges	09.05.	День Побе́ды (9 ма́я)
Christi Himmelfahrt; Vatertag	10 дней до Тро́ицы	Вознесе́ние Христо́во; День отца́
Muttertag	2-óе воскресе́нье ма́я	День ма́тери
Pfingsten	май	Тро́ица
Internationaler Kindertag	01.06.	Междунаро́дный день защи́ты дете́й
Tag Russlands	12.06.	День Росси́и
Tag des Wissens	01.09.	День зна́ний
Oktoberfest	сентя́брь/ октя́брь	Окто́берфест (пра́здник пи́ва в Бава́рии)
Tag der deutschen Einheit	03.10.	День еди́нства Герма́нии
Reformationstag; Halloween	31.10.	День Реформа́ции; Хе́ллоуин
Allerheiligen	01.11.	День всех святы́х
Tag der nationalen Einheit	04.11.	День наро́дного еди́нства
Advent	дека́брь	предрожде́ственское воскресе́нье
Heiligabend	24.12.	рожде́ственский соче́льник
1. Weihnachtsfeiertag	25.12.	1-ый день Рождества́
2. Weihnachtsfeiertag	26.12.	2-ой день Рождества́
Silvester	31.12.	Кану́н Но́вого го́да, новогóдняя ночь

In Russland wird an bestimmten Tagen den Vertretern unterschiedlicher Berufsbranchen gratuliert – an den so genannten Berufstagen (профессиона́льные пра́здники): День учи́теля (1 сентября́), День шахтёра (26 а́вгуста), День медици́нского рабо́тника (17 ию́ня). Jede Stadt in Russland hat auch ein eigenen lokalen Festtag – День го́рода.

Dieses Fest wird in Bayern gefeiert.	Э́тот пра́здник отмеча́ют в Бава́рии.
~ in ganz Deutschland ~.	~ по всей Герма́нии.
Dieser Tag ist in unserem Bundesland arbeitsfrei.	Э́тот день в на́шей федера́льной земле́ нерабо́чий. ↗ Bundesländer: s. S. 83
sich vorbereiten	**подгото́виться/гото́виться** к *чему?* Dat.
~ im Voraus ~	~ зара́нее
Festtagsvorbereitungen	подгото́вка к пра́зднику
Ich kann diesen Tag immer kaum erwarten.	Я всегда́ с нетерпе́нием жду э́того дня.
festlich, feierlich, Fest-	**пра́здничный**
festliches Feuerwerk, festlicher Tisch	~ салю́т (фейерве́рк), ~ стол
feierliche Stimmung, Festzug	пра́здничное настрое́ние, ~ ше́ствие
feierliches Treiben	пра́здничные гуля́ния
Im Stadtzentrum findet ein Festumzug statt.	В це́нтре го́рода прохо́дит пра́здничное ше́ствие.
Attraktionen	аттракцио́ны
Karussell, Riesenrad (*wörtl.* Teufelsrad)	карусе́ль *w.*, чёртово колесо́
mit dem ~ fahren	поката́ться/ката́ться на карусе́ли
	~ на чёртовом колесе́

Herzlichen Glückwunsch!	**С пра́здником!**
jmdm. **gratulieren,** *jmdn.* **beglückwünschen**	**поздра́вить/поздравля́ть** *кого?* Akk. с *чем?* Instr.
zum erfolgreichen Schulabschluss ~	~ с успе́шным оконча́нием шко́лы
von ganzem Herzen ~, herzlich ~	~ от всей души́, серде́чно ~
im Namen von *jmdm.* ~	~ от и́мени *кого?* Gen.
Herzlichen Glückwunsch zum Geburtstag!	С днём рожде́ния!
Frohe Weihnachten!	С Рождество́м! ↗ Weihnachten: s. S. 80–81
Frohes Neues Jahr! (Guten Rutsch!)	С Но́вым Го́дом! (С наступа́ющим!)
Glückwünsche	**поздравле́ния**
~ überbringen	переда́ть/передава́ть ~ *кому?* Dat.
~ entgegen nehmen, empfangen	приня́ть/принима́ть ~ *от кого?* Gen.
Übermittle deinem Bruder meine Glückwünsche!	Переда́й бра́ту мои́ поздравле́ния!
Wunsch, Glückwunsch	**жела́ние, пожела́ние**
mit besten Wünschen	с наилу́чшими пожела́ниями
wünschen	**пожела́ть/жела́ть** *кому?* Dat. *чего?* Gen.
alles Gute ~, das Beste ~	~ всего́ хоро́шего, ~ всего́ наилу́чшего
Gesundheit ~, Glück ~, Liebe ~, gutes Gelingen ~	~ здоро́вья, ~ сча́стья, ~ любви́, ~ уда́чи

Erfolg in der Schule/beim Studium (bei der Arbeit) ~	~ успе́хов в учёбе (в рабо́те)
Freude ~, ~ viele Freunde zu haben und niemals traurig zu sein, ~ erfolgreich die Prüfungen zu absolvieren	~ ра́дости, ~ име́ть мно́го друзе́й и никогда́ не уныва́ть, ~ успе́шно сдать экза́мены
Mögen alle deine Wünsche in Erfüllung gehen!	Пусть испо́лнятся все твои́ жела́ния!
Möge das Neue Jahr dir .... bringen!	Пусть Но́вый год принесёт тебе́ *что?* Akk.
Glückwunschkarte	**поздрави́тельная откры́тка** ↗ Briefe schreiben: s. S. 141
Lieber (Liebe) ...,	Дорого́й (Дорога́я, Дороги́е) ...,
Herzlichen Glückwunsch zum	Серде́чно поздравля́ю (поздравля́ем) тебя́ с *чем?* Instr.
Ich wünsche (Wir wünschen) dir ...	Жела́ю (Жела́ем) тебе́ *чего?* Gen.
Ich küsse (Wir küssen) und umarme (umarmen) dich fest.	Кре́пко целу́ю (Целу́ем) и обнима́ю (обнима́ем).
Dein (deine) ...	Твой (твоя́, твои́) ...
Geschenk	**пода́рок**
ein teures ~, ein bescheidenes ~	дорого́й ~, скро́мный ~
ein selbst gemachtes ~	~, сде́ланный свои́ми рука́ми
ein ~ zum Valentinstag	~ на день Свято́го Валенти́на
ein ~ auswählen für *jmdn.*	вы́брать/выбира́ть ~ для *кого?* Gen.
ein ~ machen	сде́лать/де́лать ~ *кому?* Dat.
ein ~ überreichen	вручи́ть/вруча́ть *кому?* Dat.
ein ~ bekommen	получи́ть/получа́ть от *кого?* Gen.
Das ist ein Geschenk von meiner Oma, es ist sehr wertvoll für mich.	Э́то пода́рок мое́й ба́бушки, он мне о́чень до́рог.
Wir machen einander oft Geschenke.	Мы ча́сто де́лаем друг дру́гу пода́рки.
verpacken	**упакова́ть/упако́вывать** *что?* Akk.
Verpackung, Geschenkpapier (-band)	упако́вка, упако́вочная бума́га (ле́нта)
Meine Schwester kann die Geschenke sehr schön verpacken.	Моя́ сестра́ уме́ет краси́во упако́вывать пода́рки.
schenken, *jmdn.* **beschenken**	**подари́ть/дари́ть** ~ *кому?* Dat. *что?* Akk.
Ich habe ... geschenkt bekommen.	Мне подари́ли *что?* Akk.
~ einen Blumenstrauß ~	~ буке́т цвето́в. ↗ Blumen: s. S. 94
~ eine Schachtel Pralinen ~	~ коро́бку конфе́т.
~ einen Gutschein für ... ~	~ пода́рочный сертифика́т на *что?* Akk.
Zum Frauentag möchte ich meiner Mutter einen schönen Schal schenken.	На 8 ма́рта я хочу́ подари́ть ма́ме краси́вый шарф. ↗ Kleidung: s. S. 24–25
danken	**поблагодари́ть/благодари́ть** *кого?* Akk. за *что?* Akk.

Ich lade dich (Sie) zu meinem Geburtstag ein! — Приглаша́ю тебя́ (Вас) на свой день рожде́ния!

einladen	**пригласи́ть/приглаша́ть** *кого?* Akk. *куда?*
enge Freunde ~, Verwandte ~	~ бли́зких друзе́й, ~ родны́х

zu sich nach Hause ~, zu Besuch ~	~ к себе́ домо́й, ~ в го́сти
zu einem Fest ~, zu Silvester ~	~ на пра́здник, ~ на Но́вый год
Einladung	**приглаше́ние**
eine ~ annehmen	приня́ть/принима́ть ~
eine ~ verschicken	отпра́вить/отправля́ть ~ *кому?* Dat.
Vielen Dank für die Einladung!	Спаси́бо за приглаше́ние!
Ich komme gern (unbedingt).	Я с удово́льствием (обяза́тельно) приду́.
Leider kann ich nicht kommen.	К сожале́нию, я не смогу́ прийти́.
An diesem Tag habe ich schon etwas vor.	В э́тот день я за́нят (занята́).
Gast	**гость (*w.* го́стья, *Pl.* го́сти)** ↗ Gäste: s. S. 62–63
jmdn. **besuchen**	**пойти́/идти́, ходи́ть в го́сти** к *кому?* Dat.
zu Besuch sein	быть, побыва́ть/быва́ть в гостя́х у *кого?* Gen.
Gäste empfangen	**приня́ть/принима́ть госте́й** *кого?* Akk.
Wir haben heute Besuch.	У нас сего́дня го́сти.
gastfreundlich	**гостеприи́мный**
freundliche(r) Gastgeber(in) (auch Wirt(in))	~ хозя́ин, гостеприи́мная хозя́йка
freundliche Gastgeber (Wirte)	гостеприи́мные хозя́ева
Am Samstag gehe ich zur Geburtstagsfeier zu einem Mitschüler.	В суббо́ту я иду́ на день рожде́ния к однокла́сснику.
Ich bin gern beim ihm zu Besuch.	Я люблю́ быва́ть у него́ в гостя́х.
Party	**вечери́нка**
eine ~ veranstalten	устро́ить/устра́ивать вечери́нку
~ zum 18. Geburtstag (anlässlich der Volljährigkeit)	~ по слу́чаю совершенноле́тия *чего?* Gen. ↗ Alter: s. S. 6
zusammen kommen, sich treffen	**собра́ться/собира́ться** у *кого?* Gen. *где?*
Wir sind heute aus einem wichtigen Anlass zusammen gekommen.	Мы сего́дня собрали́сь по ва́жному по́воду.
Die Feier ist wunderbar verlaufen.	Пра́здник прошёл замеча́тельно.

Bist du religiös? / Ты религио́зный челове́к?

Religion	**рели́гия**
an *jmdn./etw.* glauben	пове́рить/ве́рить в *кого? что?* Akk.
Glaube	**ве́ра**
~ an Gott, christlicher ~	~ в бо́га, христиа́нская ~
muslimischer ~, jüdischer ~	мусульма́нская ~, иуде́йская ~
einen (anderen) Glauben annehmen	приня́ть (другу́ю) ве́ру
sich zu einem Glauben bekehren	обрати́ться в *какую*? ве́ру Akk.
einen Glauben ausüben	приде́рживаться *какой?* ве́ры Gen., испове́довать *какую?* ве́ру Akk.
gläubig, der (die) Gläubige(n)	ве́рующий (ве́рующая, ве́рующие)
religiös	религио́зный
ein religiöses Fest, ein religiöser Brauch	~ пра́здник, ~ обы́чай
Christentum	**христиа́нство**
Christ, Christin, Christen	христиани́н, христиа́нка, христиа́не
Bist du getauft?	Ты крещёный (крещёная)?

Konfession	**конфе́ссия, вероиспове́дание**
Welcher Konfession gehörst du an?	Како́го ты вероиспове́дания?
Orthodoxie	**правосла́вие**
orthodoxer Christ, orthodoxe Christin, orthodoxe Christen	правосла́вный, правосла́вная, правосла́вные
Katholizismus	**католици́зм, католи́чество**
Katholik, Katholikin, Katholiken	като́лик, католи́чка, като́лики
Protestantismus	**протестанти́зм**
Luthertum, evangelisch-lutherische Kirche	евангели́ческое лютера́нство
Lutheraner(in)	лютера́нин, лютера́нка, лютера́не
Islam	**исла́м**
Muslim, Muslima, Muslime	мусульма́нин, мусульма́нка, мусульма́не
Buddhismus	**будди́зм**
Buddhist(in), Buddhisten	будди́ст, будди́стка, будди́сты
Judaismus	**иудаи́зм**
Jude, Jüdin, Juden	иуде́й, иуде́йка, иуде́и
Schintoismus	синтои́зм
Hinduismus	индуи́зм
Atheismus (Atheist(in), Atheisten)	**атеи́зм (атеи́ст, атеи́стка, атеи́сты)**
Tempel, *auch* Gotteshaus	храм
Kirche	**це́рковь** *w.*
Dom, Kathedrale, Kapelle	собо́р, кафедра́льный собо́р, часо́вня
Moschee	мече́ть *w.*
Synagoge	синаго́га
buddhistischer Tempel	будди́стский храм
jeden Sonntag zur Kirche gehen	ходить в це́рковь по воскресе́ньям
beten	**помоли́ться/моли́ться**
Gebet	моли́тва
ein ~ sprechen	прочита́ть/чита́ть моли́тву *что*? Akk.
Bibel, Koran, Talmud	Би́блия, Кора́н, Талму́д
Ikone, Ikonenmaler	ико́на, иконопи́сец
heilig	**свяще́нный, свято́й**
der Geistliche, der Heilige	свяще́нник, свято́й
Mönch, Nonne, Kloster	мона́х, мона́хиня, монасты́рь *m.*
Pfarrer, Pastor(in), Priester	па́стор, свяще́нник
Imam	има́м
Rabbiner	равви́н
Gemeinde	(церко́вная) общи́на
Ich engagiere mich ehrenamtlich in unserer Gemeinde.	Я у́частвую в рабо́те общи́ны на обще́ственных нача́лах.
Kirchenchor	церко́вный хор
Junge Gemeinde	молодёжная организа́ция при церко́вной общи́не

Welche Traditionen gibt es bei euch in der Familie (in der Region)?	**Каки́е тради́ции существу́ют в ва́шей семье́ (в ва́шем регио́не)?**
Tradition	**тради́ция**
nach der ~, Volks~, Familien~	по тради́ции, наро́дная ~, семе́йная ~
Traditionen pflegen	соблюсти́/соблюда́ть тради́ции
gegen eine ~ verstoßen	нару́шить/наруша́ть тради́цию *что?* Akk.
Traditionen weitergeben	переда́ть/передава́ть тради́ции
~ von einer Generation zur nächsten ~	~ из поколе́ния в поколе́ние
traditionell	**традицио́нный**
ein traditionelles Fest, ein ~ Ritual	~ пра́здник, ~ обря́д
traditionsreich	бога́тый тради́циями *чем?* Instr.
Unsere Region ist reich an Traditionen.	Наш край бога́т тради́циями.
Brauch	**обы́чай**
ein uralter ~, nach einem ~	дре́вний ~, по обы́чаю
althergebrachter ~, Volks~	стари́нный ~, наро́дный ~
Dieser Brauch existiert schon viele Jahrhunderte.	Э́тот обы́чай существу́ет уже́ мно́го столе́тий.
üblich	**при́нято**
Bei uns ist es (nicht) üblich.	У нас так (не) при́нято.
An diesem Tag ist es üblich, ...	В э́тот день при́нято *что делать?* Inf.
Weihnachtsfest	**Рождество́**
katholisches ~, orthodoxes ~	католи́ческое ~, правосла́вное ~
In Russland wird Weihnachten nach dem Julianischen Kalender am 7. Januar gefeiert.	В Росси́и Рождество́ отмеча́ют по юлиа́нскому календарю́ – 7 января́. ↗ Datumsangabe: s. S. 145

In der Sowjetunion wurde das christliche Weihnachten, wie auch andere religiöse Feste, abgeschafft. Statt Weihnachten gab es das Neujahrsfest (Но́вый год) mit einem „Neujahrsbaum" (нового́дняя ёлка). An Silvester kommt Дед Моро́з (Väterchen Frost) mit seiner Enkelin Снегу́рочка (Schneeflöckchen). Inzwischen wird das orthodoxe Weihnachten wieder gefeiert, das wichtigste und beliebteste Fest bleibt aber Но́вый год.

Weihnachts-	рожде́ственский
~-markt, ~-gans	~ ры́нок, ~ гусь
Tannenbaum	**ёлка** ↗ Bäume: s. S. 94
Weihnachtsbaum	рожде́ственская (новогóдняя) ~
echter ~, künstlicher (Plastik-) ~	жива́я ~, иску́сственная ~
den ~ schmücken	наряди́ть/наряжа́ть ёлку *что?* Akk., укра́сить/украша́ть *чем?* Instr.
Weihnachtsbaumschmuck	ёлочные игру́шки
Kugeln, Lametta	ёлочные шары́, дождь *m.* (*ugs.*)
Wir haben alten Weihnachtsschmuck und schmücken damit immer den Weihnachtsbaum.	У нас есть стари́нные ёлочные игру́шки, мы всегда́ украша́ем и́ми ёлку.
Lichterkette	электри́ческая гирля́нда

Papierschlagen, Konfetti	серпанти́н, конфетти́
anzünden, einschalten	заже́чь/зажига́ть *что*? Akk.
Kerzen ~, Wunderkerzen ~	~ све́чи, ~ бенга́льские огни́
Fastenzeit	пост
Ramadan	**Рамада́н**
fasten	пости́ться (соблюда́ть пост)
Karneval, Fastnacht, Fasching	Карнава́л, кану́н Вели́кого поста́, Ма́сленица
Karnevalsverein	объедине́ние уча́стников карнава́ла, карнава́льное соо́бщество
Bei uns gibt es jedes Jahr einen großen Fastnachtsumzug (Rosenmontagsumzug).	Ка́ждый год у нас прохо́дит большо́е карнава́льное ше́ствие (в «Ро́зовый понеде́льник»).
In unserer Gegend spielt Karneval keine große Rolle.	В на́шем регио́не карнава́лу не придаётся большо́го значе́ния.
Ostern	**Па́сха**
zu ~, Ostereier färben	на Па́сху, кра́сить пасха́льные я́йца
Osterkuchen backen	печь пасха́льные куличи́
Pfingsten	**Тро́ица**

6

Politik, Wirtschaft, Natur — Политика, экономика, природа

Bist du deutscher Staatsbürger (deutsche Staatsbürgerin)?	**Ты граждани́н (гражда́нка) Герма́нии?**
Land	**страна́**
großes ~, kleines ~	больша́я ~, ма́ленькая (небольша́я) ~
Heimat(land)	ро́дина
Die Heimat meiner Eltern ist Kasachstan.	Ро́дина мои́х роди́телей – Казахста́н.
Staatsbürger(in)	**граждани́н (гражда́нка, гра́ждане)** *какой страны?* Gen.
Staatsbürgerschaft	гражда́нство
deutsche ~, russische ~, doppelte ~	неме́цкое ~, росси́йское ~, двойно́е ~
Ich habe die deutsche Staatsbürgerschaft, mein Freund die türkische.	У меня́ неме́цкое гражда́нство, а у моего́ дру́га – туре́цкое.
ausländisch, Ausländer(in)	**иностра́нный, иностра́нец, иностра́нка**
Aussiedler(in)	переселе́нец, переселе́нка ↗ Herkunft: s. S. 8
Staat	**госуда́рство**
demokratischer ~, Rechts~	демократи́ческое ~, правово́е ~
unabhängiger ~, Insel~	незави́симое ~, островно́е ~
staatlich, Staats-, Landes~	госуда́рственный
Staatsform	~ строй, госуда́рственное устро́йство
Landessprache, Staatssymbol, Nationalhymne, -flagge	~ язы́к, ~ си́мвол, ~ гимн, ~ флаг
Die deutsche Nationalfahne ist schwarz-rot-gold.	Флаг Герма́нии – чёрно-кра́сно-жёлтый.
Union, Europäische ~ (EU)	**Сою́з**, Европе́йский Сою́з (ЕС)
Sowjetunion	Сове́тский Сою́з
Republik	респу́блика
föderale ~	федерати́вная ~
Monarchie, der Monarch	мона́рхия, мона́рх
zu etw. gehören, Bestandteil sein (werden)	войти́/входи́ть в соста́в *чего?* Gen.
sich abspalten	вы́йти/выходи́ть из соста́ва *чего?* Gen.
Föderation, Bund	федера́ция
Föderations-, föderalistisch	федерати́вный, федера́льный
Russische Föderation	**Росси́йская Федера́ция**
Bundesrepublik Deutschland (BRD)	**Федерати́вная Респу́блика Герма́ния (ФРГ)**
Bundesland	**федера́льная земля́**
Die Bundesrepublik Deutschland besteht aus 16 Bundesländern.	В соста́в Федерати́вной Респу́блики Герма́ния вхо́дят 16 федера́льных земе́ль.
Ich wohne im Bundesland Thüringen.	Я живу́ в федера́льной земле́ Тюри́нгия. ↗ Wohnort: s. S. 11
Hauptstadt	столи́ца
~ *von etw.* sein	быть, явля́ться столи́цей *чего?* Gen.

Von 1712 bis 1918 war Sankt Petersburg die Hauptstadt des Russischen Reiches.

С 1712 по 1918 год столи́цей Росси́йской импе́рии был Санкт-Петербу́рг.

Федера́льные зе́мли Герма́нии и их столи́цы	
Бава́рия, *где?* в Бава́рии	Мю́нхен
Ба́ден-Вю́ртемберг, *где?* в земле́ ~, в Ба́ден-Вю́ртемберге	Шту́тгарт
Берли́н, *где?* в Берли́не	
Бранденбу́рг, *где?* в Бранденбу́рге	Потсда́м
Бре́мен, *где?* в Бре́мене	
Га́мбург, *где?* в Га́мбурге	
Ге́ссен, *где?* в Ге́ссене	Висба́ден
Мекленбу́рг-Пере́дняя Помера́ния, *где?* в земле́ ~	Швери́н
Ни́жняя Саксо́ния, *где?* в Ни́жней Саксо́нии	Ганно́вер
Ре́йнланд-Пфальц, *где?* в земле́ ~, в Ре́йнланд-Пфа́льце	Майнц
Саа́р, *где?* в земле́ ~, в Саа́ре	Саарбрю́ккен
Саксо́ния, *где?* в Саксо́нии	Дре́зден
Саксо́ния-А́нхальт (-А́нгальт), *где?* в земле́ ~	Ма́гдебург
Се́верный Рейн-Вестфа́лия, *где?* в земле́ ~	Дюссельдо́рф
Тюри́нгия, *где?* в Тюри́нгии	Э́рфурт
Шле́звиг-Го́льштейн, *где?* в земле́ ~, в Шле́звиг-Гольште́йне	Киль

Territorium

~ der ehemaligen Sowjetunion

Die Fläche Deutschlands beträgt 357 093 km².

террито́рия *чего?* Gen.

~ бы́вшего Сове́тского Сою́за

Пло́щадь террито́рии Герма́нии составля́ет 357 093 квадра́тных киломе́тра.

↗ Größenangaben: s. S. 156

Grenze

Staats~, natürliche ~

~ zwischen ...

Die Grenze zwischen den beiden Ländern verläuft entlang eines Flusses.

grenzen

Im Norden grenzt Deutschland an Dänemark.

Volk, Volks~

грани́ца

госуда́рственная ~, есте́ственная ~

~ ме́жду *чем?* Instr.

Грани́ца ме́жду двумя́ стра́нами прохо́дит по реке́.

грани́чить с *какими странами?* Instr.

На се́вере Герма́ния грани́чит с Да́нией.

наро́д, наро́дный

Nation, national

Nationalität (Volkszugehörigkeit, ethnische Zugehörigkeit)

на́ция, национа́льный

национа́льность *w.* (национа́льная принадле́жность)

Bevölkerung	**населе́ние**
Bevölkerungszahl, Bevölkerungszuwachs	чи́сленность *w.* (рост) населе́ния
ethnische Zusammensetzung der Bevölkerung	этни́ческий (национа́льный) соста́в населе́ния
multinationale Bevölkerung, ~ im arbeitsfähigem Alter, alternde ~	многонациона́льное ~, трудоспосо́бное ~, старе́ющее ~
Die Bevölkerung des Landes beträgt ...	Населе́ние страны́ составля́ет ...
sich vergrößern	увели́читься/увели́чиваться
um ...,	на *сколько?* Akk.,
von ... auf	со *скольких* до *скольких* Gen. *миллиона/миллионов (тысячи/тысяч) человек?*
sich verringern, abnehmen um ...,	сократи́ться/сокраща́ться на *сколько?* Akk.,
von ... auf	со *скольких* до *скольких* Gen. *миллиона/миллионов (тысячи/тысяч) человек?*
Die Bevölkerungszahl nimmt stetig ab.	Чи́сленность населе́ния постоя́нно сокраща́ется.

страна́	**столи́ца**	**жи́тель(ница), представи́тель(ница) национа́льности**	**прилага́тельное** (*напр.* англи́йский язы́к)
А́встрия	Ве́на	австри́ец, австри́йка	австри́йский
Азербайджа́н	Баку́	азербайджа́нец, азербайджа́нка	азербайджа́нский
А́нглия (Великобрита́ния)	Ло́ндон	англича́нин, англича́нка	англи́йский
Арме́ния	Ерева́н	армяни́н, армя́нка	армя́нский
Белору́ссия (Белару́сь)	Минск	белору́с, белору́ска	белору́сский
Бе́льгия	Брюссе́ль	бельги́ец, бельги́йка	бельги́йский
Болга́рия	Софи́я	болга́рин, болга́рка	болга́рский
Бо́сния-Герцегови́на	Сара́ево	босни́ец, босни́йка	босни́йский
Брази́лия	Брази́лиа	брази́лец, бразилья́нка	брази́льский
Ве́нгрия	Будапе́шт	венгр, венге́рка	венге́рский
Герма́ния (ФРГ)	Берли́н	не́мец, не́мка	неме́цкий, герма́нский *(Staat)*
Голла́ндия/Нидерла́нды	Амстерда́м	голла́ндец, голла́ндка	голла́ндский
Гре́ция	Афи́ны	грек, греча́нка	гре́ческий
Гру́зия	Тбили́си	грузи́н, грузи́нка	грузи́нский
Да́ния	Копенга́ген	датча́нин, датча́нка	да́тский
Изра́иль	Иерусали́м	израильтя́нин, израильтя́нка; евре́й, евре́йка	изра́ильский (*язы́к:* иври́т)

Ирла́ндия	Ду́блин	ирла́ндец, ирла́ндка	ирла́ндский
Испа́ния	Мадри́д	испа́нец, испа́нка	испа́нский
Ита́лия	Рим	италья́нец, италья́нка	италья́нский
Казахста́н	Астана́	каза́х, каза́шка	каза́хский
Кана́да	Отта́ва	кана́дец, кана́дка	кана́дский
Киргизста́н	Бишке́к	кирги́з, кирги́зка	кирги́зский
Кита́й	Пеки́н	кита́ец, китая́нка	кита́йский
Ла́твия	Ри́га	латы́ш, латы́шка	латви́йский (*язык:* латы́шский)
Литва́	Ви́льнюс	лито́вец, лито́вка	лито́вский
Молда́вия	Кишинёв	молдава́нин, молдава́нка	молда́вский
Норве́гия	О́сло	норве́жец, норве́жка	норве́жский
По́льша	Варша́ва	поля́к, по́лька	по́льский
Португа́лия	Лиссабо́н	португа́лец, португа́лка	португа́льский
Росси́я, Росси́йская Федера́ция	Москва́	ру́сский, ру́сская; россия́нин, россия́нка	ру́сский, росси́йский *(Staat)*
Румы́ния	Бухаре́ст	румы́н, румы́нка	румы́нский
Се́рбия	Белгра́д	серб, се́рбка	се́рбский
Слова́кия	Братисла́ва	слова́к, слова́чка	слова́цкий
Слове́ния	Любля́на	слове́нец, слове́нка	слове́нский
США (Соединённые Шта́ты Аме́рики)	Вашингто́н	америка́нец, америка́нка	америка́нский
Таджикиста́н	Душанбе́	таджи́к, таджи́чка	таджи́кский
Туркмениста́н	Ашхаба́д	туркме́н, туркме́нка	туркме́нский
Ту́рция	Анкара́	ту́рок, турча́нка	туре́цкий
Украи́на	Ки́ев	украи́нец, украи́нка	украи́нский
Финля́ндия	Хе́льсинки	финн, фи́нка	фи́нский
Фра́нция	Пари́ж	францу́з, францу́женка	францу́зский
Хорва́тия	За́греб	хорва́т, хорва́тка	хорва́тский
Че́хия	Пра́га	чех, че́шка	че́шский
Швейца́рия	Берн	швейца́рец, швейца́рка	швейца́рский
Шве́ция	Стокго́льм	швед, шве́дка	шве́дский
Эсто́ния	Та́ллинн	эсто́нец, эсто́нка	эсто́нский
Япо́ния	То́кио	япо́нец, япо́нка	япо́нский

Kennst du dich mit der Geschichte deines Landes aus?	Ты зна́ешь исто́рию свое́й страны́?
herrschen, Herrschaft	**цари́ть, ца́рствование**
Fürst(in), Fürstentum	князь (*Pl.* князья́), княги́ня, кня́жество
König(in), Königtum	коро́ль, короле́ва, короле́вство
Zar(in), Zarenreich	царь, цари́ца, ца́рство (*veraltet*)
Imperator, Imperatrix, Imperium (Reich)	импера́тор, императри́ца, импе́рия
Kaiser	ка́йзер
regieren, Regierung (Herrschaft)	**пра́вить** *кем? чем?* Instr., **правле́ние**
Katharina II regierte Russland 1762 bis 1796.	Екатери́на Втора́я пра́вила Росси́ей с 1762 по 1796 год. ↗ Zeitangaben: s. S. 145
Nach dem Zweiten Weltkrieg wurde Deutschland geteilt.	По́сле Второ́й мирово́й войны́ Герма́ния была́ разделена́.
zerfallen, Zerfall	**распа́сться/распада́ться, распа́д**
Der Zerfall Sowjetunions ereignete sich 1991.	Распа́д Сове́тского Сою́за произошёл в 1991 году́.
(sich) vereinigen	**объедини́ть(ся)/объединя́ть(ся)** с *кем?* Instr.
Vereinigung, Wiedervereinigung	объедине́ние
stattfinden, sich ereignen, erfolgen	произойти́/происходи́ть
unter der Führung von ...~	~ под руково́дством *кого?* Gen.
Die erste Vereinigung Deutschlands fand 1871 statt.	Пе́рвое объедине́ние Герма́нии произошло́ в 1871 году́.
Revolution	**револю́ция**
1917 brach in Russland die Revolution aus.	В 1917 году́ в Росси́и произошла́ револю́ция.
Die Monarchie wurde gestürzt.	Мона́рхия была́ све́ргнута.
Nach dem Sturz der Monarchie wurde die Republik ausgerufen.	По́сле сверже́ния мона́рхии была́ провозглашена́ респу́блика.
Diktatur	**диктату́ра**
Militär~, faschistische ~	вое́нная ~, фаши́стская ~
während der ~ leben	жить во времена́ диктату́ры
Im Land herrscht (wurde) eine Diktatur (errichtet).	В стране́ цари́т (была́ устано́влена) диктату́ра.
Krieg	**война́**
Befreiungs~, Bürger~	освободи́тельная ~, гражда́нская ~
Welt~, Kalter ~	мирова́я ~, холо́дная ~
Kriegsausbruch (-ende)	нача́ло (коне́ц) войны́ ↗ Zeitangaben: s. S. 149
in der Nachkriegszeit	в послевое́нное вре́мя
Streitkräfte	**вооружённые си́лы**
Armee, Marine, Luftwaffe	а́рмия, флот, вое́нно-возду́шные си́лы
in der Armee (in der Marine) dienen	служи́ть в а́рмии (во фло́те)
fallen, umkommen	поги́бнуть/погиба́ть
im Krieg (in einem Gefecht) ~	~ на войне́ (в бою́)
Krieg führen, kämpfen	**воева́ть**
Sieg über *jmdn.*	побе́да над *кем?* Instr.

siegen, besiegen	победи́ть/побежда́ть *кого?* Akk.
gewinnen	вы́играть/выи́грывать *что?* Akk.
verlieren	проигра́ть/прои́грывать *что?* Akk.
einen Krieg ~, eine Schlacht ~	~ войну́, ~ би́тву
Neutralität wahren	сохраня́ть нейтралите́т
Frieden	**мир**
~ schließen	заключи́ть/заключа́ть ~
friedliche Lösung eines Konfliktes	ми́рное реше́ние конфли́кта
ein Friedensabkommen unterzeichnen	подписа́ть/подпи́сывать ми́рный догово́р
mit anderen Ländern kooperieren, zusammen arbeiten	**сотру́дничать с други́ми стра́нами**
international	**междунаро́дный**
internationale Zusammenarbeit	междунаро́дное сотру́дничесто
~ Organisation	междунаро́дная организа́ция
~ Beziehungen	междунаро́дные отноше́ния (свя́зи)
Ausland	**грани́ца**
ins ~, aus dem ~	за грани́цу, из-за грани́цы
im ~	за грани́цей (за рубежо́м)
ausländisch	заграни́чный, зарубе́жный
Partner	**партнёр**
zuverlässiger ~, langjähriger ~	надёжный ~, да́вний ~
Partnerschaft	партнёрство

Das Wort партнёрство wird nur im Bereich des politischen oder geschäftlichen Lebens gebraucht. In Bezug auf zwischenmenschliche Beziehungen verwendet man отноше́ния.

Interessierst du dich für Politik? / Ты интересу́ешься поли́тикой?

Politik	**поли́тика**
Innen~, Außen~, Sozial~	вну́тренняя ~, вне́шняя ~, социа́льная ~
Wirtschafts~, Einwanderungs~	экономи́ческая ~, миграцио́нная ~
politisch	полити́ческий
politische Lage	полити́ческая обстано́вка
Macht, Gewalt	**власть** *w.*
Gewaltenteilung	разделе́ние власте́й
an die Macht kommen	прийти́/приходи́ть к вла́сти
an der Macht sein	быть (находи́ться) у вла́сти
Politiker(in)	**поли́тик**
Vertreter(in)	представи́тель(ница) *чего?* Gen.
Vertreter der Bundesländer	представи́тели федера́льных земе́ль
Präsident, Staatsoberhaupt	**президе́нт, глава́ госуда́рства**
Bundeskanzler	**федера́льный ка́нцлер**
Regierung	**прави́тельство**
Bundes~	федера́льное ~
die ~ bilden	сформирова́ть/формирова́ть ~

Regierungschef	глава́ прави́тельства
Minister	мини́стр
Ministerpräsident, Premier~	мини́стр-президе́нт, премье́р-мини́стр
Außen~ (Innen~)	мини́стр иностра́нных (вну́тренних) дел
Bildungs~	мини́стр образова́ния
Ministerium	министе́рство
Parlament	**парла́мент**
Staatsduma (russisches Parlament)	Госуда́рственная Ду́ма
Bundestag, Landtag	бундеста́г, ландта́г (земе́льный парла́мент)
Vorsitzender der Staatsduma	спи́кер Госуда́рственной Ду́мы
Bundestagspräsident	председа́тель бундеста́га
stellvertretender Präsident	замести́тель председа́теля
Partei	**па́ртия**
politische ~, ~vorstand	полити́ческая ~, ли́дер па́ртии
Mitglied sein in einer Jugendorganisation einer Partei	быть (явля́ться) чле́ном молодёжной огранизáции *какой партии?* Gen.
Gemeindebehörden	о́рганы ме́стного самоуправле́ния
Stadtverwaltung, Bürgermeister	мэ́рия, мэр (*в Герма́нии*: бургоми́стр)
Abgeordnete(r)	**депута́т** от *какой партии?* Gen.
wählen	**вы́брать/выбира́ть** *кого?* Akk. *куда?* Akk. *кем?* Instr.
als Abgeordneten ins Parlament ~	~ депута́том в парла́мент
zum Präsidenten ~, einstimmig ~	~ президе́нтом, единогла́сно ~
zum Klassensprecher ~	~ ста́ростой кла́сса
zum Schulsprecher ~	~ представи́телем ученико́в в шко́льном сове́те (председа́телем сове́та ученико́в шко́лы)
Wahlen	вы́боры
Parlaments~	~ в парла́мент (парла́ментские ~)
Präsidentschafts~	~ президе́нта (президе́нтские ~)
freie ~	свобо́дные ~
Momentan finden in Sachsen Landtagswahlen statt.	Сейча́с в Саксо́нии прохо́дят вы́боры в ландта́г.
an Wahlen teilnehmen	уча́ствовать, приня́ть/принима́ть уча́стие в вы́борах
Wähler(in)	избира́тель, избира́тельница
kandidieren	**баллоти́роваться** *куда?* Akk.
für das Parlament ~, als ... ~	~ в парла́мент, ~ на пост *кого?* Gen.
Abgeordnetenkandidat (Präsidenten~)	кандида́т в президе́нты (в депута́ты)
Stimme	**го́лос** (*Pl.* голоса́)
(ab)stimmen, die Stimme für (gegen) *etw.*, *jmdn.* abgeben	проголосова́ть/голосова́ть, отда́ть свой го́лос за (про́тив) *кого? чего?* Gen.
In Russland sind junge Leute mit Erreichen der Volljährigkeit wahlberechtigt.	В Росси́и молоды́е лю́ди получа́ют пра́во го́лоса по достиже́нии совершенноле́тия – в 18 лет. ↗ Altersangaben: s. S. 46

Abstimmung	голосова́ние
sich (bei) der ~ enthalten	воздержа́ться от голосова́ния
Opposition	**оппози́ция**
Oppositionsbewegung	оппозицио́нное движе́ние
Gesetz	**зако́н**
Grund~ (Verfassung) der BRD	Основно́й ~ (Конститу́ция) ФРГ
ein ~ verabschieden	приня́ть/принима́ть ~
ein ~ abschaffen	отмени́ть/отменя́ть ~
gegen ein ~ verstoßen	нару́шить/наруша́ть ~
Das Gesetz wurde vom Parlament verabschiedet und ist in Kraft getreten.	Зако́н был при́нят парла́ментом и вступи́л в си́лу.
Gesetzgebung	законода́тельство
(un)gesetzlich, gesetzwidrig	(не)зако́нный, противозако́нный
Recht	**пра́во** (*Pl.* права́)
Menschenrechte, Kinder~, Frauen~	права́ челове́ка (~ ребёнка, ~ же́нщин)
gleiche Rechte, Gleichberechtigung	ра́вные права́, равнопра́вие
Achtung (Verletzung) der Rechte	соблюде́ние (наруше́ние) прав
In einigen Ländern werden Menschenrechte verletzt.	В не́которых стра́нах наруша́ются права́ челове́ка.
Recht auf freie Meinungsäußerung	свобо́да сло́ва
Gewissensfreiheit, Religionsfreiheit	~ со́вести и вероисповеда́ния ↗ Religion: s. S. 78–89
unabhängig, Unabhängigkeit	незави́симый, незави́симость *w.*
kämpfen (Kampf) für *etw.*	боро́ться (борьба́) за *что?* Akk.
verteidigen	защити́ть/защища́ть *что?* Akk.
Frauenrechte ~, seine Freiheit ~	~ права́ же́нщин, ~ свою́ свобо́ду
Demonstration	**демонстра́ция**
auf eine Demonstration gehen	пойти́/идти́ на демонстра́цию
sich an einer Protestaktion beteiligen	уча́ствовать (принима́ть уча́стие) в а́кции проте́ста
Bürgerinitiative, -bewegung	гражда́нские инициати́вы, гражда́нские (обще́ственные) движе́ния
für etw./jmdn. Unterschriften sammeln	собра́ть/собира́ть по́дписи за *кого? что?* Akk.
zur Unterstützung (zu Gunsten) von *etw./jmdm.*, gegen *etw./jmdn.*	в подде́ржку (в по́льзу) *кого? чего?* Gen., про́тив *кого? чего?* Gen.
sich an einer Unterschriftenaktion für gegen *etw./jmdn.* beteiligen	поста́вить/ста́вить свою́ по́дпись за *кого? что?* Akk. (против} *кого? чего?* Gen.
Nichtregierungsorganisation (NGO)	обще́ственная (неправи́тельственная, негосуда́рственная) организа́ция (НГО, НПО)

Interessierst du dich für Wirtschaftsfragen? / Тебя́ интересу́ют вопро́сы эконо́мики?

Wirtschaft	**эконо́мика**
Markt~, Plan~	ры́ночная ~, пла́новая ~
wirtschaftlich, Wirtschafts-	экономи́ческий

Wirtschaftskrise, wirtschaftliche Entwicklung	~ кри́зис, экономи́ческое разви́тие
Wirtschaftsreformen (~beziehungen)	экономи́ческие рефо́рмы (свя́зи)
Zwischen Deutschland und Russland existieren enge Wirtschaftsbeziehungen.	Ме́жду Росси́ей и Герма́нией существу́ют те́сные экономи́ческие свя́зи.
Wirtschaftsreformen durchführen	провести́/проводи́ть экономи́ческие рефо́рмы
Lebensniveau der Bevölkerung	**жи́зненный у́ровень населе́ния**
hohes ~, niedriges ~, gegenwärtiges ~	высо́кий ~, ни́зкий ~, ны́нешний ~
das ~ halten	подде́рживать ~
arm, Armut	**бе́дный, бе́дность** *w.*
unter der Armutsgrenze leben	жить за черто́й бе́дности
Arbeitslosigkeit	**безрабо́тица** ↗ Arbeit: s. S. 43
hohe ~, niedrige ~	высо́кая ~, ни́зкая ~
Arbeitslosenquote	у́ровень безрабо́тицы
reich, Reichtum	**бога́тый, бога́тство**
Steuer	нало́г
Steuern zahlen, Steuerzahler	плати́ть нало́ги, налогоплате́льщик
Industrie	**промы́шленность** *w.*
~zweig (-branche)	о́трасль промы́шленности
Schwer~, Metall~	тяжёлая ~, металлурги́ческая ~
Konsumgüter~ (Lebensmittel~, Textil~)	лёгкая ~ (пищева́я ~, тексти́льная ~)
Chemie~, Pharma~	хими́ческая ~, фармацевти́ческая ~
Rüstungs~, Luftfahrt~	вое́нная ~, а́виа~
Elektronik~	радиоэлектро́нная ~
Automobil~, Maschinenbau	автомобилестрое́ние, машинострое́ние
Energiewirtschaft	то́пливно-энергети́ческий ко́мплекс
Landwirtschaft	**се́льское хозя́йство**
Ackerbau (Getreidebau, Gemüseanbau, Weinanbau), Viehzucht	земледе́лие (зерно-, овощево́дство, виногра́дарство), животново́дство
(sich) entwickeln	**разви́ть(ся)/развива́ть(ся)**
Entwicklung	разви́тие *чего?* Gen.
entwickelt	ра́звитый
wirtschaftlich ~, hoch~	экономи́чески ~, высоко~
rückständig	отста́лый
rückständige Wirtschaftsregion	экономи́чески отста́лый регио́н
Ware, Artikel	**това́р**
produzieren, herstellen	**произвести́/производи́ть** *что?* Akk.
Konsumgüter ~	~ това́ры наро́дного потребле́ния ↗ Technik: s. S. 143
Produktion (auch Herstellung)	произво́дство *чего?* Gen. *какое?*
In unserer Region werden ... produziert.	В на́шем регио́не произво́дятся *что?* Nom.
Unternehmen, Betrieb	**предприя́тие**
Industrie~	промы́шленное ~
landwirtschaftlicher Betrieb, Joint Venture	сельскохозя́йственное ~, совме́стное ~
Werk, Fabrik, Firma	заво́д, фа́брика, фи́рма

~ , wo ... hergestellt wird (werden)	~ по произво́дству *чего?* Gen.
Maschinenfabrik	машинострои́тельный заво́д
Farm	фе́рма (фе́рмерское хозя́йство)
arbeiten	**рабо́тать** *где?* Präp. ↗ Berufe: s. S. 40–43
in einem Werk ~, in einer Fabrik ~	~ на заво́де, ~ на фа́брике
auf einer Farm ~, in einer Firma ~	~ на фе́рме, ~ в фи́рме
Dieses Werk ist der wichtigste Arbeitgeber in unserer Region.	Э́тот заво́д – основно́й работода́тель в на́шем регио́не.
exportieren	**экспорти́ровать** *что?* Akk.
Exporteur	экспортёр *чего?* Gen.
für den Export produzieren	производи́ть на э́кспорт
importieren, Import, Importeur	импорти́ровать, и́мпорт, импортёр
Russland ist ein wichtiger Exporteur von Erdgas.	Росси́я – кру́пный экспортёр приро́дного га́за.
Russland importiert viele Waren aus Deutschland.	Росси́я импорти́рует мно́го това́ров из Герма́нии.

Kennst du dich in Geografie gut aus? / Ты хорошо́ зна́ешь геогра́фию?

Erde	**земля́**
Himmelsrichtungen	**сто́роны све́та**

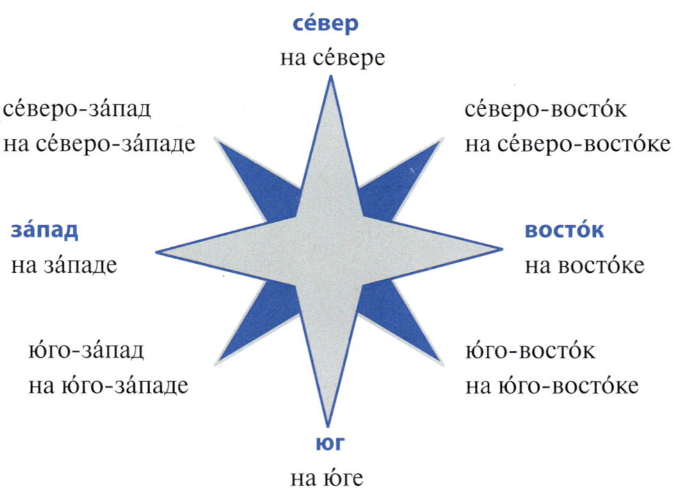

nördlich, östlich (*auch* orientalisch), südlich, westlich	се́верный, восто́чный, ю́жный, за́падный
Die Sonne geht im Osten auf und im Westen unter.	Со́лнце встаёт на восто́ке и захо́дит на за́паде.
sich nördlich von *etw.* befinden	находи́ться к се́веру *от чего?* Gen.
im Süden von *etw.* liegen	располага́ться на ю́ге *чего?* Gen.
liegt, ist gelegen ~	располо́жен(а) ~
Pol	**по́люс**
Nord~, Süd~	се́верный ~, ю́жный ~
am Nord~	на се́верном по́люсе

Polarkreis, hinter dem Polarkreis	поля́рный круг, за поля́рным кру́гом
Äquator	**эква́тор**
Horizont	горизо́нт
am ~ erscheinen	показа́ться/пока́зываться на горизо́нте
hinter dem ~ verschwinden	исче́знуть/исчеза́ть за горизо́нтом
Festland	су́ша
Kontinent, Erdteil	**матери́к (контине́нт), часть све́та**
Europa, Asien, Afrika, Nordamerika, Südamerika, Australien, Arktis, Antarktis	Евро́па, А́зия, А́фрика, Се́верная Аме́рика, Ю́жная Аме́рика, Австра́лия, А́рктика, Антаркти́да
europäisch, asiatisch, afrikanisch, amerikanisch, australisch, arktisch, antarktisch	европе́йский, азиа́тский, африка́нский, америка́нский, австрали́йский, аркти́ческий, антаркти́ческий
Osteuropa, West~	Восто́чная Евро́па, За́падная ~
Mittelasien, Süd-Ost-Asien	Сре́дняя А́зия, Юго-Восто́чная ~
Naher Osten, Ferner ~	Бли́жний Восто́к, Да́льний ~
europäischer (asiatischer) Teil Russlands	европе́йская (азиа́тская) часть Росси́и
Westsibirien, Ost~	За́падная (Восто́чная) Сиби́рь
Ozean	**океа́н**
Nordpolarmeer, Pazifik	Се́верный Ледови́тый ~, Ти́хий ~
Atlantik, Indischer ~	Атланти́ческий ~, Инди́йский
Meer	**мо́ре**
im ~, am ~, auf hoher See	в ~, на ~, в откры́том ~
über (unter) dem Meeresspiegel	над у́ровнем мо́ря (ни́же у́ровня мо́ря)
Ostsee, Nordsee, Mittel~	Балти́йское ~, Се́верное ~, Средизе́мное ~
Schwarz~, Kaspisches ~, Barentssee	Чёрное ~, Каспи́йское ~, Ба́ренцево ~
Wir fahren oft in den Urlaub an die Ostsee.	Мы ча́сто е́здим отдыха́ть на Балти́йское мо́ре. ↗ Urlaub: s. S. 108
Insel, Halb~	**о́стров** (*Pl.* острова́), полуо́стров
unbewohnte ~	необита́емый ~
Mein Lieblingsurlaubsort ist die Insel Rügen.	Моё люби́мое ме́сто о́тдыха – о́стров Рю́ген.

Ist die Gegend bei euch schön? / Там, где ты живёшь, краси́вая ме́стность?

Natur	**приро́да**
schöne ~, raue ~	краси́вая ~, суро́вая ~
sich im Grünen (in der ~) erholen	отдыха́ть на приро́де
~phänomen, ~bedingungen	явле́ние приро́ды, приро́дные усло́вия
Landschaft	**ландша́фт**
malerische ~, herrliche ~	живопи́сный ~, великоле́пный ~
Berg~, Flach~	го́рный ~, равни́нный ~
Gegend, Landschaft	ме́стность *w.*
Hügel~	холми́стая ~
Ort	ме́сто (*Pl.* места́)
Die Gegend bei uns ist sehr schön.	У нас о́чень краси́вые места́.
Ebene	равни́на

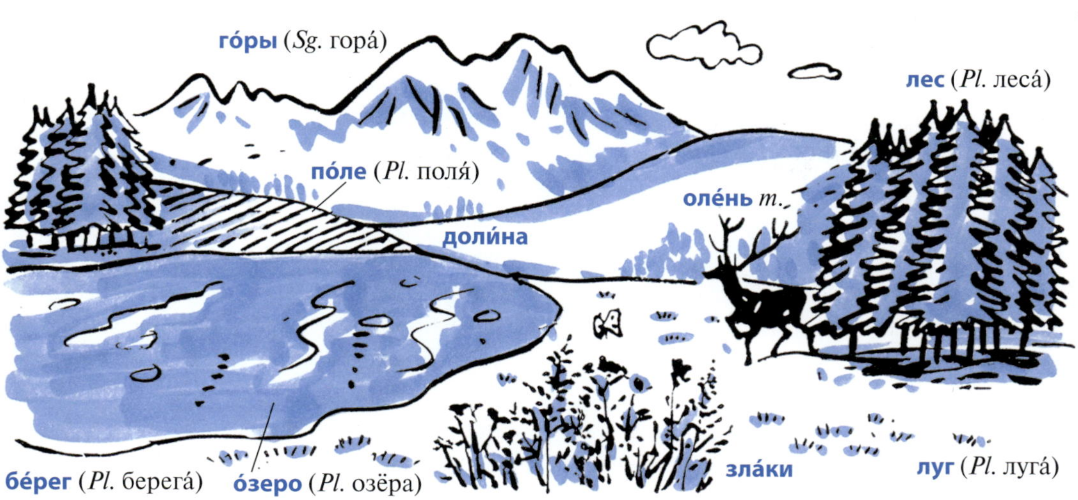

Unser Dorf liegt im Rheintal.	На́ша дере́вня располо́жена в доли́не Ре́йна.
Hügel	холм
An der südlichen Seite der Stadt liegen mittelhohe Hügel.	С ю́жной стороны́ го́рода – невысо́кие холмы́.
Fluss	**река́**
tiefer ~, flacher ~, breiter ~	глубо́кая ~, ме́лкая ~, широ́кая ~
Flussquelle (-mündung, ~bett)	исто́к (у́стье, ру́сло) реки́
fließen	течь, протека́ть
Durch unser Dorf fließt ein kleiner Fluss (Bach).	Че́рез на́шу дере́вню протека́ет ма́ленькая ре́чка (руче́й). ↗Wohnort: s. S. 11
Der Fluss fließt nach Norden und mündet in die Nordsee.	Река́ течёт на се́вер и впада́ет в Се́верное мо́ре.
am Ufer des Flusses (des Sees, des Meeres)	на берегу́ реки́ (о́зера, мо́ря) *где?* Präp.
Unsere Stadt liegt am Ufer der Elbe.	Наш го́род лежи́т на берега́х Э́льбы.

Kennst du dich mit Pflanzen aus? / Ты различа́ешь сорта́ расте́ний?

Flora und Fauna	фло́ра и фа́уна
Pflanze	**расте́ние**
wilde ~, Garten~	дикорасту́щее ~, садо́вое ~
Zimmer~, exotische ~	ко́мнатное ~, экзоти́ческое ~
wachsen	**вы́расти/расти́**
Vor unserem Haus wächst Flieder.	У нас пе́ред до́мом растёт сире́нь.
(ein)pflanzen	посади́ть/сажа́ть *что?* Akk.
züchten, anbauen	вы́растить/выра́щивать *что?* Akk.
im (Gemüse)Garten ~, auf dem Feld ~	~ в саду́ (в огоро́де), ~ в по́ле
Meine Mama hat im Garten unterschiedliche Pflanzen.	Ма́ма выра́щивает в саду́ ра́зные расте́ния.
Blumen	**цветы́** (*Sg.* цвето́к) ↗Blumen gießen: s. S. 16
~ pflücken, ~ schenken	сорва́ть/рвать ~, подари́ть/дари́ть ~ ↗Traditionen: s. S. 77
~strauß, ~ in eine Vase stellen	буке́т цвето́в, поста́вить/ста́вить в ва́зу

Rose, Lilie, Tulpe, Narzisse, Iris	ро́за, ли́лия, тюльпа́н, нарци́сс, и́рис
Kamille, Kornblume, Maiglöckchen, Mohn	рома́шка, василёк, ла́ндыш, мак
blühen (erblühen, verblühen)	**цвести́** (зацвести́, отцвести́)
Im Garten blüht der Flieder.	В саду́ цветёт сире́нь.
verwelken	завя́нуть/увяда́ть
Gras, Kraut	трава́
Heilkräuter	целе́бные (лече́бные) тра́вы ↗ Arznei: s. S. 71
Baum	**де́рево** (*Pl.* дере́вья)
Laub~, Nadel~, Frucht~	ли́ственное ~, хво́йное ~, плодо́вое ~
Stamm, Zweig, Wurzel, Krone	ствол, ве́тка, ко́рень *m.* (*Pl.* ко́рни), кро́на
Nadeln	хвоя́
Blatt, Laub	лист (*Pl.* ли́стья), листва́
Im Frühling, wenn die Blätter sprießen, sieht es bei uns im Garten sehr schön aus.	Весно́й, когда́ распуска́ется листва́, у нас в саду́ о́чень краси́во.
gelb werden	пожелте́ть/желте́ть
fallen (Laub, Blätter)	опа́сть/опада́ть
Die Blätter sind schon gefallen.	Ли́стья уже́ опа́ли.
Birke, Eiche, Kastanie, Ahorn, Linde, Pappel	берёза, дуб, кашта́н, клён, ли́па, то́поль *m.*
Tanne, Zeder, Fichte, Zypresse	ель *w.* (ёлка), кедр, сосна́, кипари́с
Tannenzapfen	ело́вая ши́шка
Palme, Olivenbaum	па́льма, оли́вковое де́рево
Apfelbaum, Birnenbaum, Kirschbaum	я́блоня, гру́ша (гру́шевое де́рево), ви́шня

Magst du Tiere? / Ты лю́бишь живо́тных?

Tier	**живо́тное** (*Pl.* живо́тные)
~art, Raub~, Pflanzenfresser	вид живо́тных, хи́щное ~, травоя́дное ~
Haus~, wildes ~	дома́шнее ~, ди́кое ~ (*auch:* зверь *m.*)
Säugetiere	**млекопита́ющие**
Wolf, Hase, Fuchs, Elch, Bär	волк, за́яц, лиса́, лось *m.*, медве́дь *m.*
Löwe, Panther, (Säbelzahn-)Tiger	лев, панте́ра, (саблезу́бый) тигр
Nilpferd, Affe, Elefant	бегемо́т, обезья́на, слон
In diesem Wald gibt es Wölfe.	В э́том лесу́ во́дятся во́лки.
Vögel	**пти́цы** (*Sg.* пти́ца)
Wasser~, Zug~	водопла́вающие ~, перелётные ~
Spatz, Krähe, Taube, Specht, Star	воробе́й, воро́на, го́лубь *m.*, дя́тел, скворе́ц
Elster, Schwan	соро́ка, ле́бедь *m.*
Fisch	**ры́ба**
See~ (Meeres~), Süßwasser~	морска́я ~, речна́я ~
Hai, Scholle (Flunder), Barsch, Stör, Zander	аку́ла, ка́мбала, о́кунь *m.*, осётр, суда́к
Forelle, Hecht	форе́ль *w.*, щу́ка
angeln, Angel	пойма́ть/лови́ть ры́бу, у́дочка
Reptilien	**репти́лии** (*Sg.* репти́лия)
Schlange, Krokodil, Schildkröte, Eidechse	змея́, крокоди́л, черепа́ха, я́щерица
Insekten	**насеко́мые** (*Sg.* насеко́мое)
Mücke, Käfer, Fliege, Ameise, Spinne	кома́р, жук, му́ха, мураве́й, пау́к

Biene, Wespe, Hummel	пчела́, оса́, шмель *m.*
jagen, Jagd	**охо́титься**, **охо́та** на *кого?* Akk.
Jäger(in)	охо́тник, охо́тница
töten	уби́ть/убива́ть *кого?* Akk.
Zoo, Tierpark	**зоопа́рк**
im ~ halten	содержа́ть в зоопа́рке
in den ~ gehen	пойти́/идти́, ходи́ть в ~
Mein Vater und ich gehen oft in den Zoo.	Мы с па́пой ча́сто хо́дим в зоопа́рк.
Haustiere	**дома́шние живо́тные**
Habt ihr Haustiere?	У вас есть дома́шние живо́тные? ↗ Über sich und andere: s. S. 11
Wir wohnen auf dem Land und haben einen Bauernhof (eigene Wirtschaft).	Мы живём в дере́вне, у нас своё хозя́йство.
Vieh	**скот**
Rinder	кру́пный рога́тый ~
Kuh, Ochse, Kalb	**коро́ва**, бык, телёнок (*Pl.* теля́та)
eine Kuh melken	подои́ть/дои́ть коро́ву
Pferd, Stute, Hengst, Fohlen	**ло́шадь** *w.*, кобы́ла, жеребе́ц, жеребёнок
auf einem Pferd reiten	скака́ть на ло́шади; е́хать *zielger.,* е́здить *nicht zielger.* верхо́м
Schwein (Sau), Eber, Ferkel	**свинья́**, каба́н, поросёнок
Schaf, Hammel, Lamm	**овца́**, бара́н, ягнёнок
Schafe scheren	постри́чь/стричь ове́ц
Ziege, Ziegenbock, Zicklein	**коза́**, козёл, козлёнок
Huhn (Henne), Hahn, Küken	**ку́рица**, пету́х, цыплёнок
Ente, Erpel, Entlein	**у́тка**, се́лезень *m.*, утёнок
Gans, Gänserich, Gänschen	**гусы́ня**, гусь *m.*, гусёнок
halten	держа́ть *кого?* Akk. *где?* Präp.
eine Kuh ~, Schweine ~, Pferde ~, Hühner ~	~ коро́ву, ~ свине́й, ~ лошаде́й, ~ кур
im Kuhstall, im Pferdestall, im Hühnerstall ~	~ в хлеву́, в коню́шне, в куря́тнике
Wir halten ein Pferd und eine Kuh.	Мы де́ржим ло́шадь и коро́ву.
Katze, Kater, Kätzchen	**ко́шка**, кот, котёнок (*Pl.* котя́та)
Hund, Hündin, Welpe	**соба́ка**, су́ка, щено́к (*Pl.* щеня́та)
Hunderasse, Dogge, deutscher Schäferhund	поро́да соба́к, дог, неме́цкая овча́рка
Pudel, Spaniel, Dackel, Terrier	пу́дель *m.*, спание́ль *m.*, та́кса, терье́р
Hamster, Meerschweinchen	**хомя́к** (*Pl. ugs.* хомячки́), **морска́я сви́нка**
Kaninchen, Hase	**кро́лик, за́яц**
Zierfische	**аква́риумные ры́бки**
Papagei	**попуга́й**
ein sprechender ~, Wellensittich	говоря́щий ~, волни́стый попуга́йчик
(Tier)Name	**кли́чка**
Den Kater Barsik kennen alle in unserem Hof.	Кота́ по кли́чке Ба́рсик зна́ет весь наш двор.
sich anschaffen	завести́/заводи́ть *кого?* Akk.
Ich möchte mir einen Hund anschaffen, aber meine Eltern erlauben es nicht.	Я хочу́ завести́ соба́ку, но роди́тели мне не разреша́ют. ↗ Beziehung zu den Eltern: s. S. 10; Hausarbeiten: s. S. 15

Zoohandlung	**зоомагази́н**
zum Tierarzt bringen	показа́ть/пока́зывать ветерина́ру ↗ Berufe: s. S. 40–43
Tierheim	**прию́т для бездо́мных живо́тных**
aus dem ~ holen	взять/брать из прию́та

Wie ist das Wetter bei euch? / Кака́я у вас пого́да?

Klima	**кли́мат**
gemäßigtes ~, Kontinental~	уме́ренный ~, континента́льный ~
trockenes ~, feuchtes ~, heißes ~, Meeres~	сухо́й ~, вла́жный ~, жа́ркий ~, морско́й ~
klimatische Bedingungen	климати́ческие усло́вия
Wetter	**пого́да**
gutes ~, schlechtes ~, klares ~, feuchtes ~	хоро́шая ~, плоха́я ~, я́сная ~, сыра́я ~
regnerisches ~, Un~	дождли́вая ~, нена́стная ~ (нена́стье)
Wettervorhersage	прогно́з пого́ды ↗ Fernsehen: s. S. 130
Im Herbst haben wir oft feuchtes Wetter.	О́сенью у нас ча́сто стои́т сыра́я пого́да. ↗ Jahreszeiten: s. S. 146
Luft	**во́здух**
saubere ~, verschmutzte ~	чи́стый ~, загрязнённый ~ ↗ Umweltschutz: s. S. 97
saubere (frische) Luft atmen	дыша́ть чи́стым (све́жим) во́здухом *чем?* Instr.
Lufttemperatur, Luftfeuchtigkeit	температу́ра (вла́жность *w.*) во́здуха
Grad	**гра́дус**
plus (minus) ... Grad	плюс (ми́нус) *сколько?* гра́дуса/гра́дусов
über (unter) Null	вы́ше (ни́же) нуля́
°C (Celsius), °F (Fahrenheit)	по Це́льсию, по Фаренге́йту
steigen	подня́ться/поднима́ться
von ... auf ...,	со *скольких?* гра́дусов Gen. до *скольких?* гра́дусов Gen.,
um ...	на *сколько?* гра́дуса/гра́дусов Akk.
sinken	опусти́ться/опуска́ться, упа́сть/па́дать
Die Lufttemperatur ist auf 30 Grad gestiegen.	Температу́ра во́здуха подняла́сь до 30 (тридцати́) гра́дусов.
heiß, Hitze	**жа́ркий** (*Adv.* жа́рко), **жара́**
Im Sommer ist es bei uns oft lange heiß.	Ле́том у нас ча́сто подо́лгу стои́т жара́.
warm, Wärme	тёплый (*Adv.* тепло́), тепло́ *Subst.*
kalt, Kälte	**холо́дный** (*Adv.* хо́лодно), **хо́лод** (*Pl.* холода́)
kühl, Kühle	прохла́дный (*Adv.* прохла́дно), прохла́да
Heute ist es ziemlich kühl.	Сего́дня дово́льно прохла́дно.
frostig, Frost	моро́зный, моро́зно, моро́з (*Pl.* моро́зы)
In diesem Winter hatten wir starken Frost.	Э́той зимо́й (в э́ту зи́му) стоя́ли (бы́ли) си́льные холода́ (моро́зы).
beginnen, anbrechen	наступи́ть/наступа́ть, наста́ть
Der Frühling hat dieses Jahr früh begonnen.	Весна́ в э́том году́ наступи́ла ра́но.

Ду́ет си́льный **ве́тер**.

Дождь *(m.)* идёт.

Снег идёт.

Начина́ется **гроза́**.

Стои́т **тума́н**.

Со́лнце све́тит.

Regenschirm	зонт (*ugs.* зо́нтик)
Hagel	**град**
Blitz, blitzen	мо́лния, сверкну́ть/сверка́ть
Donner, donnern	гром, прогреме́ть/греме́ть
Als Kind hatte ich bei Gewitter immer Angst.	В де́тстве я всегда́ боя́лся (боя́лась), когда́ сверка́ла мо́лния и греме́л гром.
Himmel	**не́бо**
blauer ~, klarer ~, bewölkter ~	голубо́е ~, я́сное ~, о́блачное ~
trüber ~	па́смурное ~
Es ist heute bewölkt (trüb).	Сего́дня о́блачно (па́смурно).
Wolke	**о́блако** (*Pl.* облака́)
graue (Regen)Wolke	ту́ча
~, Gewitter~	се́рая ~, грозова́я ~
Der Himmel ist mit Regenwolken bedeckt.	Не́бо затя́нуто ту́чами.
Sonnenstrahl (-licht), scheinen	со́лнечный луч (свет), свети́ть
Wenn die Sonne scheint, habe ich immer gute Laune.	Когда́ я́рко све́тит со́лнце, у меня́ всегда́ хоро́шее настрое́ние. ↗ Gefühle: s. S. 115

Engagierst du dich für die Umwelt? / Ты уча́ствуешь в прое́ктах по защи́те окружа́ющей среды́?

Umwelt	**окружа́ющая среда́, окружа́ющий мир**
die ~ beeinflussen	повлия́ть/влия́ть на окружа́ющую среду́
Ökologie	**эколо́гия**
Ökosystem der Erde (~ der Region)	экосисте́ма плане́ты (~ регио́на)
ökologisch, Umwelt-	экологи́ческий
Umweltkatastrophe	экологи́ческая катастро́фа
Die Umweltsituation ist hier sehr schlecht.	Здесь о́чень неблагоприя́тная экологи́ческая обстано́вка.
verschmutzen	**загрязни́ть/загрязня́ть** *что?* Akk.
die Atmosphäre ~	~ атмосфе́ру

Verschmutzung	загрязне́ние *чего?* Gen.
Umwelt~, Luft~	~ окружа́ющей среды́, ~ во́здуха
vergiften	отрави́ть/отравля́ть *что?* Akk.
Abgase	**выхлопны́е га́зы**
Industrieabfälle, Industierabwässer	промы́шленные отхо́ды
Industriebetriebe leiten ihre Abwässer in den Fluss ab.	Предприя́тия слива́ют отхо́ды в ре́ку.
Müll	**му́сор**
~ trennen, ~ wegwerfen	сортирова́ть ~, вы́бросить/выбра́сывать ~
~deponie	му́сорная сва́лка
verwerten, entsorgen	**утилизи́ровать** *что?* Akk.
Müll-(Abfall-)Verwertung	утилиза́ция му́сора (отхо́дов) *чего?* Gen.
verarbeiten, recyceln	**перерабо́тать/перераба́тывать** *что?* Akk.
Recycling	перерабо́тка для втори́чного испо́льзования
~papier	втори́чная бума́га
Kohlenstoffdioxyd (CO_2)	углеки́слый газ (CO_2)
CO_2- Emission	вы́брос (эми́ссия) углеки́слого га́за в атмосфе́ру
globale Klimaerwärmung	**глоба́льное потепле́ние кли́мата** ↗ Klima und Wetter: s. S. 96
Treibhauseffekt	парнико́вый эффе́кт
Gefahr, Bedrohung	**опа́сность** *w.*, **угро́за**
in ~ sein	находи́ться в опа́сности (под угро́зой)
eine ~ darstellen	предста́вить/представля́ть опа́сность (угро́зу) для *кого? чего?* Gen.
(un)gefährlich	(без)опа́сный
bedrohen	угрожа́ть *кому?* Dat.
ausrotten, vernichten	**истреби́ть/истребля́ть** *кого? что?* Akk.
seltene Pflanzen- und Tierarten ~	~ ре́дкие ви́ды расте́ний и живо́тных
Ausrottung, Vernichtung	истребле́ние *кого? чего?* Gen.
verschwinden, Verschwinden	исче́знуть/исчеза́ть, исчезнове́ние
Viele Tier- und Pflanzenarten sind bereits von der Erde verschwunden.	Мно́гие ви́ды расте́ний и живо́тных уже́ исче́зли с лица́ Земли́.
Wald (Wälder) abholzen	вы́рубить/выруба́ть лес (леса́)
Wälderabholzung	вы́рубка лесо́в
aussterben, Aussterben	**вы́мереть/вымира́ть, вымира́ние**
Diese Tiere sind vom Aussterben bedroht. Sie sind im Roten Buch aufgeführt.	Э́ти живо́тные нахо́дятся под угро́зой исчезнове́ния. Они занесены́ в Кра́сную кни́гу.
Naturschutzgebiet	**запове́дник, запове́дная зо́на**
Naturschutzgebiete schaffen	созда́ть/создава́ть запове́дники
schützen, Schutz	**защити́ть/защища́ть, защи́та; охраня́ть, охра́на**
Naturschutz (Umweltschutz)	охра́на приро́ды (окружа́ющей среды́)
Umweltschutzgesetz	зако́н об охра́не окружа́ющей среды́

Naturschutzverein	о́бщество охра́ны приро́ды
Tierschutzverein	~ защи́ты живо́тных
Ich möchte Mitglied in einem Tierschutzverein werden.	Я хочу́ стать чле́ном о́бщества по защи́те живо́тных.
Beschützer(in)	защи́тник (защи́тница) *кого? чего?* Gen.
Umweltschützer, Tierschützer	~ окружа́ющей среды́, ~ живо́тных
Ökoaktivisten	экологи́ческие активи́сты
protestieren	**протестова́ть** против *чего? Gen.* ↗ Politik: s. S. 89
Protestaktionen durchführen	провести́/проводи́ть а́кции проте́ста
Ökoaktivisten haben eine große Protestaktion vor dem Atomkraftwerk organisiert.	Экологи́ческие активи́сты провели́ гро́мкую а́кцию проте́ста у а́томной электроста́нции.
fordern, Forderung	**потре́бовать/тре́бовать, тре́бование**
die Schließung des Kernkraftwerks ~	~ закры́ть АЭС
ein Einfuhr-/Ausfuhrverbot (Lagerungsverbot) von Atommüll ~	~ запрети́ть ввоз/вы́воз (захороне́ние) я́дерных отхо́дов
erhalten, bewahren	**сбере́чь/бере́чь, сохрани́ть/сохраня́ть**
die Natur (den Planeten) ~	~ приро́ду (плане́ту)
für künftige Generationen ~	~ для бу́дущих поколе́ний
Ressourcen	**ресу́рсы**
Natur~, Energie~	приро́дные ~, эне́рго~
(un)erschöpfliche ~	(не)исчерпа́емые ~
Vorräte	запа́сы (*Sg.* запа́с) *чего?* Gen.
Erdöl~, Erdgas~, Süßwasser~	~ не́фти, ~ га́за, ~ пре́сной воды́
~ an Bodenschätzen	~ поле́зных ископа́емых
ausgehen, verschwinden	иссяка́ть/исся́кнуть
Energie	**эне́ргия**
Öko~, Sonnen~, Wind~	экологи́чески чи́стая ~, ~ со́лнца, ~ ве́тра
Atom~	а́томная ~
~ verwenden	испо́льзовать *какую?* эне́ргию
~ verbrauchen	израсхо́довать/расхо́довать эне́ргию
Ich bemühe mich, Strom und Wasser sparsam zu verbrauchen.	Я стара́юсь эконо́мно расхо́довать электроэне́ргию и во́ду.
Energiequelle	исто́чник эне́ргии
(nicht) erneuerbare ~n	(не)возобновля́емые исто́чники эне́ргии
alternative ~n	альтернати́вные ~
Solaranlage	со́лнечная батаре́я (устано́вка)
Windkraftanlage	ветрогенера́тор (*ugs.* ветря́к)
Biogasanlage	биога́зовая устано́вка
Auf dem Dach unseres Hauses sind Solaranlagen installiert.	У нас на кры́ше до́ма устано́влены со́лнечные батаре́и.

7

Verkehr und Tourismus / Транспорт и туризм

Fährst du oft mit Bus und Bahn?	**Ты ча́сто по́льзуешься обще́ственным тра́нспортом?**
Verkehrsmittel, Nahverkehr	**тра́нспорт**
öffentliche(r) ~	обще́ственный ~, городско́й ~
öffentliche Verkehrsmittel nutzen	воспо́льзоваться/по́льзоваться обще́ственным тра́нспортом
Ich nutze die öffentlichen Verkehrsmittel selten.	Я ре́дко по́льзуюсь обще́ственным тра́нспортом.
zu Fuß gehen, laufen	**пойти́/идти́** *(zielger.)*, **ходи́ть** *(nicht zielger.)* **пешко́м**
Zur Schule und ins Fitness-Studio gehe ich zu Fuß.	В шко́лу и на фи́тнес я хожу́ пешко́м. ↗ Sport: s. S. 54
Lass uns laufen (zu Fuß gehen)!	Пойдём (пошли́) пешко́м!

Neben den üblichen öffentlichen Verkehrsmitteln gibt es in Russland die so genannte маршру́тка (Abk. von маршру́тное такси́), ein Kleinbus-Sammeltaxi mit etwa 10 Plätzen, das einen festgelegten Ab- und Anfahrtspunkt hat und unterwegs auf Wunsch des jeweiligen Fahrgastes anhält.

Fahrrad	**велосипе́д** (*ugs.* ве́лик)
fahren	**пое́хать/е́хать** *(zielger.)*, **е́здить** *(nicht zielger.)* на *чём?* Präp.
mit der Straßenbahn ~, mit der S-Bahn ~	~ на трамва́е, ~ на электри́чке
Lass uns Taxi fahren!	Дава́й пое́дем на такси́!
Zur Schule fahre ich mit dem (Schul)Bus.	В шко́лу я е́зжу на (шко́льном) авто́бусе.
~ mit dem Fahrrad.	~ на велосипе́де.
Zuerst müssen wir mit der U-Bahn und dann mit dem Bus fahren.	Снача́ла нам на́до е́хать на метро́, а пото́м на авто́бусе.
erreichen, hinfahren, ankommen	**дое́хать/доезжа́ть** до *чего?* Gen.
gelangen	добра́ться/добира́ться
Das Stadtzentrum kann man mit der U-Bahn erreichen.	До це́нтра мо́жно дое́хать (добра́ться) на метро́.

Mit dem Rad brauche ich 10 Minuten zur Schule.	На велосипе́де я доезжа́ю (добира́юсь) до шко́лы за 10 мину́т. ↗ Zeitangaben: s. S. 147
Wir sind schnell (gut) angekommen.	Мы бы́стро (хорошо́) дое́хали.
kommen, ankommen	прие́хать/приезжа́ть
Wir sind mit dem Taxi zum Theater gefahren.	В теа́тр мы прие́хали на такси́.
Papa kommt spät von der Arbeit.	Па́па приезжа́ет с рабо́ты по́здно ве́чером.
durchfahren, überqueren, zurücklegen	**прое́хать/проезжа́ть** *что?* Akk.
durch *etw.* ~, an *jmdm.*, *etw.* vorbei~	~ че́рез *что?* Akk., ~ ми́мо *кого? чего?* Gen.
eine Brücke ~, durch die ganze Stadt ~	~ мост, ~ че́рез весь го́род
am Zoo (an der Post) vorbei~	~ ми́мо зоопа́рка (по́чты)
Jeden Morgen fahre ich an deinem Haus vorbei.	Ка́ждое у́тро я проезжа́ю ми́мо твоего́ до́ма.
Wir haben schon fünf Kilometer zurückgelegt.	Мы прое́хали уже́ пять киломе́тров.
Haltestelle (Bus~, Straßenbahn~)	**остано́вка** (~ авто́буса, ~ трамва́я)
U-Bahn-, S-Bahnstation	**ста́нция метро́ (электри́чки)**
zur Haltestelle (Station) gehen	идти́ на остано́вку (ста́нцию)
an der Haltestelle (Station) stehen (warten)	стоя́ть (ждать) на остано́вке (ста́нции)
Endhaltestelle (-station), bis zur ~ fahren	коне́чная *Subst.*, (до)е́хать до коне́чной
Wir haben unsere Haltestelle verpasst.	Мы прое́хали свою́ остано́вку.
halten, anhalten	**останови́ть(ся)/остана́вливать(ся)**
Halten Sie bitte hier an!	Останови́те, пожа́луйста, здесь!
Richtung	**направле́ние**
in ... Richtung fahren	е́хать в *како́м?* направле́нии Präp.
(Bus-)**Linie, Route**	**маршру́т** (~ авто́буса) *чего?* Gen.
Straßenbahnlinie, U-Bahnlinie	ли́ния трамва́я, ли́ния (ве́тка) метро́
Busliniennetz	схе́ма маршру́тов авто́бусов
U-Bahn-, Straßenbahnliniennetz	схе́ма ли́ний метро́ (трамва́ев)
Bus (Straßenbahn) Linie 5	авто́бус (трамва́й) но́мер 5, пя́тый авто́бус
Ringbahn, entlang der ~	кольцева́я (~ ве́тка, ~ ли́ния), по кольцево́й
Fahrplan	**расписа́ние** *чего?* Gen.
Bus~, Wochenend~	~ авто́буса, ~ выходно́го дня
fahren, kommen *(Verkehrsmittel)*	ходи́ть *nicht zielger.*
nach dem Fahrplan ~	~ по расписа́нию
Die Straßenbahn kommt alle 20 Minuten.	Трамва́й хо́дит ка́ждые 20 мину́т.
Der Bus fährt vom „Hauptbahnhof" zum „Botanischen Garten".	Авто́бус хо́дит по маршру́ту «Гла́вный вокза́л – Ботани́ческий сад».
Hier fahren keine Trolleybusse.	Тролле́йбусы здесь не хо́дят.

Möchte man auf die Ankunft eines Verkehrsmittels hinweisen oder das Ziel der momentanen Fahrt angeben, verwendet man das Verb идти́. Наш авто́бус идёт! Авто́бус идёт до зоопа́рка. Die Qualität der Fortbewegung wird mit е́хать beschrieben: Трамва́й е́дет ме́дленно. Ist der Bus oder die Straßenbahn schon weg gefahren, sagt man im Russischen: Авто́бус (трамва́й) уже́ ушёл.

(einen Bus *usw.*) **nehmen, einsteigen**	**сесть/сади́ться** на *что?* Akk.
(in) die U-Bahn ~, eine Straßenbahn ~	~ на метро́, ~ на трамва́й
aufs Rad steigen	~ на велосипе́д ↗ Fahrrad fahren: s. S. 55

umsteigen	**пересе́сть/переса́живаться** с *чего?* Gen. на *что?* Akk.
auf die Ringbahn ~	~ на кольцеву́ю
Man kann dort hinfahren ohne umzusteigen.	Туда́ мо́жно дое́хать без переса́дки.
aussteigen	**вы́йти/выходи́ть** из *чего?* Gen. *где?* Präp.
an der nächsten (End-)Station ~	~ на сле́дующей (коне́чной) остано́вке
Können Sie mir sagen, wie ich zum Bahnhof komme?	Вы не ска́жете, как дое́хать до вокза́ла?
Sie müssen bis zur Haltestelle ... fahren und dann die Straßenbahnlinie 10 (U-Bahn, ...) nehmen.	Вам на́до дое́хать до остано́вки ..., а пото́м пересе́сть на деся́тый трамва́й (метро́, ...).
Hier müssen wir in eine andere U-Bahnlinie umsteigen.	Здесь нам на́до пересе́сть на другу́ю ве́тку метро́.
Tarif, Ermäßigungs~	**тари́ф**, льго́тный ~
Ticket, Fahrschein, -karte	**биле́т**
~ für den öffentlichen Nahverkehr	~ на прое́зд в обще́ственном тра́нспорте
Monatskarte	ме́сячный проездно́й ~ (*ugs.* проездно́й)
Wochen~, Tages~	~ на неде́лю, ~ на оди́н день
Einzelfahrschein	~ на одну́ пое́здку (ра́зовый ~)
Ticket für mehrere Fahrten	~ на не́сколько пое́здок
Schülermonatskarte	льго́тный проездно́й ~ для шко́льников
entwerten	прокомпости́ровать/компости́ровать
Ich habe ein Jahresabo.	У меня́ годово́й абонеме́нт.
gültig für die Dauer von ...	действи́телен в тече́ние *какого времени?* Gen., *скольких часов?* Gen.
Ein Einzelfahrschein ist 2 Stunden lang gültig.	Биле́т на одну́ пое́здку действи́телен в тече́ние двух часо́в.

Schwarzfahren wird im Russischen mit der Wendung прое́хать/е́хать за́йцем bezeichnet (*wörtl.* „als Hase mitfahren“). Es wird mit штраф за безбиле́тный прое́зд belegt. In den russischen Bussen gibt es in der Regel eine Schaffnerin (конду́ктор), bei der man ein Ticket erwerben muss.

einen Fahrschein am Schalter kaufen	купи́ть/покупа́ть биле́т в ка́ссе
beim Schaffner ~, bei dem Fahrer ~	~ у конду́ктора, ~ у води́теля
Fahrer (Bus~, Straßenbahn~)	**води́тель** (~ авто́буса, ~ трамва́я)
Taxifahrer, Chauffeur	такси́ст, шофёр ↗Berufe: s. S. 40–43
behindertengerecht, barrierefrei	**приспосо́бленный для инвали́дов**
In Deutschland sind alle öffentlichen Verkehrsmittel behindertengerecht.	В Герма́нии все ви́ды обще́ственного тра́нспорта приспосо́блены для инвали́дов.

Hast du einen Führerschein? / У тебя́ есть води́тельские права́?

Auto, Kraftfahrzeug	**автомоби́ль** *m.*
Pkw, Lkw	легково́й ~, грузово́й ~ (*ugs.* грузови́к)
Auto, Wagen, ~ der Marke ...	маши́на, ~ ма́рки ...

ein neues Auto, Gebrauchtwagen	но́вая ~ , подéржанная ~
Wir haben vor Kurzem ein neues Auto gekauft.	Мы недáвно купи́ли но́вую маши́ну.
Auto fahren, Autofahren	**вести́** *(zielger.)*, **води́ть** *(nicht zielger.)* **маши́ну; вождéние автомоби́ля**
Ich kann nicht Auto fahren.	Я не умéю води́ть маши́ну.
jmdn., *etw.* (mit dem Auto) vorbeibringen	везти́ *(zielger.)*, вози́ть *(nicht zielger.)* *кого? что?* Akk. (на маши́не)
jmdn. mitnehmen, bringen	подвезти́/подвози́ть *кого?* Akk. *куда?*
Manchmal bringt mich mein Vater mit dem Auto zur Schule.	Иногдá пáпа подво́зит меня́ в шко́лу на маши́не.
Ich bin mit dem Auto da.	Я на маши́не.
Soll ich dich (Sie) mitnehmen?	Тебя́ (Вас) подвезти́?
(mit dem Auto) abholen	заéхать/заезжáть за *кем? чем?* Instr.
bei *jmdm.* unterwegs vorbeikommen	~ к *кому?* Dat.
Wir holen dich nach der Schule ab.	Мы заéдем за тобо́й по́сле шко́лы.
Ich komme bei dir vorbei, um das Buch zu holen.	Я заéду к тебé за кни́го́й.
Führerschein	**води́тельское удостоверéние, води́тельские правá** (*ugs.* правá)
den ~ erhalten	получи́ть/получáть ~
die Führerscheinprüfung ablegen (bestehen)	сдать/сдавáть (экзáмен) на ~
Fahrschule, die ~ besuchen	автошко́ла, пойти́/ходи́ть на автоку́рсы
Fahrunterricht	обучéние вождéнию автомоби́ля
In Russland kann man mit 18 Jahren den Führerschein machen.	В Росси́и води́тельские правá мо́жно получи́ть в 18 лет. ↗ Altersangaben: s. S. 6
Weg, Straße, Fahrbahn	**доро́га**
Fernstraße, Autobahn	автострáда, автотрáсса
Radweg	велосипéдная доро́жка
auf der Autobahn fahren	éхать, éздить по автострáде
auf dem Radweg ~	~ по велосипéдной доро́жке ↗ Fahrrad: s. S. 55
Motorrad, Mofa (Moped)	**мотоци́кл, мопéд**
Fahrrad (Mofa) fahren *(nicht zielger.)*	катáться на велосипéде (мопéде)
Ich fahre gern mit dem Rad durch die Stadt.	Я люблю́ катáться на велосипéде по го́роду.
Verkehr	**движéние**
Straßenverkehr	у́личное (доро́жное) ~
Verkehrsregeln	прáвила доро́жного движéния
~ beachten, ~ missachten	соблюдáть ~, нару́шить/нарушáть ~
Verkehrszeichen	доро́жный знак
Ampel	светофо́р
bei Rot (Grün) gehen (fahren)	идти́ (éхать) на крáсный (зелёный) свет
Fußgänger	**пешехо́д**
~übergang (Zebrastreifen)	пешехо́дный перехо́д (зéбра)
überqueren	**перейти́/переходи́ть**
die Straße (Fahrbahn) an unerlaubter Stelle ~	~ у́лицу (доро́гу) в неполо́женном мéсте
Geschwindigkeit	**ско́рость** *w.*

mit hoher ~ fahren	éхать на высóкой (большóй) скóрости
~ überschreiten	превы́сить/превышáть ~
bremsen	**затормози́ть/тормози́ть**
Bremse(n)	тóрмоз (*Pl.* тормозá)
Stau	**(автомоби́льная) прóбка**
in einen ~ geraten	попáсть/попадáть в прóбку
im ~ stehen	стоя́ть в прóбке
Ich hasse es, im Stau zu stehen.	Я ненави́жу стоя́ть в прóбках.
	↗ Meinungen/Gefühle: s. S. 115
Garage, Parkplatz	**гарáж, паркóвка**
parken	припарковáть/парковáть маши́ну
Tankstelle	автозапрáвочная стáнция (*ugs.* запрáвка)
tanken	заправить/заправля́ть маши́ну
Reparatur (*auch* Renovierung)	ремóнт
das Auto (Fahrrad) zur ~ geben	отдáть/отдавáть маши́ну (велосипéд) в ~
Kfz-Werkstatt	автомастерскáя
kaputt gehen, Panne	сломáться/ломáться, полóмка
Unser Auto ist kaputt gegangen, wir mussten es zur Reparatur abgeben.	У нас сломáлась маши́на, пришлóсь отдáть её в ремóнт.
Steuer, am ~	руль *m.*, за рулём *за чем?* Instr.
Pedal	педáль *w.*
Sitz	сидéнье
Fahrer~, Vorder~, Rück~	води́тельское ~, перéднее ~, зáднее ~
(Glas)Scheibe (Front~, Seiten~)	стеклó (лобовóе ~, боковóе ~)
Rad	колесó (*Pl.* колёса)
Kofferraum	багáжник

Fährst du gern Zug? / Ты лю́бишь éздить на пóезде?

(Eisen)Bahn	**желéзная дорóга**
Bahnverbindung	железнодорóжное сообщéние
Zug	**пóезд** (*Pl.* поездá)
Schnell~, Personen~, Güter~	скóрый ~, пассажи́рский ~, товáрный ~
Hochgeschwindigkeits-~ (ICE)	высокоскоростнóй электро~
Ich bin schon oft Zug gefahren.	Я ужé мнóго раз éздил(а) на пóезде.
Ich mag Zugfahren nicht, ich fahre lieber Auto.	Я не люблю́ поездá, я предпочитáю éздить на маши́не.
Wagen, Waggon	**вагóн**
Schlaf~, Speise~	спáльный ~, вагóн-ресторáн
~ mit Einzelabteilen, Großraum~	купéйный ~, плацкáртный ~
Abteil	**купé**
Raucher~	~ для куря́щих
Wir hatten sehr angenehme Abteilnachbarn.	У нас бы́ли óчень прия́тные сосéди по купé.
1. Klasse (2. Klasse) fahren	**éхать** (*zielger.*), **éздить** (*nicht zielger.*) **пéрвым (вторы́м) клáссом**
Zugfahrkarte	**билéт на пóезд**

~ nach Berlin, ~ nach Moskau	~ в Берли́н, ~ в Москву́ *куда?* Akk.
einen Platz reservieren	зарезерви́ровать/резерви́ровать ме́сто
Lokführer	**машини́ст** ↗ Berufe: s. S. 40–43
Zugschaffner(in)	**проводни́к (проводни́ца)**
Fahrgast, Passagier(in)	**пассажи́р (пассажи́рка)**
Der Schaffner kontrolliert die Fahrkarten der Passagiere.	Проводни́к проверя́ет у пассажи́ров биле́ты.
Bahnhof, Bus~	**вокза́л,** авто~
zum ~ bringen	проводи́ть/провожа́ть на вокза́л
vom ~ abholen, am ~ empfangen	встре́тить/встреча́ть на вокза́ле
Meine Eltern holen mich vom Bahnhof ab.	Роди́тели встре́тят меня́ на вокза́ле.
Warteraum	**зал ожида́ния**
warten	подожда́ть/ждать *кого? чего?* Gen., *кого? что?* Akk.
auf den Zug ~, auf die Schaffnerin ~	~ своего́ по́езда, ~ проводни́цу
Gleis, Bahnsteig	**путь** *m.*, **платфо́рма**
ankommen, Ankunft	**прибы́ть/прибыва́ть, прибы́тие**
abfahren, Abfahrt	**отойти́/отходи́ть, отбы́тие**
Der Zug kommt am (auf) Gleis 2 an.	По́езд прибыва́ет на второ́й путь.
Der Zug fährt vom Gleis 5 ab.	По́езд отхо́дит с пя́того пути́.
Zugfahrplan	**расписа́ние поездо́в**
Ankunfts- und Abfahrtszeit	вре́мя прибы́тия и отбы́тия
in den Zug einsteigen	**сесть/сади́ться на по́езд**
den Zug verpassen	**опозда́ть/опа́здывать на по́езд**
Wir hätten beinahe unseren Zug verpasst.	Мы чуть не опозда́ли на свой по́езд.
Gepäck, Tasche, Sachen	**бага́ж, су́мка, ве́щи**
Gepäckaufbewahrung	ка́мера хране́ния
Gepäckschließfach	яче́йка ка́меры хране́ния
Lass uns die Sachen ins Schließfach tun!	Дава́й оста́вим ве́щи в ка́мере хране́ния!

Bist du schon oft geflogen?

Ты уже́ мно́го раз лета́л(а) на самолёте?

Flugzeug	**самолёт**
mit dem Flugzeug fliegen	полете́ть/лете́ть *zielger.*, лета́ть *nicht zielger.* на самолёте
Morgen fliege ich nach Moskau.	За́втра я лечу́ в Москву́.
Ich bin schon öfters nach Russland geflogen.	Я уже́ ча́сто лета́л(а) в Росси́ю.
durch, über *etw.* fliegen	пролете́ть/пролета́ть над *чем?* Instr.
Wir überfliegen die Alpen.	Мы пролета́ем над А́льпами.
Fluggesellschaft	**авиакомпа́ния**
deutsche ~, russische ~, eine zuverlässige ~	неме́цкая ~, росси́йская ~, надёжная ~
Ich fliege immer mit dieser Fluggesellschaft.	Я всегда́ лета́ю э́той авиакомпа́нией.
Fluglinie	авиали́ния
internationale ~, innerrussische ~	междунаро́дная ~, внутрироссийская ~
Flughafen	**аэропо́рт**
am ~ empfangen, vom ~ abholen	встре́тить/встреча́ть в аэропорту́

Flug (Nummer)	**рейс**
~ nach Moskau, ~ nach Berlin	~ на Москву́, ~ на Берли́н *куда?* Akk.
Umsteige-(Transit)~	транзи́тный ~
Check-in für den ~, Boarding für den ~	регистра́ция на ~, поса́дка на ~
den Flug Nr. ... haben	лете́ть, лета́ть *каким?* ре́йсом Instr.
Welche(n) Flug(nummer) hast du?	Каки́м ре́йсом ты лети́шь?
Check-in-Schalter	сто́йка регистра́ции
Bordkarte	поса́дочный тало́н
Gate	вы́ход на поса́дку
An Gate 24 hat das Boarding der Passagiere für den Flug Moskau-Nowosibirsk begonnen.	Начала́сь поса́дка пассажи́ров на рейс «Москва́-Новосиби́рск». Пассажи́ров про́сим пройти́ к вы́ходу на поса́дку но́мер 24.
Flug, Flugdauer (-höhe), während des Flugs	полёт, вре́мя (высота́) полёта, во вре́мя полёта
abfliegen, starten, Abflug	**вы́лететь/вылета́ть, вы́лет**
Das Flugzeug startet planmäßig.	Самолёт вылета́ет по расписа́нию.
Der Abflug verspätet sich.	Вы́лет (рейс) заде́рживается.
ankommen (mit dem Flugzeug)	**прилете́ть/прилета́ть**
Wir kommen um 7 Uhr morgens lokaler Zeit an.	Мы прилета́ем в 7 часо́в утра́ по ме́стному вре́мени.
Landung, Not~	поса́дка, авари́йная ~
Das Flugzeug setzt zur Landung an.	Самолёт идёт на поса́дку.
Flugticket	**авиабиле́т**
~ reservieren	заброни́ровать/брони́ровать ~
~ im Internet kaufen	купи́ть/покупа́ть ~ по Интерне́ту
Pilot, Flugkapitän, Steward(ess)	**пило́т (лётчик), капита́н, стюа́рд(е́сса)** ↗ Berufe: s. S. 40–43
Der Bruder meines Freundes macht eine Ausbildung zum Piloten.	Брат моего́ дру́га у́чится на лётчика.

Bist du schon mal mit dem Schiff gereist?

Ты когда́-нибудь пла́вал(а) на корабле́?

Schiff	**кора́бль** *m.*
~ mit drei Decks	трёхпа́лубный ~
Segel, Segelschiff, Jacht	па́рус, па́русник, я́хта
Deck, Heck	па́луба, корма́
Dampfer	парохо́д, теплохо́д
Boot	**ло́дка**
Motor~, aufblasbares ~, U-Boot	мото́рная ~, надувна́я ~, подво́дная ~
~ fahren *(als Freizeitbeschäftigung)*	поката́ться/ката́ться на ло́дке
mit dem Schiff (Dampfer) fahren	плыть (*zielger.*), пла́вать (*nicht zielger.*) на корабле́ (на теплохо́де)
an Bord gehen	сесть/сади́ться на кора́бль
ins Boot einsteigen	~ в ло́дку
Bord, an Bord des Schiffes, über Bord	**борт,** на борту́ корабля́, за борто́м

Hafen	**порт**
See~, Fluss~, im ~	морско́й ~, речно́й ~, в порту́ *где?* Präp.
Anlegestelle, Landungsbrücke; an der ~	при́стань *w.;* на при́стани
Schifffahrt	**морепла́вание**
Kreuzfahrt	**(морско́й) круи́з**
Mein Traum ist, einmal eine Kreuzfahrt im Mittelmeer zu machen.	Я мечта́ю пое́хать в круи́з по Средизе́мному мо́рю.
Koje, Kajüte	каю́та
schwindelig werden	укача́ть/ука́чивать *кого?* Akk.
Auf dem Schiff wird mir immer schwindelig.	На корабле́ меня́ всегда́ ука́чивает.
Seekrankheit	**морска́я боле́знь** ↗ Krankheit: s. S. 68
seekrank werden	страда́ть морско́й боле́знью

Gute Reise! / Счастли́вого пути́!

Reise	**путеше́ствие**
~ um die Welt, See~, ~ durch Russland	кругосве́тное ~, ~ по мо́рю, ~ по Росси́и
auf eine ~ gehen	отпра́виться/отправля́ться в ~
Tour, Rundreise	тур
reisen	**попутеше́ствовать/путеше́ствовать** *где? по чему?* Dat.
durch das Land ~, ins Ausland ~	~ по стране́, ~ за грани́цей (за грани́цу)
per Anhalter ~, mit dem Zug ~	~ автосто́пом, ~ по́ездом
Im Sommer wollen meine Freunde und ich ein wenig durch Europa reisen.	Ле́том мы с друзья́ми хоти́м немно́го попутеше́ствовать по Евро́пе.
Reisender (Reisende)	**путеше́ственник (путеше́ственница)**
ein erfahrener ~	о́пытный ~
Fahrt, Reise, Ausflug	**пое́здка**
~ in die Berge, ~ ins Grüne	~ в го́ры, ~ за́ город (~ на приро́ду) ↗ Natur: s. S. 92–93
eine zweitägige ~	~ на два дня (двухдне́вная ~)
Geschäftsreise (Dienstreise)	делова́я ~ (командиро́вка)
Weg, auf dem ~	**путь** *m.*, по пути́
der kürzeste ~	са́мый коро́ткий путь
sich auf den ~ machen	отпра́виться/отправля́ться в ~
Rück~, auf dem Rück~	обра́тный ~, на обра́тном пути́
Lass uns beim Geschäft vorbeifahren, das liegt auf dem Weg.	Дава́й зае́дем в магази́н, это по пути́.
Wir müssen in unterschiedliche Richtungen gehen (fahren).	Нам не по пути́.
Auf dem Rückweg wollen wir bei Oma und Opa vorbeifahren.	На обра́тном пути́ мы хоти́м зае́хать к ба́бушке с де́душкой. ↗ Familie: s. S. 9–10
Reisebüro	**бюро́ путеше́ствий, турбюро́**
in ein ~ gehen (sich an ein ~ wenden)	обрати́ться/обраща́ться в ~
über ein ~ buchen	заброни́ровать/брони́ровать че́рез ~
Reiseangebot, Last-Minute-Reise	путёвка, «горя́щий» тур

beabsichtigen, planen, sich (für den Weg) **vorbereiten** (packen)	**собра́ться/собира́ться** *куда?* Präp.
eine Reise planen	~ в путеше́ствие
Am Wochenende haben wir vor, nach Hamburg zu fahren.	На выходны́е мы собира́емся в Га́мбург.
In den Ferien fahre ich in die Berge.	На кани́кулах я собира́юсь пое́хать в го́ры.
Ich muss noch packen.	Мне на́до ещё собра́ться.
mitnehmen	**взять/брать с собо́й**
Sachen ~, viele (wenige) Sachen ~	~ ве́щи, ~ мно́го (ма́ло) веще́й
Was (Welche Sachen) nimmst du mit?	Что (Каки́е ве́щи) ты возьмёшь с собо́й?
Gepäck	**бага́ж**
Gewicht des Gepäcks, Hand~	вес багажа́, ручна́я кладь ↗ Gewichtsangaben: s. S. 159
Rucksack	рюкза́к
Koffer	чемода́н
den ~ packen, Roll- ~ (Trolley)	упакова́ть/пакова́ть ~, ~ на колёсах
ein schwerer ~, ein leichter ~	тяжёлый ~, лёгкий ~
Tasche	су́мка
Sport~, Reise~	спорти́вная ~, доро́жная ~
tragen	**понести́/нести́** *(zielger.),* **носи́ть** *(nicht zielger.) что?* Akk.
~ bis zu ...	донести́ до *чего?* Gen.
Gepäckträger (am Bahnhof, am Flughafen)	носи́льщик (на вокза́ле, в аэропорту́)
Lass mich deinen Koffer tragen!	Дава́й я понесу́ твой чемода́н!
Hilf mir die Tasche zum Taxi zu tragen.	Помоги́ мне донести́ су́мку до такси́.

Wo und wie machst du gern Urlaub? / Где и как ты лю́бишь проводи́ть о́тпуск?

Urlaub, Ferien	**о́тпуск , кани́кулы** ↗ Schule: s. S. 32
im Urlaub, in den ~ gehen	в о́тпуске, пойти́ (уйти́)/идти́ в о́тпуск
Urlaub (Ferien) verbringen	провести́/проводи́ть о́тпуск (кани́кулы)
Erholung, Urlaub	**о́тдых**
Aktivurlaub, Urlaub in den Bergen	акти́вный ~, ~ в гора́х
Sommerurlaub, Winter~	ле́тний ~, зи́мний ~
sich erholen, sich ausruhen	отдохну́ть/отдыха́ть
Im Sommer habe ich mich gut erholt.	Ле́том я хорошо́ отдохну́л(а).
Bald fahren wir in den Urlaub ans Meer.	Ско́ро мы пое́дем отдыха́ть на мо́ре.
Strand	**пляж**
am ~ (in der Sonne) liegen	полежа́ть/лежа́ть на пля́же (на со́лнце)
sich sonnen (braun werden), Bräune	загоре́ть/загора́ть, зага́р
Sand, Welle	песо́к, волна́
Ich liebe es, in der Sonne zu liegen.	Я люблю́ загора́ть.
baden, schwimmen	**купа́ться, пла́вать** *nicht zielger.* ↗ Sport: s. S. 54
im Meer ~, im See (im Fluss) ~, im Pool ~	~ в мо́ре, ~ в о́зере (в ре́чке), ~ в бассе́йне
Boot fahren	поката́ться/ката́ться на ло́дке
Wasserski fahren	~ на во́дных лы́жах

tauchen	нырну́ть/ныря́ть
Tauchsport treiben	заня́ться/занима́ться да́йвингом
Windsurfen	виндсёрфинг
Windsurfbrett	доска́ для виндсёрфинга
Ich möchte Windsurfen lernen.	Я хочу́ научи́ться виндсёрфингу.
Sommerlager (für Kinder)	**(де́тский) ле́тний ла́герь**
In den Ferien fahre ich gewöhnlich in ein Sommerlager.	На кани́кулах я обы́чно е́зжу в како́й-нибудь ле́тний ла́герь.
(mehrtägige) **Wanderung**	(многодне́вный) **похо́д**
wandern, Berg~	пойти́/идти́ в ~, ~ в го́ры
Ich gehe gern wandern.	Мне нра́вится ходи́ть в походы.
Spaziergang, Wanderung	прогу́лка
spazieren gehen, während des Spaziergangs	пойти́/идти́ на прогу́лку, на прогу́лке
im Wald spazieren gehen	погуля́ть/гуля́ть в лесу́
Beeren (Pilze) sammeln	собра́ть/собира́ть я́годы (грибы́) ↗ Essen: s. S. 59
Zelt	**пала́тка**
ein ~ aufschlagen	поста́вить/ста́вить пала́тку
im Zelt wohnen	жить в пала́тке
Schlafsack	спа́льный мешо́к
ein Picknick machen	**устро́ить/устра́ивать пикни́к**
Feuer	**костёр**
Lager~, ein ~ entfachen	ла́герный ~, развести́/разводи́ть ~
am ~ sitzen	посиде́ть/сиде́ть у костра́
Ich mag es, mit netten Leuten am Feuer zu sitzen und zur Gitarrenmusik zu singen.	Мне нра́вится сиде́ть в хоро́шей компа́нии у костра́ и петь пе́сни под гита́ру.
Reitsport	**ко́нный спорт**, верхова́я езда́
~ machen	заня́ться/занима́ться ко́нным спо́ртом
reiten *(allg.)*	поката́ться/ката́ться на лошадя́х
reiten *(Fortbewegung)*	еха́ть *(zielger.)*, е́здить *(nicht zielger.)* верхо́м (на ло́шади)
Bergsteigen	**альпини́зм (скалола́зание),** занима́ться альпини́змом
Bergsteiger(in)	альпини́ст(ка), скалола́з(ка)
Fallschirm	**парашю́т**
~ springen	пры́гнуть/пры́гать с парашю́том
In diesem Sommer habe ich Fallschirmspringen gelernt.	Э́тим ле́том я научи́лся (научи́лась) пры́гать с парашю́том.
Ökotourismus	**экологи́ческий тури́зм (экотури́зм)** ↗ Umwelt: s. S. 97
unberührte Natur	нетро́нутая (де́вственная) приро́да
besuchen	посети́ть/посеща́ть *что?* Akk.
ein Naturschutzgebiet, Waldschutzgebiet ~	~ запове́дник, ~ лесну́ю запове́дную зо́ну
einen Nationalpark ~	~ национа́льный парк
die Möglichkeit, mit der Natur eins zu sein	возмо́жность побы́ть наедине́ с приро́дой
In diesem Sommer waren wir im Nationalpark auf der Insel Rügen.	Ле́том мы бы́ли в национа́льном па́рке на о́строве Рю́ген.

Übernachtung	**ночёвка, ночле́г**
übernachten	переночева́ть/ночева́ть, останови́ться на ночле́г
Hotel	**гости́ница**
Jugendherberge	молодёжная ~ (молодёжная турба́за)
Zwei-, Drei-, Vier-, Fünf-Sterne-Hotel	двух-, трёх-, четырёх-, пятизвёздочный оте́ль
Hotelkette	гости́ничная сеть (~ оте́лей)
Hostel	хо́стел
Motel	моте́ль *m*.
Pension, Herberge	небольша́я семе́йная гости́ница
einkehren, übernachten	**останови́ться/остана́вливаться** *где?* Präp. у *кого?* Gen.
in einem Hotel ~	~ в гости́нице
bei Freunden~, bei Bekannten ~	~ у друзе́й, ~ у знако́мых
Wo habt ihr (haben Sie) übernachtet?	Где вы останови́лись?
Wir übernachten immer in diesem Hotel.	Мы всегда́ остана́вливаемся в э́той гости́нице.
(Hotel)Zimmer	**но́мер** (*Pl.* номера́)
Einbett~, Zweibett~	одноме́стный ~, двухме́стный ~
ein ~ reservieren	заброни́ровать/брони́ровать ~
Vollpension, Halbpension	по́лный пансио́н, полупансио́н
Wir hatten ein sehr gutes Hotelzimmer.	У нас был о́чень удо́бный но́мер.
Campingplatz	**ке́мпинг**
Zeltplatz	пала́точный городо́к (ла́герь)

Warst du mal im Urlaub im Ausland? — **Ты е́здил(а) отдыха́ть за грани́цу?**

im Ausland (gewesen) sein	**побыва́ть/быва́ть, быть за грани́цей**
ins Ausland gehen (fahren)	пое́хать/е́хать за грани́цу
Ich war schon mehrmals in diesem Land.	Я уже́ мно́го раз быва́л(а) в э́той стране́. ↗ Länder: s. S. 84–85
Pass	**па́спорт**
einen ~ beantragen/bekommen, Inlands~	офо́рмить/оформля́ть ~, вну́тренний ~
Reise~	загранúчный ~ (*ugs.* загранпа́спорт)
Visum	**ви́за**
Transit~, Touristen ~, Geschäfts~	транзи́тная ~, туристи́ческая ~, делова́я ~
ein ~ für ... bekommen	получи́ть/получа́ть ви́зу *куда?* Akk.
Um nach Russland zu fahren, braucht man ein Visum.	Что́бы пое́хать в Росси́ю, нужна́ ви́за (ну́жно име́ть ви́зу).
Die Bearbeitung eines USA-Visums dauert sehr lange.	Офомле́ние ви́зы в США дли́тся о́чень до́лго.
(ausländische) Währung	**(иностра́нная) валю́та**
Umtausch, Wechsel	обме́н
Währungs~, (günstiger) Wechselkurs	~ валю́ты, (вы́годный) курс обме́на

wechseln, umtauschen	**обменя́ть/обме́нивать** *что?* Akk. на *что?* Akk.
Geld ~, Rubel in Euro ~	~ де́ньги, ~ рубли́ на е́вро
nach dem Kurs ... ~	~ по *какому?* ку́рсу
Reiseführer	**путеводи́тель** по *чему?* Dat.
~ für Russland, ~ über die Schweiz	~ по Росси́и, ~ по Швейца́рии
Sprachführer	разгово́рник
Ich nehme immer einen Reiseführer mit.	Я всегда́ беру́ с собо́й путеводи́тель.

Besichtigst du gern fremde Städte? / Ты лю́бишь осма́тривать но́вые города́?

Stadt	**го́род**
eine alte ~, eine altertümliche ~	ста́рый ~, дре́вний ~
eine relativ junge ~, eine grüne ~	относи́тельно молодо́й ~, зелёный ~
eine Millionen~	го́род-миллионе́р
Die Einwohnerzahl beläuft sich auf ...	Населе́ние го́рода насчи́тывает ...
Bewohner(in)	**жи́тель (жи́тельница)** *чего?* Gen.
Stadt~, Dorf~	~ го́рода, ~ дере́вни
Städter	горожа́нин (*w.* горожа́нка)
gründen	**основа́ть/осно́вывать** *что?* Akk.
Gründung, seit dem Gründungstag	основа́ние *чего?* Gen., со дня основа́ния
Sankt Petersburg wurde von Peter I. gegründet.	Санкт-Петербу́рг был осно́ван Петро́м Пе́рвым.
liegen, gelegen sein	**располо́жен (располо́жена)** *где?* Präp.
am Ufer (an den Ufern) des Flusses ... ~	~ на берегу́ (на берега́х) *какой?* реки́ Gen. ↗ Geografie: s. S. 93
auf den Hügeln ~	~ на холма́х
Köln liegt am Rheinufer.	Кёльн располо́жен на берегу́ Ре́йна.
Führung	**экску́рсия** по *чему?* Dat.
Stadt~, eine ~ durch Moskau	~ по го́роду, ~ по Москве́
eine ~ mit machen	пойти́/идти́, ходи́ть на экску́рсию
eine ~ durchführen	провести́/проводи́ть экску́рсию
Touristenführer	экскурсово́д (гид)
Gestern haben wir eine Führung durch die Altstadt gemacht.	Вчера́ мы ходи́ли на экску́рсию по ста́рому го́роду.
Sehenswürdigkeit	**достопримеча́тельность** *w.*
Haupt~	гла́вная ~
besichtigen	осмотре́ть/осма́тривать *что?* Akk.
Besichtigung von *etw.*	осмо́тр *чего?* Gen.
Eine der Hauptsehenswürdigkeiten der Stadt ist das Theater für Oper und Ballett.	Одно́й из гла́вных достопримеча́тельностей го́рода явля́ется теа́тр о́перы и бале́та. ↗ Kunst, Musik: s. S. 44
Fernsehturm, ~ mit einer Höhe von ...	телеба́шня, ~ высото́й в *сколько?* ме́тров/ме́тра ↗ Größenangaben: s. S. 156
Stadtmitte, Zentrum	**центр**
Im Stadtzentrum gibt es enge, gepflasterte Straßen (Gässchen).	В це́нтре го́рода – у́зкие мощёные у́лочки.

Platz	**пло́щадь** *w.*
Haupt~ (der zentrale ~), Markt~	гла́вная (центра́льная) ~, ры́ночная ~
Auf dem Hauptplatz befindet (befinden) sich ...	На центра́льной пло́щади нахо́дится (нахо́дятся) *что?* Nom.
~ eine alte Kirche, ~ der Dom	~ ста́рая це́рковь, ~ собо́р ↗ Religion: s. S. 79
Architektur	**архитекту́ра**
~ensemble	архитекту́рный анса́мбль
Rathaus	**ра́туша** *(в неме́цких города́х)*, **мэ́рия**
Gebäude	**зда́ние**
ein modernes ~, ein altes ~	совреме́нное ~, ~ стари́нной постро́йки
ein ~ aus dem 18. Jahrhundert	~ постро́йки XVIII-го ве́ка
Backstein~, ~ aus rotem Backstein	кирпи́чное ~, ~ из кра́сного кирпича́
~ im Gotikstil (Barock-, Klassizismusstil)	~ в сти́ле го́тики (баро́кко, классици́зма)
Das Museumsgebäude wurde ... erbaut.	Зда́ние музе́я бы́ло постро́ено ...
~ im Jahre ... ~	~ в *како́м?* году́
~ nach dem Entwurf von ...~	~ по прое́кту архите́ктора ...
Schloss	**дворе́ц**, за́мок
Königs~, im ~	короле́вский ~, во дворце́ *где?* Präp.

Denkmal *von jmdn.*	**па́мятник** *кому?* Dat.
~, erschaffen von ...	~ рабо́ты *кого?* Gen.
Auf dem Senatsplatz in Sankt Petersburg steht ein Denkmal für Peter I., erschaffen von dem Bildhauer Falconé.	На Сена́тской пло́щади в Санкт-Петербу́рге стои́т па́мятник Петру́ Пе́рвому рабо́ты ску́льптора Фальконе́.
Das ist der Lieblingstreffpunkt der Einheimischen und der Touristen.	Э́то люби́мое ме́сто встре́чи горожа́н и тури́стов.
Gedenkstätte	**мемориа́л, мемориа́льный ко́мплекс**
beschädigen	повреди́ть/поврежда́ть *что?* Akk.
zerstören	разру́шить/разруша́ть *что?* Akk.
Das Stadtzentrum wurde im Krieg stark zerstört.	Центр го́рода был си́льно разру́шен во вре́мя войны́. ↗ Geschichte: s. S. 86
Dieses Quartal wurde fast völlig zerstört.	Э́тот кварта́л был почти́ по́лностью разру́шен.
Fußgängerzone	**пешехо́дная зо́на**
durch die ~ bummeln	погуля́ть/гуля́ть по пешехо́дной зо́не

Unsere Stadt ist ein großes (wichtiges) Kultur- und Industriezentrum.	Наш го́род – кру́пный (ва́жный) культу́рный и промы́шленный центр. ↗Wirtschaft: s. S. 89–90
Hier gibt es viele …	Здесь мно́го *чего?* Gen.

Kannst du dich gut orientieren? / Ты хорошо́ ориенти́руешься?

sich orientieren, sich zurecht finden	**сориенти́роваться/ориенти́роваться**
an einem fremden Ort (in einer fremden Stadt) ~	~ в незнако́мом ме́сте (го́роде)
Plan	**план**
Stadt~, Lage~	~ го́рода, ~ ме́стности
nach dem ~ finden, suchen	найти́/находи́ть, иска́ть по пла́ну
Normalerweise finde ich mich mit dem Plan schnell zurecht.	Обы́чно я бы́стро ориенти́руюсь по пла́ну.
gelangen, geraten, ankommen	**попа́сть/попада́ть** *куда?* Akk.
Wie kommen wir zum Zentrum?	Как нам попа́сть в центр?
Zuerst müssen wir die … Straße finden.	Снача́ла нам на́до попа́сть на у́лицу …
sich verlaufen	**заблуди́ться**
Wir haben uns verlaufen.	Мы заблуди́лись.
Weg	**доро́га**
den ~ finden, suchen	найти́/находи́ть, иска́ть доро́гу
nach dem ~ fragen	спроси́ть/спра́шивать доро́гу
Lass uns jemanden nach dem Weg fragen!	Дава́й спро́сим у кого́-нибудь доро́гу!
Entschuldigen Sie bitte, könnten Sie uns sagen …	Извини́те, вы не (под)ска́жете …
Sagen Sie bitte,…	**Скажи́те, пожа́луйста, …**
~ wo befindet sich …?	~ где нахо́дится *что?* Nom.
~ wo ist hier die Post (Haltestelle)?	~ где здесь по́чта (остано́вка)?
~ wie komme ich zur … Straße?	~ как мне пройти́ на у́лицу …?
~ wie fahre ich zu …?	~ как прое́хать (дое́хать) до *чего?* Gen. ↗Verkehr: s. S. 100, Ortsangaben: s. S. 151
Das ist nah (nicht weit, weit).	Э́то бли́зко (недалеко́, далеко́).
Das sind ca. 10 Minuten Fußweg.	Э́то где́-то 10 мину́т пешко́м. (*ugs.*)
Sie müssen …	Вам на́до …
Zuerst müssen Sie …	**Снача́ла вы должны́ …**
~ geradeaus gehen (ohne abzubiegen)	~ идти́ пря́мо (не свора́чивая)…
~ den Fluss (Kanal) entlang gehen	~ идти́ вдоль реки́ (кана́ла) *чего?* Gen.
~ bis … kommen	~ дойти́ до *чего?* Gen.
Kreuzung	**перекрёсток**
an der ~, bis zur ~	на перекрёстке, до перекрёстка
abbiegen	**поверну́ть/повора́чивать** *куда?*
An der Kreuzung biegen Sie links ab.	На перекрёстке поверни́те нале́во.
~ rechts, in die … Straße	~ напра́во, на у́лицу …
überqueren	**перейти́/переходи́ть**
die Brücke (den Fluss) ~	~ че́рез мост (ре́ку)
die Straßenseite ~	~ на другу́ю сто́рону у́лицы
Dort hält der Bus Linie 25.	Там остана́вливается 25-й авто́бус.

8

Gefühle und Meinungen / Чувства и мнения

Bist du ein emotionaler Mensch? / Ты эмоциона́льный челове́к?

Gefühl	**чу́вство** *какое? чего?* Gen.
ein starkes ~, ein tiefes ~, Hunger~	си́льное ~, глубо́кое ~, ~ го́лода ↗ Essen: s. S. 57
Selbstwert~	~ со́бственного досто́инства
Sinn für Humor, Rhythmusgefühl	~ ю́мора, ~ ри́тма
sechster Sinn (Intuition)	шесто́е ~ (интуи́ция)
positive (negative) Emotionen	положи́тельные (отрица́тельные, негати́вные) эмо́ции
emotional, gefühlvoll	эмоциона́льный
ein emotionaler Mensch	~ челове́к
Gefühlszustand	эмоциона́льное состоя́ние
Empfindung	ощуще́ние
fühlen, spüren, empfinden	**почу́вствовать/чу́вствовать** *что?* Akk.
sich fühlen	почу́вствовать/чу́вствовать себя́ *как?* Adv. *кем?* Instr. ↗ Gesundheit: s. S. 70
Es ist angenehm, sich als Sieger zu fühlen.	Прия́тно чу́вствовать себя́ победи́телем.
Man möchte sich nicht als Versager fühlen.	Не хо́чется чу́вствовать себя́ неуда́чником.
(ein Gefühl) empfinden	испыта́ть/испы́тывать *что?* Akk., *какое?* чу́вство
~ *jmdm., etw.* gegenüber	~ по отноше́нию к *кому? чему?* Dat.
Ein solches Gefühl habe ich noch nie empfunden.	Я никогда́ не испы́тывал(а) тако́го чу́вства.
hervorrufen, auslösen, verursachen	**вы́звать/вызыва́ть** *что?* Akk. у *кого?* Gen.
Die Nachricht hat bei allen Panik ausgelöst.	Э́та но́вость вы́звала у всех па́нику.
äußern, ausdrücken	**вы́разить/выража́ть** *что?* Akk.
Ich kann meine Gefühle nicht wirklich äußern.	Я не уме́ю выража́ть свои́ чу́вства.
verbergen	**скрыть/скрыва́ть** *что?* Akk.
zurückhalten	сдержа́ть/сде́рживать
sich ~, seine Gefühle ~, die Tränen ~	~ себя́, ~ свои́ чу́вства, ~ слёзы
für sich behalten, verdrängen	держа́ть в себе́
negative Emotionen ~	~ негати́вные (отрица́тельные) эмо́ции
so tun, als ob, *etw.* **vortäuschen**	**сде́лать/де́лать вид, что** …
Du tust, als wäre es dir egal.	Ты де́лаешь вид, что тебе́ безразли́чно.
erfassen, packen	**охвати́ть/охва́тывать** *кого?* Akk.
Mich packte die Wut.	Меня́ охвати́ла я́рость.
~ die Verzweiflung (Aufregung).	~ охвати́ло отча́яние (волне́ние).
loswerden	**изба́виться/избавля́ться** от *кого? чего?* Gen.
Ich konnte die Schuldgefühle nicht loswerden.	Я не мог(ла́) изба́виться от чу́вства вины́.

~ meine Besorgnis und Angst	~ от чу́вства трево́ги и стра́ха.
beherrschen, *mit etw.* umgehen können	спра́виться/справля́ться *с кем? чем?* Instr.
(mit) negative(n) Emotionen ~	~ с отрица́тельными эмо́циями
Stimmung, Laune	**настрое́ние**
gute ~, ausgezeichnete ~, schlechte ~	хоро́шее ~, отли́чное ~, плохо́е ~
gut gelaunt (schlechter Laune) sein	быть в хоро́шем (плохо́м) настрое́нии
nicht in Stimmung sein	быть не в настрое́нии
jmdm. die ~ verderben	испо́ртить/по́ртить ~ *кому?* Dat.
Ich bin selten schlecht gelaunt.	У меня́ ре́дко быва́ет плохо́е настрое́ние.
Ich bin heute bester Laune.	Я сего́дня в отли́чном настрое́нии.
Mir ist heute nicht nach spazieren gehen (zumute).	У меня́ сего́дня нет настрое́ния гуля́ть.

Bist du glücklich? / Ты сча́стлив (сча́стлива)?

froh sein über *jmdn, etw.,* für *jmdn.*	**рад (ра́да, ра́ды)** *кому? чему?* Dat. *за кого?* Gen.
Ich freue mich aufrichtig für dich!	И́скренне ра́д(а) за тебя́!
Meine Oma war froh, mich zu sehen.	Ба́бушка была́ ра́да меня́ ви́деть.
sich freuen	**пора́доваться (обра́доваться)/ра́доваться** *кому? чему?* Dat. за *кого?* Gen.
Papa hat sich über meine guten Noten sehr gefreut.	Па́па пора́довался мои́м хоро́шим оце́нкам. ↗ Schule: s. S. 30
Freude, freudig	ра́дость *w.*, ра́достный
lebensfroh	жизнера́достный
lieben, mögen	**полюби́ть/люби́ть** *кого? что?* Akk. ↗ Liebe: s. S. 25
Liebe	любо́вь *w.* к *кому? чему?* Dat.
liebevoll, lieb	ла́сковый, ми́лый
Zärtlichkeit, zärtlich	не́жность *w.*, не́жный
sympathisch	ми́лый, прия́тный
Sympathie	симпа́тия к *кому?* Dat.
Ich empfinde ihm gegenüber keinerlei Sympathie.	Я не испы́тываю к нему́ никако́й симпа́тии.
gefallen	**понра́виться/нра́виться** *кому?* Dat.
Mir gefällt (nicht), dass ...	Мне (не) нра́вится, что ...
Mir hat (nicht) gefallen, dass ...	Мне (не) понра́вилось, что ...
Hoffnung, hoffen	**наде́жда, наде́яться** на *кого? что?* Akk.
auf Hilfe von Freunden ~, auf Glück ~	~ на по́мощь друзе́й, ~ на уда́чу
Ich hoffe, dass alles klappt!	Я наде́юсь, что всё полу́чится!
Glück, glücklich	**сча́стье, счастли́вый**
glücklich machen	осчастли́вить *кого?* Akk.

Für das deutsche Wort „Glück“ gibt es im Russischen zwei Entsprechungen: сча́стье für das allgemeine Wohlbefinden und уда́ча für das Gelingen bzw. den Erfolg bei einer Unternehmung. Entsprechende Adjektive sind dann счастли́вый und уда́чливый: счастли́вый коне́ц (Happy End), уда́чливый игро́к (glücklicher Spieler). „Viel Glück!“ wünscht man mit «Жела́ю уда́чи!»

Glück haben	повезти́/везти́ *кому?* Dat. в *чём?* Präp.
Warum habe ich immer Pech?	Почему́ мне всегда́ не везёт?
Er hatte kein Glück in der Liebe.	Ему́ не повезло́ в любви́.
zufrieden	**дово́льный,** *Kurzform* дово́лен (дово́льна, дово́льны) *кем? чем?* Instr.
Du bist immer unzufrieden!	Ты всегда́ недово́лен (недово́льна)!
Ich bin mit dem neuen Computer sehr zufrieden.	Я о́чень дово́лен (дово́льна) но́вым компью́тером. ↗ Medien: s. S. 133
Vergnügen	**удово́льствие**
Begeisterung, begeistert sein	**восто́рг, быть в восто́рге** от *кого? чего?* Gen.
Wir sind alle vom neuen Lehrer begeistert.	Мы все в восто́рге от но́вого учи́теля.
Mein Bruder war von meinem Geschenk total begeistert.	Брат пришёл в по́лный восто́рг от моего́ пода́рка. ↗ Feiern: s. S. 77
bewundern	**восхити́ться/восхища́ться** *кем? чем?* Instr.
die Schönheit ~, die Intelligenz von ... ~	~ красото́й, ~ умо́м *кого?* Gen.
Bewunderung, Entzücken	восхище́ние
entzückt, beeindruckt sein	быть в восхище́нии от *чего? кого?* Gen.
entzückt, entzückend	восхищённый, восхити́тельный
Dein Talent beeindruckt mich!	Я восхища́юсь твои́м тала́нтом!
Das Publikum war vom Spiel der Darsteller beeindruckt.	Пу́блика была́ восхищена́ игро́й актёров.
sich wundern	**удиви́ться/удивля́ться** *чему?* Dat.
erstaunt sein	*кто?* удивлён (удивлена́, удивлены́) *чем?* Instr.
Meine Eltern waren über meinen Erfolg angenehm überrascht.	Роди́тели бы́ли прия́тно удивлены́ мои́ми успе́хами.
Überraschung	сюрпри́з
Ich habe eine Überraschung für dich!	У меня́ для тебя́ сюрпри́з!
stolz	**го́рдый**, *Kurzform* горд (горда́, горды́)
Wir sind alle stolz auf unsere Nationalmannschaft.	Мы все горды́ за на́шу сбо́рную. ↗ Sport: s. S. 55–56
stolz sein, auf sich ~	горди́ться *кем? чем?* Instr., ~ собо́й
Ich bin stolz auf meine Eltern.	Я горжу́сь свои́ми роди́телями.
Stolz	го́рдость *w.* за *кого? что?* Akk.
~ für sein Land, für die Erfolge der Freunde empfinden	испы́тывать ~ за свою́ страну́, ~ за успе́хи друзе́й
lustig, Heiterkeit	**весёлый** (*Adv.* ве́село), весе́лье ↗ Charaktereigenschaften: s. S. 18
Mit dir ist es immer so lustig!	Мне с тобо́й всегда́ так ве́село!

lachen	**посмея́ться (рассмея́ться)/смея́ться** над *кем? чем?* Instr.
das Lachen	смех
Ihr lacht ständig über mich!	Вы всегда́ надо мно́й смеётесь!
Wir haben von Herzen über diese Geschichte gelacht.	Мы от души́ посмея́лись над э́той исто́рией.
Scherze machen, Scherz	пошути́ть/шути́ть, шу́тка
Entschuldige, ich habe nur einen Scherz gemacht!	Извини́, я пошути́л(а)!
Das war nur ein Scherz!	Э́то была́ про́сто шу́тка!

Machst du dir oft Sorgen um andere?	**Ты ча́сто волну́ешься за други́х?**
sich aufregen, sich Sorgen machen	**волнова́ться**
~ wegen *etw.* ~	из-за *чего?* Gen., по по́воду *чего?* Gen.
~ um *etw., jmdn.* ~	за *кого? что?* Akk.
~ wegen Kleinigkeiten ~	~ из-за пустяко́в
sich Sorgen machen	беспоко́иться, пережива́ть за *кого? что?* Akk.
jmdn. **beunruhigen, Sorgen bereiten** (*auch* stören)	**побеспоко́ить/беспоко́ить** *кого?* Akk.
Aufregung, Sorge	волне́ние, беспоко́йство
Ich mache mir große Sorgen um meine Freundin.	Я о́чень волну́юсь за свою́ подру́гу.
Mach' dir keine Sorgen!	Не волну́йся!
Mach' dir wegen mir keine Sorgen!	За меня́ не беспоко́йся!
Diese Probleme sind mir egal.	Э́ти пробле́мы меня́ не волну́ют.
sich *etw.* zu Herzen nehmen	принима́ть бли́зко к се́рдцу
mitfühlen, Anteil nehmen	**посочу́вствовать/сочу́вствовать** *кому?* Dat.
Mitgefühl, Mitleid	сочу́вствие, жа́лость *w.*
Ich fühle mit dir.	Я тебе́ о́чень сочу́вствую.
Es tut mir leid.	Мне о́чень жаль.
Er tut mir so leid!	Мне е́го так жаль!
bedauern	**сожале́ть/жале́ть** *о чём?* Präp.
Bedauern	сожале́ние
Schade!	Жаль! (*ugs.* жа́лко)
Es ist schade, dass ...	Жаль, что ...
gleichgültig	**равноду́шный, безразли́чный**
Gleichgültigkeit	равноду́шие, безразли́чие
Es ist mir egal.	Мне всё равно́ (безразли́чно).
Es geht mich nichts an. Es betrifft mich nicht.	Э́то меня́ не каса́ется. Э́то не моё де́ло.

Kannst du mit negativen Emotionen umgehen?	**Ты уме́ешь справля́ться с негати́вными эмо́циями?**
sich langweilen	**поскуча́ть/скуча́ть**
langweilig, Langeweile	ску́чно, ску́ка
jmdn./etw. **vermissen, Sehnsucht haben**	**соску́читься/скуча́ть** *по кому? чему?* Dat.

Zuhause langweile ich mich.	Я скуча́ю до́ма. (Мне ску́чно до́ма).
Ich vermisse mein Zuhause, meine Eltern.	Я скуча́ю по до́му, по роди́телям.
Ich hatte solche Sehnsucht nach ihnen!	Я так по ним соску́чился (соску́чилась)!
Die Gäste langweilen sich ein wenig.	Го́сти немно́го скуча́ют.
Ich langweile mich nie.	Мне никогда́ не быва́ет ску́чно.
Hier ist es so langweilig!	Здесь така́я ску́ка!
schwermütig sein	**уны́ть/уныва́ть**
Betrübnis, Schwermut	уны́ние, уны́лое настрое́ние
den Kopf hängen lassen	пове́сить/ве́шать нос (*ugs.*)
Lass den Kopf nicht hängen!	Не унывай! Не ве́шай нос!
einsam, Einsamkeit	**одино́кий, одино́чество**
ein Gefühl der ~	чу́вство одино́чества
Manchmal bin ich so einsam.	Иногда́ мне быва́ет о́чень одино́ко.
Ich fühle mich einsam.	Я чу́вствую себя́ одино́ким (одино́кой).
traurig sein, werden	**загрусти́ть/грусти́ть**
traurig	гру́стный, гру́стно
Traurigkeit	грусть *w.*
Ohne dich ist mir traurig zumute.	Без тебя́ мне о́чень гру́стно.
weinen	**запла́кать/пла́кать**
bitter ~	го́рько ~
Mir ist zum Weinen.	Мне хо́чется пла́кать.
Weine nicht!	Не плачь!
Träne	**слеза́** (*Pl.* слёзы)
Die Mutter hatte Tränen in den Augen.	У ма́мы в глаза́х стоя́ли слёзы.
Trauer, Kummer, Trübsal	печа́ль *w.*
trauern, betrübt sein	печа́литься
sich ärgern, betrübt sein	**огорчи́ться/огорча́ться** из-за *чего?* Gen.
Verdruss, Ärger	огорче́ние
Wenn mein jüngerer Bruder bei einem Spiel verliert, ärgert er sich immer sehr.	Когда́ мой мла́дший брат прои́грывает в игре́, он всегда́ о́чень огорча́ется.
Sei nicht traurig, beim nächsten Mal wird alles klappen.	Не огорча́йся, в сле́дующий раз всё полу́чится.
von *etw./jmdm.* **enttäuscht sein**	**разочарова́ться** в *ком? чём?* Präp.
Enttäuschung	разочарова́ние
jmdn. enttäuschen	разочарова́ть/разочаро́вывать *кого?* Akk.
Du hast mich sehr enttäuscht.	Ты меня́ о́чень разочарова́л(а).
Wir waren alle sehr enttäuscht von ihm.	Мы все в нём разочарова́лись.
gekränkt (beleidigt, böse) sein	**оби́деться/обижа́ться** на *кого?* Akk.
Kränkung, Beleidigung	оби́да
kränken, beleidigen	оби́деть/обижа́ть *кого?* Akk.
Ich habe meinen Freund gekränkt.	Я оби́дел(а) своего́ дру́га.
Sei mir nicht böse, aber ...	Не обижа́йся, но ...
sich schuldig fühlen	**почу́вствовать/чу́вствовать свою́ вину́**
Schuld *vor jmdm.*	вина́ перед *кем?* Instr.
seine ~ zugeben	призна́ть/признава́ть свою́ вину́

seine ~ leugnen	отрица́ть свою́ вину́
schuld *an etw.*	винова́т (винова́та, винова́ты) в *чём?* Präp.
Niemand ist schuld daran, was passiert ist.	Никто́ не винова́т в том, что произошло́.
sich schämen	**устыди́ться/стыди́ться** *чего?* Gen.
Scham, Schamgefühl	стыд, чу́вство стыда́
peinlich	сты́дно *кому?* Dat. за *кого? что?* Akk.
Du solltest dich schämen!	Тебе́ должно́ быть сты́дно!
Ich musste mich für meine Tat sehr schämen.	Мне бы́ло о́чень сты́дно за свой посту́пок.
sich genieren, verlegen sein	**стесня́ться** *кого? чего?* Gen. перед *кем?* Instr.
schüchtern	стесни́тельный, ро́бкий
Ich bin unbekannten Menschen gegenüber sehr schüchtern.	Я стесня́юсь обща́ться с незнако́мыми людьми́.
Meine Freundin schämt sich für ihre Figur.	Моя́ подру́га стесня́ется свое́й фигу́ры.
	↗ Äußeres: s. S. 20–21
sich fürchten, Angst haben	**боя́ться** *кого? чего?* Gen.
Angst, Furcht, Schrecken	страх, боя́знь *w.*, испу́г
Angst einflößend, erschreckend	стра́шный, пуга́ющий
Angst bekommen, sich erschrecken	испуга́ться/ пуга́ться *кого? чего?* Gen.
In der Kindheit hatten meine Schwester und ich Angst vor Gewitter.	В де́тстве мы с сестро́й боя́лись грозы́.
Ehrlich gesagt, habe ich mich richtig erschrocken.	Е́сли че́стно, я о́чень испуга́лся (испуга́лась).
Ich befürchte, dass ...	Бою́сь, что ...
Mir macht es Angst, ...	Меня́ пуга́ет ...
schockieren	**шоки́ровать** *кого?* Gen. *чем?* Instr.
Schock	шок
schockiert sein	быть в шо́ке от *чего?* Gen.
Alle waren von seinem Benehmen schockiert.	Все бы́ли шоки́рованы его́ поведе́нием.
Mich schockiert ...	Меня́ шоки́рует *что?* Nom.
verzweifelt sein	**отча́яться/отча́иваться**
Verzweiflung	отча́яние
verzweifeln, verzweifelt sein	впасть/впада́ть в ~, быть в отча́янии
Es ist wichtig, nicht zu verzweifeln.	Ва́жно никогда́ не отча́иваться.
Ich weiß nicht, was ich machen soll, ich bin verzweifelt.	Я не зна́ю, что дела́ть, я в отча́янии.
aggressiv, Aggression	**агресси́вный**, агре́ссия
seine Aggression beherrschen	спра́виться/справля́ться со свое́й агре́ссией
hassen	**возненави́деть/ненави́деть** *кого? что?* Akk.
Hass	не́нависть *w.*
Ich hasse es, wenn ...	Я ненави́жу, когда́ ...
abscheulich, ekelhaft	**отврати́тельный**
etw. ~ finden	находи́ть *что?* Akk. отврати́тельным
Abscheu	отвраще́ние
bei jmdm. ~ hervorrufen	внуши́ть/внуша́ть ~ *кому?* Dat.
Das ist einfach abscheulich!	Э́то про́сто отврати́тельно!

verachten	**презира́ть** *кого?* Akk. за *что?* Akk.
Verachtung	презре́ние
verachtenswert	досто́йный презре́ния
ärgern, reizen, nerven	**раздража́ть**
Es nervt mich, dass ...	Меня́ раздража́ет, что ...
böse werden	**разозли́ться/зли́ться** на *кого? что?* Akk., **рассерди́ться/серди́ться** на *кого? что?* Akk.
böse	злой, зло́бный
Boshaftigkeit, Bösartigkeit	зло́сть *w.*, зло́ба
Eigentlich werde ich selten böse.	Вообще́-то я ре́дко злю́сь.
Sei mir nicht böse!	Не злись (не серди́сь) на меня́!
wütend werden	**прийти́/приходи́ть в я́рость** от *чего?* Gen.
Wut, Zorn	я́рость *w.*, гнев
sich empören	**возмути́ться/возмуща́ться** *чем?* Instr.
empört	возмущён (возмущена́, возмущены́)
Empörung	возмуще́ние
~ angesichts ...	~ по по́воду *чего?* Gen.
seine ~ äußern	вы́сказать/выска́зывать своё ~
Wir waren alle darüber empört.	Мы все бы́ли э́тим возмущены́.
beneiden	**позави́довать/зави́довать** *кому? чему?* Dat.
Neid	за́висть *w.*
Weißt du, ich beneide dich sogar.	Зна́ешь, я тебе́ да́же зави́дую.
schadenfroh, Schadenfreude	**злора́дный**, злора́дство

Hast du ein gutes Gedächtnis? / У тебя́ хоро́шая па́мять?

sich erinnern (können) *an etw.*	**по́мнить** *кого? что?* Akk. о *ком? чём?* Präp.
Ich erinnere mich an dieses Mädchen.	Я по́мню э́ту де́вочку.
Ich erinnere mich ganz genau, dass ich dir das Buch zurückgegeben habe.	Я то́чно по́мню, что о́тдал (отдала́) тебе́ кни́гу.
Weißt du meine Adresse noch?	Ты по́мнишь мой а́дрес?
Ich weiß nicht mehr, wo du wohnst.	Я не по́мню, где ты живёшь.
Weißt du noch, wie ... ?	По́мнишь, как ...?
sich (bewusst) erinnern, ins Gedächtnis rufen, an *jmdn., etw.* denken	**вспо́мнить/вспомина́ть** *кого? что?* Akk. о *ком? чём?* Präp.
~ die Vergangenheit ~, ~ die erste Liebe ~	~ про́шлое, ~ пе́рвую любо́вь
Ich denke oft an dich.	Я ча́сто вспомина́ю о тебе́.
Ich kann mich nicht erinnern, wann es war.	Я не могу́ вспо́мнить, когда́ э́то бы́ло.
Da haben wir uns erinnert, dass ...	Тут мы вспо́мнили, что ...
sich merken, sich einprägen	**запо́мнить/запомина́ть** *кого? что?* Akk.
Der Lehrer hat sich unsere Namen sofort gemerkt.	Учи́тель сра́зу запо́мнил на́ши имена́.
Es hat sich mir eingeprägt, dass ...	Мне запо́мнилось, что ...
Das Gedicht prägt sich leicht ein.	Стихотворе́ние легко́ запомина́ется.
einprägsam	запомина́ющийся

einprägsamer Moment, einprägsames Kennwort	~ моме́нт, ~ паро́ль
einprägsamer Name, einprägsames Gesicht	запомина́ющееся и́мя (лицо́)
Gedächtnis (*auch* Erinnerung)	**па́мять** о *ком? чём?* Präp.
Kurzzeit~, Langzeit~	кратковре́менная ~, долгосро́чная ~
Erinnerung an den Freund (Krieg)	~ о дру́ге (войне́)
in Gedenken an ...	в ~ *о ком? чём?* Präp.
zur (als) Erinnerung mitnehmen (schenken)	брать/взять (подари́ть/дари́ть) на ~
~ für Gesichter (Namen)	~ на ли́ца (имена́)
Ich habe ein schlechtes Gedächtnis für Gesichter.	У меня́ плоха́я па́мять на ли́ца.
Darf ich das als Erinnerung mitnehmen?	Мо́жно, я возьму́ э́то на па́мять?
Wenn mich mein Gedächtnis nicht täuscht,...	Е́сли па́мять мне не изменя́ет, ...
Erinnerung	воспомина́ние
~ an die Kindheit	~ о де́тстве
vergessen	**забы́ть/забыва́ть** *кого? что?* Akk. о *ком? чём?* Präp.
das Wichtigste ~	~ о са́мом гла́вном
Ich habe völlig vergessen, dass ...	Я совсе́м забы́л(а), что ...
Ich habe das Hausaufgabenheft zu Hause vergessen.	Я забы́л(а) дневни́к до́ма.
Vergiss nicht die Tür abzuschließen!	Не забу́дь закры́ть дверь на ключ!
vergesslich, Vergesslichkeit	забы́вчивый, забы́вчивость *w.*

Woran denkst du? / О чём ты ду́маешь?

denken, nachdenken	**поду́мать/ду́мать** *что?* Akk. о *ком? чём?* Präp.
Ich sage immer das, was ich denke.	Я всегда́ говорю́ то, что ду́маю.
Was denkst du darüber?	Что ты об э́том ду́маешь?
Ich muss nachdenken.	Мне на́до поду́мать.
Gedanke, Idee	**мысль** *w.* о *ком? чём?* Präp.
~ zu ..., anlässlich ...	~ по по́воду *кого? чего?* Gen.
ein interessanter ~	интере́сная ~
Das ist keine schlechte Idee!	А э́то (неплоха́я) мысль! (*ugs.*)
Mir kam der Gedanke, dass ...	Мне в го́лову пришла́ мысль, что ...
Idee	**иде́я**
seine Ideen verwirklichen	реализова́ть/реализо́вывать свои́ иде́и
Ich habe eine Idee!	У меня́ есть иде́я!
sich *etw.* **ausdenken**	**приду́мать/приду́мывать** *что?* Akk.
Man muss sich ein Kennwort ausdenken.	На́до приду́мать паро́ль.
Mir ist eingefallen, wie man das Problem lösen kann.	Я приду́мал(а), как реши́ть э́ту пробле́му.
Wir denken uns immer neue Spiele aus.	Мы всегда́ приду́мываем но́вые и́гры.
etw. **ausdenken, erdichten, phantasieren**	**вы́думать/вы́ду́мывать** *что?* Akk.
Ich denke mir gern Geschichten und Märchen aus.	Я люблю́ выду́мывать исто́рии и ска́зки.
Das ist nicht wahr, das hast du dir nur ausdacht!	Это непра́вда, ты всё вы́думал(а)!

Erfindung, Lüge; Einfall	вы́думка
ausdenken, planen, überlegen	заду́мать *что?* Akk.
Was hast du dir ausgedacht?	Что ты заду́мал(а)?
nachdenken, überlegen, grübeln	**заду́маться/заду́мываться** над *чем?* Instr.
über eine(r) Aufgabe, über eine(r) Frage ~	~ над зада́чей, ~ над вопро́сом
Alle grübelten, wie man das Problem lösen kann.	Все заду́мались, как реши́ть пробле́му.
nachdenklich	заду́мчивый
sich den Kopf zerbrechen	лома́ть (себе́) го́лову над *чем?* Instr.
abwägen, überlegen	**обду́мать/обду́мывать** *что?* Akk.
Das muss man sich gut überlegen.	Э́то на́до хорошо́ обду́мать.
es sich anders überlegen, den Gedanken verwerfen, *etw.* zu tun	**переду́мать**
Mein Bruder wollte früher Arzt werden, aber jetzt hat er es sich anders überlegt.	Ра́ньше мой брат хоте́л стать врачо́м, но тепе́рь переду́мал. ↗ Berufe: s. S. 40–43
Wir haben den Gedanken verworfen, uns einen Hund anzuschaffen.	Мы переду́мали заводи́ть соба́ку. ↗ Tiere: s. S. 94
wissen, kennen	**знать** *кого? что?* Akk., о *ком? чём?* Präp.
Wir kennen uns schon viele Jahre.	Мы зна́ем друг дру́га уже́ мно́го лет.
Ich weiß nichts davon (darüber).	Я ничего́ об э́том не зна́ю.
Wissen, Kenntnisse	зна́ние, зна́ния *чего? Gen.*
~ auf dem Gebiet der Physik	~ в о́бласти фи́зики
erfahren, erkennen	**узна́ть/узнава́ть** *кого? что?* Akk.
Neues über .... ~	~ но́вое о *ком? чём?* Präp.
Wir haben viel Neues über diese Stadt erfahren.	Мы узна́ли мно́го но́вого об э́том го́роде.
Entschuldige, ich habe dich nicht gleich erkannt.	Извини́, я тебя́ снача́ла не узна́л(а).
bemerken, merken, anmerken	**заме́тить/замеча́ть** *кого? что?* Akk.
Fehler ~, Kleinigkeiten ~	~ оши́бки, ~ ме́лочи
Ich habe nicht bemerkt, wie ...	Я не заме́тил(а), как ...
Bemerkung, eine ~ machen	замеча́ние, сде́лать/де́лать ~ *кому?* Dat.
(un)auffällig	(не)заме́тный
Man merkt, dass ...	Заме́тно, что ...
verstehen	**поня́ть/понима́ть** *кого? что?* Akk.
Ich verstehe nichts davon (Ich kenne mich darin nicht aus).	Я ничего́ в э́том не понима́ю.
Habe ich dich richtig verstanden?	Я тебя́ пра́вильно по́нял(а́)?
Verständnis	понима́ние
~ entgegen bringen	отнести́сь/относи́ться с понима́нием
Ahnung, (Sach-)Wissen	поня́тие
Ich habe keine Ahnung!	Поня́тия не име́ю!
begreifen, *ugs.* **kapieren**	**дойти́/доходи́ть** до *кого?* Gen. (*ugs.*)
Ich habe endlich begriffen,...	До меня́ наконе́ц дошло́, ...
Ich kann immer noch nicht begreifen, ...	До меня́ не дохо́дит, ...
sich auskennen, sich auseinander setzen	**разбира́ться/разобра́ться** в *чём?* Präp.
Mein Freund kennt sich gut in Politik aus.	Мой друг хорошо́ разбира́ется в поли́тике. ↗ Politik: s. S. 87
Zuerst muss man die Situation kennen.	Снача́ла на́до разобра́ться в ситуа́ции.

sich vorstellen	**предста́вить/представля́ть себе́** *кого? что?* Akk.
Stellen Sie sich folgende Situation vor ...	Предста́вьте себе́ сле́дующую ситуа́цию ...
Vorstellung, Ahnung	представле́ние о *ком? чём?* Präp.
eine ~ haben, sich ein Bild machen	име́ть ~ , соста́вить/составля́ть себе́ ~
eine allgemeine ~ bekommen	получи́ть/получа́ть о́бщее ~
Ihr habt (Sie haben) keinerlei Vorstellung davon.	Вы не име́ете об э́том никако́го представле́ния.
erraten, vermuten	**догада́ться/дога́дываться** о *чём?* Präp.
Ich habe eine Vermutung, wer das gemacht hat.	Я дога́дываюсь, кто э́то сде́лал.
Wir haben alles längst erraten.	Мы уже́ да́вно обо всём догада́лись.
Vermutung, Mutmaßung	дога́дка
lösen, enträtseln, Auflösung	**разгада́ть/разга́дывать**, разга́дка
Verstand, Intelligenz	**ум**, интелле́кт
Erfahrung *mit etw.* **haben,** *mit etw.* zu tun haben	**столкну́ться/ста́лкиваться** с *чем?* Instr.
Wir hatten mit so einer Situation (einem solchem Problem) schon zu tun.	Мы уже́ ста́лкивались с тако́й ситуа́цией (пробле́мой).
Erfahrung(en)	**о́пыт** *(hier nur Sg.)*
große Lebens~	бога́тый жи́зненный ~
~ sammeln	набра́ться/набира́ться о́пыта
seine ~ weitergeben	переда́ть/передава́ть свой ~
seine ~ teilen	подели́ться/де́литься свои́м о́пытом
Erfahrungen austauschen	обменя́ться/обме́ниваться о́пытом в *чём?* Präp.
Erfahrungsaustausch	обме́н о́пытом с *кем?,* между *кем?* Instr.

Kannst du deinen Standpunkt gut verteidigen?

Ты уме́ешь отста́ивать свою́ то́чку зре́ния?

Meinung	**мне́ние** о *ком? чём?* Präp.
~ zu dieser Frage, ~ zu dem Problem	~ по да́нному вопро́су, ~ по пробле́ме
eine eigene ~ haben	име́ть своё со́бственное ~
seine ~ äußern	вы́разить/выража́ть своё ~
seine ~ begründen	обоснова́ть/обосно́вывать своё ~
seine ~ ändern	измени́ть/меня́ть своё ~
die ~ von ... teilen	раздели́ть/разделя́ть ~ *кого?* Gen.
Ich möchte deine Meinung dazu wissen.	Хочу́ узна́ть твоё мне́ние.
Ihre (Eure) Meinung ist mir sehr wichtig.	Ва́ше мне́ние для меня́ о́чень ва́жно.
Ich bin gleicher (anderer) Meinung.	Я того́ же (друго́го) мне́ния.
Meiner (Deiner, Seiner, Eurer) Meinung nach ...	**По моему́ (твоему́, его́, ва́шему) мне́нию**, ...
Meiner Meinung nach ...	По-мо́ему, ...
Ist es, deiner Meinung nach, eine richtige Entscheidung?	По-тво́ему, э́то пра́вильное реше́ние?
Unsere Meinungen zu dieser Frage stimmen überein (gehen auseinander).	На́ши мне́ния по э́тому вопро́су совпада́ют (расхо́дятся).

Ansicht, Anschauung	**взгляд** на *что?* Akk.
Lebensauffassung, Sicht auf die Situation	~ на жизнь, ~ на ситуа́цию
Standpunkt	**то́чка зре́ния**
ein anderer (gegensätzlicher) ~	друга́я ~, противополо́жная ~
etw. von einem anderen ~ betrachten	посмотре́ть/смотре́ть на *что?* Akk. с друго́й то́чки зре́ния
Meiner Ansicht nach ...	На мой взгляд, ...; С мое́й то́чки зре́ния, ...
Ich sehe das anders.	У меня́ друга́я то́чка зре́ния.
	Я смотрю́ на э́то по-друго́му.
verteidigen, durchsetzen	**отстоя́ть/отста́ивать**
seine Ansichten ~, seine Meinung ~	~ свои́ взгля́ды, ~ своё мне́ние
Man muss seine eigene Meinung verteidigen können.	Ну́жно уме́ть отста́ивать своё мне́ние.
jmdn., *etw.* für *etw.* **halten, denken**	**посчита́ть/счита́ть** *кого? что?* Akk. *кем? чем?* Instr.
Hältst du mich für einen Egoisten (eine Egoistin)?	Ты счита́ешь меня́ эгои́стом (эгои́сткой)? ↗ Charaktereigenschaften: s. S. 18
Die Eltern halten es für nicht richtig.	Роди́тели счита́ют э́то непра́вильным.
Ich denke, wir haben alles richtig gemacht.	Я счита́ю, что мы всё сде́лали пра́вильно.
Denkst du nicht so?	Ты так не счита́ешь?
meinen, im Blick haben, berücksichtigen	**име́ть в виду́** *кого? что?* Akk.
Ich verstehe nicht, was du meinst.	Я не понима́ю, что ты име́ешь в виду́.
Sinn, Bedeutung	**смысл** *чего?* Gen. в *чём?* Präp.
~ des Spiels, ~ des Leben, ~ deiner Worte	~ игры́, ~ жи́зни, ~ твои́х слов
Worin besteht (Was ist) der Sinn?	В чём смысл?
Wie meinst du das?	В како́м смы́сле?
Es macht keinen Sinn, darüber zu sprechen.	Нет смы́сла говори́ть об э́том.
Mir scheint, ...	**Мне ка́жется, ...**
Das scheint mir falsch (nicht richtig) zu sein.	Э́то ка́жется мне непра́вильным.
diskutieren	**подискути́ровать/дискути́ровать** о *чём?* Präp.
Diskussion, eine ~ führen	диску́ссия, вести́ диску́ссию
streiten, diskutieren (auch: wetten)	**поспо́рить/спо́рить** о *чём*? Präp.
Streit, Diskussion (auch: Wette)	спор
eine Wette abschließen *um etw.*	заключи́ть/заключа́ть пари́ на *что*? Akk.
erklären	**объясни́ть/объясня́ть**
Erklärung, eine einfache ~, eine logische ~	объясне́ние, просто́е ~, логи́чное ~
darlegen	**изложи́ть/излага́ть** *что?* Akk.
seinen Gedanken ~, seinen Standpunkt ~	~ свою́ мысль, ~свою́ то́чку зре́ния
prägnant (deutlich) ~, logisch ~	чётко ~, логи́чно ~
argumentieren	**аргументи́ровать**
Argument	аргуме́нт (до́вод)
~ für *etw.*, ~ gegen *etw.*	~ в по́льзу *чего?* Gen., про́тив *чего?* Gen.
Argumente dafür und dagegen anführen	привести́/приводи́ть аргуме́нты за и про́тив
Ich bin für ..., weil ...	Я за *что?* Akk., потому́ что ...

Wir sind gegen ..., denn ...	Мы про́тив *чего?* Gen., так как ...
Tatsache, Fakt	**факт**
Dafür spricht die Tatsache, dass ...	В по́льзу э́того говори́т тот факт, что ...
Man kann folgende Fakten anführen: ...	Мо́жно привести́ сле́дующие фа́кты:...
kritisieren	**раскритикова́ть/критикова́ть**
erwidern, entgegnen, widersprechen, einwenden	**возрази́ть/возража́ть** *кому?* Dat. против *чего?* Gen.
Einwand, Widerspruch	возраже́ние
Dagegen habe ich keine Einwände.	Про́тив э́того я не возража́ю.
Wir haben keine Einwände (nichts dagegen).	У нас нет возраже́ний.
zustimmen, einverstanden sein	**согласи́ться/соглаша́ться** с *кем? чем?* Instr.
einverstanden	согла́сен (согла́сна, согла́сны)
Ich bin mit dir (nicht) einverstanden.	Я с тобо́й (не) согла́сен (согла́сна).
Ich bin nicht einverstanden, dass ...	Я не согла́сен (согла́сна) с тем, что ...
Ja, tatsächlich.	Да, действи́тельно.
Natürlich ist es so, aber ...	Коне́чно, э́то так, но ...
Recht haben	*кто?* **прав** (права́, пра́вы) в *чём?* Präp.
Du hast Recht.	Ты прав(а́).
Darin haben Sie (habt ihr) Unrecht.	В э́том вы не пра́вы.
Recht, Richtigkeit	правота́
zugeben, anerkennen	**призна́ть/признава́ть** *кого? что?* Akk. призна́ться/признава́ться в *чём?* Präp.
Ich gebe zu, ich hatte Unrecht.	Призна́юсь, что был(а́) непра́в(а́).
Man muss zugeben, dass ...	На́до призна́ть, что ...
Man darf nicht vergessen (leugnen), dass .... ~ folgendes ~	Нельзя́ забыва́ть (отрица́ть) того́, что ... ~ сле́дующее:...
Man muss beachten, dass ...	Ну́жно обрати́ть внима́ние на то, что ....
Man muss hinzufügen, dass ...	На́до доба́вить, что ...
Es versteht sich von selbst, dass ...	Само́ собо́й разуме́ется, что ...
Einerseits ..., andererseits ...	**С одно́й стороны́,... , с друго́й стороны́,...**
So etwas gibt es nicht.	Так не быва́ет.
Im Gegenteil. Umgekehrt.	**Наоборо́т.**
Keinesfalls.	Ни в ко́ем слу́чае.
Kann sein. Vielleicht.	**Мо́жет быть.**
der (die) Gleichgesinnte	**единомы́шленник (единомы́шленница)**
der Gegner, Opponent	**оппоне́нт**
Unstimmigkeit, Meinungsverschiedenheit	разногла́сие
Missverständnis, ein ~ klären	недопонима́ние, разреши́ть ~

Kannst du andere leicht überzeugen? / Ты уме́ешь убежда́ть други́х?

überzeugen	**убеди́ть/убежда́ть** *кого?* Akk. в *чём?* Präp.
sich überzeugen, sich vergewissern	убеди́ться/убежда́ться
überzeugendes Argument	убеди́тельный аргуме́нт
Habe ich dich überzeugt?	Я тебя́ убеди́л(а)?

Wie ihr euch (Sie sich) selbst überzeugt konntet (konnten), ...	Как вы са́ми убеди́лись, ...
jmdn. **überreden** *etw.* zu tun	**уговори́ть/угова́ривать** *кого?* Akk. *сделать что?* Inf.
Ich möchte meine Eltern überreden, ein Kätzchen zu kaufen.	Хочу́ уговори́ть роди́телей завести́ котёнка.
Okay, du hast mich überredet.	Ла́дно, ты меня́ уговори́л(а).
sicher sein	*кто?* **уве́рен** (уве́рена, уве́рены)
hundert Prozent ~, der eigenen Kräfte ~	~ на сто проце́нтов, ~ в свои́х си́лах
sicher	уве́ренный
selbstbewusst, eingebildet	~ в себе́, само~ ↗ Charaktereigenschaften: s. S. 18
Sicherheit, Gewissheit, Zuversicht	уве́ренность *w.* в *ком? чём?* Präp.
~, dass man Recht hat, ~ in die Zukunft	~ в свое́й правоте́, ~ в бу́дущем
Selbst~ , Selbstbewusstsein	~ в себе́
Bist du sicher?	Ты уве́рен(а)?
zweifeln, bezweifeln	**усомни́ться/сомнева́ться** в *ком? чём?* Präp.
alles bezweifeln, die Richtigkeit von ~	во всём ~, в пра́вильности *чего?* Gen.
den eigenen Kräften (Gefühlen) nicht trauen	~ в свои́х си́лах (чу́вствах)
Zweifel	сомне́ние
Ich bezweifle, dass ...	Я сомнева́юсь, что ...
falsch liegen, sich irren	**ошиби́ться/ошиба́ться** в *чём?* Präp.
einen Fehler begehen	соверши́ть/соверша́ть оши́бку
sich täuschen, sich irren	заблужда́ться
Du irrst dich.	Ты ошиба́ешься.
Das ist ein weit verbreiteter Irrtum.	Э́то широко́ распространённое заблужде́ние.
fragen	**спроси́ть/спра́шивать** *кого? что?* Akk. у *кого?* Gen.
Ich muss meine Eltern fragen.	Мне на́до спроси́ть у роди́телей.
Frage	вопро́с
eine ~ stellen	зада́ть/задава́ть ~ *кому?* Dat.
bitten	**попроси́ть/проси́ть** *кого?* Akk. о *чём?* Präp., *что?* Akk. у *кого?* Gen.
um Hilfe ~	~ (о) по́мощи
Man muss Freunde um Hilfe bitten.	На́до проси́ть по́мощи у друзе́й.
Ich bitte dich (Sie) sehr.	Я о́чень тебя́ (Вас) прошу́.
Bitte	про́сьба
eine unverschämte ~, eine kleine ~	де́рзкая ~, ма́ленькая ~
Ich habe eine kleine Bitte an dich.	У меня́ к тебе́ ма́ленькая про́сьба.
Sei so lieb! Seien Sie so lieb!	Будь добр(а́)! Бу́дьте добры́!
sich an *jmdn.* **wenden**	**обрати́ться/обраща́ться** к *кому?* Dat.
~ mit einer Frage, ~ mit einer Bitte	~ с вопро́сом, ~ с про́сьбой
~ mit Bitte um Rat, ~ um Hilfe	~ за сове́том, ~ за по́мощью
erlauben	**разреши́ть/разреша́ть** *кому?* Dat.
Erlaubnis	разреше́ние

Ich muss meine Mutter um Erlaubnis bitten.	Мне на́до проси́ть разреше́ния у ма́мы.
Meine Eltern haben es mir nicht erlaubt, ein Tattoo zu machen.	Роди́тели не разреши́ли мне сде́лать татуиро́вку. ↗ Beziehung zu den Eltern: s. S. 10
ablehnen, sich weigern	**отказа́ть(ся)/отка́зывать(ся)**
Ablehnung, Weigerung	отка́з
Ich weigere mich, daran teilzunehmen.	Я отка́зываюсь в э́том уча́ствовать.
Er hat meine Bitte abgelehnt.	Он отказа́л мне в про́сьбе.
verbieten	**запрети́ть/запреща́ть**
Verbot	запре́т
Meine Eltern verbieten es mir, mit Freunden nach 10 Uhr abends auszugehen.	Роди́тели запреща́ют мне гуля́ть с друзья́ми по́сле десяти́ ве́чера.
Rauchen ist hier verboten.	Здесь запрещено́ кури́ть.
fordern, verlangen	**потре́бовать/тре́бовать** *чего?* Gen. у (от) *кого?* Gen.
In der Schule verlangt man zu viel von uns.	В шко́ле от нас сли́шком мно́го тре́буют.
Forderung, Anforderung	тре́бование
hohe (niedrige) Anforderungen	высо́кие (ни́зкие) тре́бования к *кому?* Dat.
Forderungen an *jmdn.* stellen	предъяви́ть/предъявля́ть тре́бования *кому?* Dat.
vorschlagen, anbieten	**предлага́ть/предложи́ть** *кому?* Dat. *что?* Akk., *что (с)делать?* Inf.
dem Freund seine Hilfe ~	~ дру́гу свою́ по́мощь
Vorschlag, Angebot	предложе́ние
Ich schlage Folgendes vor: ...	Я предлага́ю сле́дующее:...
Das ist ein vernünftiger Vorschlag.	Э́то де́льное предложе́ние.
einen Rat geben, empfehlen	**посове́товать/сове́товать** *кому?* Dat.
Rat, Tipp	сове́т
einen guten (vernünftigen) ~ geben	дать/дава́ть хоро́ший (де́льный) ~
Man hat mir empfohlen ...	Мне посове́товали *что сделать?* Inf.
versprechen	**пообеща́ть/обеща́ть**
das Versprechen, sein ~ halten	обеща́ние, вы́полнить/выполня́ть своё ~
leere Versprechungen	пусты́е обеща́ния
Sie haben (Ihr habt) es doch versprochen!	Вы же обеща́ли!
Ich bemühe mich, meine Versprechen einzuhalten.	Я стара́юсь выполня́ть свои́ обеща́ния.
sein Wort geben	дать/дава́ть сло́во
sein Wort halten	сдержа́ть своё сло́во
sich beschweren	**пожа́ловаться/жа́ловаться** *кому?* Dat. на *кого? что?* Akk.
Beschwerde	жа́лоба
Mein Bruder beschwert sich ständig über mich bei unseren Eltern.	Мой брат постоя́нно жа́луется на меня́ роди́телям.
verurteilen, missbilligen	**осуди́ть/осужда́ть** *кого? что?* Akk. за *что?* Akk.
Ich verurteile dich nicht.	Я тебя́ не осужда́ю.

9

Medien und Technik | СМИ и техника

Schaust du oft fern?	**Ты ча́сто смо́тришь телеви́зор?**
Medien	**СМИ (сре́дства ма́ссовой информа́ции)**
Druck~, elektronische ~	печа́тные ~ , электро́нные ~
Rundfunk, Online-Medien	телерадиовеща́ние, Интерне́т-СМИ
Rundfunkanstalt, -sender	**телерадиокомпа́ния**
staatliche(r) ~, öffentliche(r) ~	госуда́рственная ~, обще́ственная ~
öffentlich-rechtliche(r) ~, private(r) ~	обще́ственно-правова́я ~, ча́стная ~
Fernsehen	**телеви́дение**
Satelliten~, Kabel~	спу́тниковое ~, ка́бельное ~
im Fernsehen	по телеви́дению, *ugs.* по телеви́зору
~ zeigen	показа́ть/пока́зывать ~
~ bringen, ~ übertragen	переда́ть/передава́ть ~
fernsehen	смотре́ть телеви́зор
Wir haben Sie im Fernsehen gesehen!	Мы ви́дели Вас по телеви́дению!
Gestern wurde unsere Schule im Fernsehen gezeigt.	Вчера́ на́шу шко́лу пока́зывали по телеви́дению.
Im Fernsehen wird gerade das Spiel Italien-Frankreich übertragen.	По телеви́дению как раз передаю́т матч «Ита́лия-Фра́нция». ↗ Sport: s. S. 54–55, Länder: s. S. 84–85
Fernsehzuschauer(in)	**телезри́тель(ница)**
auf Bitten der ~	по про́сьбам телезри́телей
(Fernseh)Sender	(теле)**кана́л**
Privat~, Regional~	ча́стный ~, региона́льный ~
Nachrichten~, Unterhaltungs~	новостно́й ~, развлека́тельный ~
umschalten	**переключи́ть/переключа́ть кана́лы**
auf einen anderen Sender ~	~ на друго́й кана́л
Lass uns umschalten!	Дава́й переклю́чим на друго́й кана́л!
Auf welchem Sender läuft ...?	По како́му кана́лу идёт ...?
Fernsehprogramm	**програ́мма переда́ч**
Sendung, Fernseh~	**переда́ча,** телевизио́нная ~ (теле~)
eine beliebte ~, Unterhaltungs~	популя́рная ~, развлека́тельная ~
eine populärwissenschaftliche ~, Musik~	нау́чно-популя́рная ~, музыка́льная ~
Comedy~, Sport~	юмористи́ческая ~, спорти́вная ~
Jugend~, Kinder~	молодёжная ~, де́тская ~
Talk-Show, Reality-Show, Quizshow	ток-шо́у, реа́лити-шоу, виктори́на
Casting-Show	ка́стинг-шо́у, шо́у тала́нтов
Fernsehfilm, Fernsehserie	**телефи́льм, телесериа́л** ↗ Film: s. S. 46
Staffel, Episode	сезо́н, се́рия
Heute kommt meine Lieblingsserie.	Сего́дня бу́дет моя́ люби́мая переда́ча.

Diese Sendung schaut unsere ganze Familie.	Э́ту переда́чу мы смо́трим все́й семьёй.
Die Sendung ist bei den Zuschauern sehr beliebt.	Переда́ча по́льзуется большо́й популя́рностью у зри́телей.
Einschaltquote	ре́йтинг
Diese Show hat immer eine hohe Einschaltquote.	У э́того шо́у всегда́ о́чень высо́кие ре́йтинги.
Nachrichten	**но́вости**
~sendung, Sondersendung	вы́пуск новосте́й, э́кстренный ~
In den Nachrichten wurde mitgeteilt, dass ...	В новостя́х переда́ли, что ...
Wettervorhersage	**прогно́з пого́ды** ↗ Klima und Wetter: s. S. 96
Werbung	**рекла́ма**
Werbeunterbrechung, Werbepause	переры́в на рекла́му, рекла́мная па́уза
Werbespot	рекла́мный ро́лик
Im russischen Fernsehen gibt es sehr viel Werbung.	На росси́йском телеви́дении о́чень мно́го рекла́мы.
Reportage	**репорта́ж**
~ vor Ort, Reportagenserie	~ с ме́ста собы́тий, се́рия репорта́жей
Übertragung, übertragen	трансля́ция, трансли́ровать
Live-Übertragung, -Sendung	**прямо́й эфи́р**
live	в прямо́м эфи́ре
Das Spiel wird live übertragen.	Матч идёт (передаётся) в прямо́м эфи́ре.
Moderator(in)	**веду́щий** (веду́щая, *Pl.* веду́щие)
Fernseh~, ein(e) populäre(r) ~	телевизио́нный ~ (теле~), популя́рный ~
eine Sendung moderieren	вести́ переда́чу
Ansager, Nachrichtensprecher(in)	ди́ктор, ~ новосте́й
Korrespondent(in)	корреспонде́нт(ка)
Unser Korrespondent berichtet vor Ort.	Наш корреспонде́нт передаёт с ме́ста собы́тий.
Ich glaube, es ist sehr interessant, beim Fernsehen zu arbeiten.	Я думаю, рабо́тать на телеви́дении о́чень интере́сно. ↗ Meinung: s. S. 120, Berufe: s. S. 40–43
Show-Business	**шо́у-би́знес**
Fernsehstar	звезда́ шо́у-би́знеса, ~ экра́на
Filmstar	кинозвезда́, ~ экра́на
Interview	**интервью́** с *кем?* Instr.
~ machen mit ...	брать/взять ~ у *кого?* Gen.
~ geben	дать/дава́ть ~ *кому?* Dat.
Hast du das neueste Interview mit ... gesehen?	Ты ви́дел(а) после́днее интервью́ с ...?
Radio	**ра́дио**
~ hören, im ~ gehört haben	слу́шать ~, услы́шать по ~
im ~ übertragen, senden	переда́ть/передава́ть по ~
~sendung	переда́ча на ~, радио~
Ich höre immer Radio beim Frühstück.	За за́втраком я всегда́ слу́шаю ра́дио. ↗ Tagesablauf: s. S. 67
Ich habe im Radio gehört, dass ...	Я услы́шал(а) по ра́дио, что ...
Radiosender	**радиоста́нция**
Nachrichtensender, Musiksender	новостна́я ~, музыка́льная ~

Radiohörer(in)	радиослу́шатель, радиослу́шательница
Onlineradio, Livestream	онла́йн ра́дио, в прямо́м эфи́ре
Podcast	подка́ст

Liest du Zeitungen oder Zeitschriften? / Ты чита́ешь газе́ты и́ли журна́лы?

Printmedien, Presse, Druck	**печа́ть** *w.*
Pressefreiheit, Zeitungsladen (Presseshop)	свобо́да печа́ти, кио́ск печа́ти
Presse	пре́сса
internationale ~, Boulevard~	междунаро́дная ~, жёлтая ~
Pressekonferenz	пресс-конфере́нция
Verlag	**изда́тельство**
ein großer ~, Kinderbuch~	кру́пное ~, ~ де́тской литерату́ры ↗ Literatur: s. S. 45
Publizistik, Journalistik	публици́стика, журнали́стика ↗ Berufe: s. S. 40–43
Redaktion	**реда́кция**
Zeitung	**газе́та**
Tages~, Wochen~, Abend~	ежедне́вная ~, еженеде́льная ~, вече́рняя ~
(neueste) Ausgabe der ~	(све́жий) но́мер газе́ты
Onlineversion der ~, Internet~	электро́нная ве́рсия газе́ты, Интернет~
In der letzten Ausgabe von ... habe ich gelesen, dass ...	В после́днем но́мере газе́ты ... я прочита́л(а), что ...
Zeitschrift, Magazin	**журна́л**
populärwissenschaftliche(s) ~, Computer~	нау́чно-популя́рный ~, компью́терный ~
Frauen~, Mode~, Life-Style~	же́нский ~ ,~ мод, гля́нцевый (life style) ~
~ für Jugendliche, ~ für Kinder	молодёжный ~, де́тский ~
Wochen~, Monats~	еженеде́льник, ежеме́сячный ~
Heft, Titelblatt (Cover)	но́мер журна́ла, обло́жка журна́ла
Meine Lieblingszeitschrift ist ...	Мой люби́мый журна́л – ...
herausgeben	**изда́ть/издава́ть** *что?* Akk.
Bücher ~, Zeitungen ~, Zeitschriften ~	~ кни́ги, ~ газе́ты, ~ журна́лы
herausgegeben	и́здан (и́здана, и́зданы) *кем?* Instr. *когда?*
Das Buch wurde dieses Jahr herausgegeben.	Кни́га была́ и́здана в э́том году́.
erscheinen, herausgegeben werden	издава́ться
Die Zeitschrift wird seit 1994 herausgegeben.	Журна́л издаётся с 1994 го́да.
~ in englischer Sprache ~	~ на англи́йском языке́.
erscheinen	**вы́йти/выходи́ть (из печа́ти)**
wöchentlich (monatlich) ~	~ раз в неде́лю (ме́сяц)
nur in elektronischer Form ~	~ то́лько в электро́нном ви́де
Die Zeitschrift erscheint sowohl in Russland, als auch in Deutschland.	Журна́л выхо́дит как в Росси́и, так и в Герма́нии.
Das neue Heft der Zeitschrift ... ist erschienen.	Вы́шел но́вый но́мер журна́ла ...
Auflage	**тира́ж**
Die Zeitschrift (die Zeitung) erscheint mit einer Auflagenhöhe von ... Exemplaren.	Журна́л (газе́та) выхо́дит тиражо́м в ... экземпля́ров/экземпля́ра.

Artikel	**статья́**
ein analytischer ~, ein kritischer ~	аналити́ческая ~, крити́ческая ~
~ zum Thema ..., ~ zum Top-Thema	~ на те́му ..., ~ на зло́бу дня
Mitteilung	заме́тка, сообще́ние о *чём?* Präp.
Bericht	отчёт о *чём?* Präp.
(Tages)Geschehen	хро́ника (дня)
Lokal~, Sport~, Society-News	ме́стная ~, спорти́вная ~, све́тская ~
Rezension	реце́нзия на *что?* Akk.
~ zu einem Film (Theaterstück, Buch)	~ на фильм (спекта́кль, кни́гу) ↗ Literatur: s. S. 45, Film: s. S. 46, Theater: s. S. 50
~ zu einem wissenschaftlichen Artikel	~ на нау́чную статью́
Ich lese gern Filmrezensionen.	Я люблю́ чита́ть реце́нзии на фи́льмы.
Überschrift, unter der ~	**заголо́вок**, под заголо́вком
Rubrik, in der ~, unter der ~	**ру́брика**, в ру́брике, под ру́брикой
In der Zeitung ... ist ein Artikel unter der Überschrift ... erschienen.	В газе́те ... вы́шла статья́ под заголо́вком ...
drucken, abbilden	**напеча́тать/печа́тать** *что?* Akk.
veröffentlichen, publizieren	**опубликова́ть/публикова́ть** *что?* Akk.
ein Buch ~, eine Pressemitteilung ~	~ кни́гу, сообще́ние в пре́ссе (для пре́ссы)
ein Interview ~, einen Artikel ~	~ интервью́, ~ статью́
veröffentlicht sein/werden	опублико́ван (опублико́вана, опублико́ваны)
Der Artikel wurde in der Zeitschrift „Der Spiegel“ veröffentlicht.	Статья́ была́ опублико́вана в журна́ле «Шпи́гель».
Veröffentlichung	**публика́ция**, опубликова́ние *чего?* Gen.
~ des Artikels, ~ der Korrespondenz	~ стате́й, ~ перепи́ски
wissenschaftliche Publikation	нау́чная публика́ция
auslösen, hervorrufen	**вы́звать/вызыва́ть** *что?* Akk.
eine Sensation ~, einen Skandal ~	~ сенса́цию, ~ сканда́л
eine gemischte Reaktion ~	~ неоднозна́чную реа́кцию (у) *кого?* Gen.
Die Veröffentlichung der Fotos hat einen echten Skandal hervorgerufen.	Публика́ция фотогра́фий вы́звала настоя́щий сканда́л.
Karikatur	карикату́ра на *кого?* Akk.
In der Zeitschrift ist eine Karikatur eines bekannten Politikers abgebildet.	В журна́ле напеча́тана карикату́ра на и́звестного поли́тика.
Kreuzworträtsel, ~ lösen	кроссво́рд, разгада́ть/разга́дывать ~
Kochrezepte	(кулина́рные) реце́пты ↗ Kochen: s. S. 63
Meine Schwester sammelt Kochrezepte aus Zeitschriften.	Моя́ сестра́ собира́ет реце́пты из журна́лов.
lesen	**почита́ть (прочита́ть)/чита́ть** *что?* Akk.
blättern	листа́ть, пролиста́ть/проли́стывать *что?* Akk.
anschauen, betrachten	**рассмотре́ть/рассма́тривать** *что?* Akk.
Ich mag es, in Modezeitschriften zu blättern und mir die Fotos anzuschauen.	Я люблю́ листа́ть журна́лы мод и рассма́тривать фотогра́фии.

überfliegen, durchschauen, durchblättern	**просмотре́ть/просма́тривать** *что?* Akk.
flüchtig ~	бе́гло ~
Beim Frühstück schaut Papa die Morgenzeitung durch.	За за́втраком па́па просма́тривает у́треннюю газе́ту.
abonnieren	**вы́писать/выпи́сывать** *что?* Akk., **подписа́ться** на *что?* Akk.
eine Zeitung ~, eine Zeitschrift ~	~ (на) газе́ту, ~ (на) журна́л
Wir haben zwei Zeitungen und eine Zeitschrift abonniert.	Мы выпи́сываем две газе́ты и оди́н журна́л.
Ich möchte die Zeitschrift ... abonnieren.	Я хочу́ подписа́ться на журна́л ...
Abo(nnement)	подпи́ска, абоне́мент *на что?* Akk.
Jahres~, Halbjahres~	годова́я (годово́й) ~, ~ на шесть ме́сяцев
ein ~ abschließen	офо́рмить/оформля́ть подпи́ску

Abonnenten einer Zeitung oder Zeitschrift werden als подпи́счик, подпи́счица bezeichnet, während абоне́нт, абоне́нтка in Bezug auf Telefon- und Mobilfunknutzer verwendet wird.

Gesellschaftliche Aufgaben von Medien — Обще́ственные зада́чи СМИ

informieren	**проинформи́ровать/информи́ровать** *кого?* Akk. о *чём?* Präp.
die Gesellschaft ~, die Öffentlichkeit ~	~ о́бщество, ~ обще́ственность
über die Ereignisse (Situation, Lage) ~	~ о собы́тиях (ситуа́ции, положе́нии)
Informationen bereitstellen	предоста́вить/предоставля́ть информа́цию
die Geschehnisse im Land (in der Welt) widerspiegeln	**отража́ть** происходя́щее в стра́не (в ми́ре)
Kritik üben, kritisieren	**критикова́ть**
unterschiedliche Meinungen vertreten	предста́вить/представля́ть ра́зные то́чки зре́ния ↗ Meinungen: s. S. 124
öffentliche Meinung	**обще́ственное мне́ние**
~ beeinflussen	повлия́ть/влия́ть на ~
~ bilden, formen	формирова́ть ~
Publikum, Leser-, Hörerschaft	**аудито́рия**
Massen~, breites ~, schmales ~	ма́ссовая ~, широ́кая ~, у́зкая ~
erreichen, ansprechen	охвати́ть/охва́тывать аудито́рию
Internetmedien erreichen ein breites Publikum.	Инерне́т-СМИ охва́тывают большу́ю аудито́рию.

Verbringst du viel Zeit am Computer? — Ты мно́го сиди́шь за компью́тером?

PC, tragbarer Computer, Notebook (Laptop)	персона́льный компью́тер (ПК), портати́вный (переносно́й) ~, ноутбу́к
Tablet(-PC)	планше́тный ~ (*ugs.* планше́т(ник))
leistungsstarker ~, das neueste Modell	мо́щный ~, ~ после́дней моде́ли
In unserer Familie hat jeder seinen eigenen Computer.	У нас в семье́ у ка́ждого свой компью́тер.

vor dem Computer sitzen	**сиде́ть за (пе́ред) компью́тером**
ganze Tage hindurch ~, selten ~	~ це́лыми дня́ми, ре́дко ~
Meine Mutter schimpft, dass ich die ganze Zeit vor dem Computer sitze.	Ма́ма руга́ется, что я всё вре́мя сижу́ за компью́тером. ↗ Beziehung zu den Eltern: s. S. 10

Prozessor, leistungsstarker ~	процé́ссор, мо́щный ~
Netzteil	блок пита́ния
Festplatte	**жёсткий диск (винче́стер)**
externe ~	переносно́й (вне́шний) ~
Betriebssystem	операцио́нная систе́ма
RAM-Speicher	операти́вная па́мять
Speicherkapazität, Speicherkarte	объём па́мяти, ка́рта па́мяти
Grafik-Karte	**видеока́рта**
Tastatur mit kyrillischem Alphabet	клавиату́ра с кири́ллицей
Taste, eine Taste drücken	кла́виша, нажа́ть/нажима́ть на кла́вишу
blind tippen	печа́тать на клавиату́ре вслепу́ю
mit zehn Fingern tippen	~ десятью́ па́льцами
mit der Maus klicken	кли́кнуть/кли́кать мы́шкой
CD, DVD	(компа́кт-)диск, DVD-диск (ди-ви-ди́)
auf eine ~ brennen	записа́ть/запи́сывать на ~
USB-Stick	**флеш накопи́тель USB** (*ugs.* **фле́шка**)
auf den ~ übertragen (speichern)	ски́нуть/ски́дывать *что?* Akk. на фле́шку
vom ~ auf den Computer übertragen	~ с фле́шки на компью́тер

Ich habe die Fotos auf deinen USB-Stick übertragen.	Я ски́нул(а) фотогра́фии тебе́ на фле́шку.
aufbewahren, speichern	**храни́ть** *что?* Akk. *где?* Präp.
Daten ~, Fotos ~, Dateien ~	~ да́нные, ~ фотогра́фии, ~ фа́йлы
auf CDs, auf der (externen) Festplatte	~ на ди́сках, на (вне́шнем) жёстком ди́ске
Benutzer, User	**по́льзователь**
erfahrener ~, benutzerfreundlich	о́пытный ~, удо́бно для по́льзователя
~oberfläche	по́льзовательский интерфе́йс
Zu Weihnachten habe ich einen Tablet-PC geschenkt bekommen.	На Рождество́ мне подари́ли планше́тник. ↗ Geschenke: s. S. 77
Display	**диспле́й**
Touchscreen	се́нсорный диспле́й
LCD-Bildschirm	жи́дко-кристалли́ческий диспле́й LCD
LED-Beleuchtung	подсве́тка све́то-дио́дами LED
matte (glänzende) Oberfläche	ма́товое (гля́нцевое) покры́тие
Touchpad	тачпа́д (се́нсорная пане́ль)
einschalten	включи́ть/включа́ть *что?* Akk.
anschließen	подключи́ть/подключа́ть *что?* Akk.
an den Computer ~, an den USB-Anschluss ~	~ к компью́теру, к USB-по́рту
ausschalten, abschalten	**вы́ключить/выключа́ть, отключи́ть/отключа́ть** *что?* Akk.
den Computer vom Stromnetz ~	~ компью́тер от сети́
neustarten	**перезагрузи́ть/перезагружа́ть** *что?* Akk.
Neustart	перезагру́зка
einstellen	настро́ить/настра́ивать
Einstellungen	настро́йки
Ich muss die Einstellungen ändern.	Мне на́до поменя́ть настро́йки.
herunterladen, downloaden	**загрузи́ть/загружа́ть** *что?* Akk.
ein Programm ~	~ програ́мму
Der PC hat sich aufgehängt.	Компью́тер зави́с.
In letzter Zeit hängt sich der Computer oft auf.	В после́днее вре́мя компью́тер ча́сто зависа́ет.
kaputt gehen	**слома́ться/лома́ться**
Mein Computer ist kaputt gegangen.	У меня́ слома́лся компью́тер.

Welche Computerprogramme beherrschst du? / Каки́ми компью́терными програ́ммами ты владе́ешь?

Computerkenntnisse	**на́выки рабо́ты на компью́тере**
beherrschen	овладе́ть/владе́ть *чем?* Instr.
ein Programm ~	~ програ́ммой
Computerkenntnisse besitzen	~ на́выками рабо́ты на компью́тере
Software	**програ́ммное обеспече́ние**
Computerprogramm	компью́терная програ́мма
neue (veraltete) Version von ...	но́вая (устаре́вшая) ве́рсия *чего?* Gen.

Vor Kurzem ist die neue Version von ... herausgekommen.	Неда́вно вы́шла но́вая ве́рсия ...
installieren	**установи́ть/устана́вливать** *что?* Akk.
ein Programm auf dem Computer ~	~ програ́мму на компью́тер
Ich möchte Skype auf meinem Computer installieren.	Я хочу́ установи́ть на свой компью́тер скайп.
Auf meinem Computer ist (sind) ... installiert.	У меня́ на компью́тере устано́влен (устано́влена, устано́влены) *что?* Nom.
kompatibel	совмести́м (совмести́ма, совмести́мы) с *чем?* Instr.
Das Programm ist mit dem Betriebssystem nicht kompatibel.	Програ́мма несовмести́ма с операцио́нной систе́мой.
Daten, Datenbank	**да́нные**, ба́за да́нных
Textbearbeitungsprogramm	**текстово́й (те́кстовый) реда́ктор**
elektronische Tabelle	электро́нная табли́ца
Fotobearbeitungsprogramm	фо́тоaccording редактор
Grafikprogramm	графи́ческий реда́ктор
Desktop	**рабо́чий сто́л**
Programmicon auf dem ~	ико́нка на рабо́чем столе́
Ordner	па́пка
Datei	**файл**
Text~, Multimedia~	те́кстовый ~, мультиме́диа-файл
~name (~größe, ~typ, ~format)	и́мя (разме́р, тип, форма́т) фа́йла
neu anlegen	созда́ть/создава́ть *что?* Akk.
öffnen	откры́ть/открыва́ть *что?* Akk.
schließen	закры́ть/закрыва́ть *что?* Akk.
speichern (als)	сохрани́ть/сохраня́ть (как) *что?* Akk.
kopieren	скопи́ровать/копи́ровать *что?* Akk.
umbenennen	переименова́ть/переимено́вывать
löschen	удали́ть/удаля́ть *что?* Akk.
Papierkorb	му́сорная корзи́на
in den ~ verschieben	отпра́вить/отправля́ть в му́сорную корзи́ну
Kopierer	**ксе́рокс**
Drucker, Tintenstrahl~, Laser~	**при́нтер**, стру́йный ~, ла́зерный ~
ausdrucken	распеча́тать/распеча́тывать на при́нтере
Druckpapier	бума́га для печа́ти (о́фисная бума́га)
Fotopapier	фо́тобумага
Scanner	**ска́нер**
scannen	отскани́ровать/скани́ровать *что?* Akk.
bearbeiten	**обрабо́тать/обраба́тывать** *что?* Akk.
Fotos ~, Texte ~, Daten ~	~ фотогра́фии, ~ те́ксты, ~ да́нные
retuschieren	отретуши́ровать/ретуши́ровать *что?* Akk.
Fotos ~	~ фотогра́фии

Verbringst du viel Zeit im Internet? / Ты мно́го вре́мени прово́дишь в Интерне́те?

Internet (World Wide Web)	Интерне́т (Всеми́рная сеть)
WLAN	беспроводно́й ~, беспроводна́я сеть
sich mit dem Internet verbinden	подключи́ться/подключа́ться к Интерне́ту
Internet-Anschluss	подключе́ние к Интерне́ту
Internetzugang	**до́ступ к Интерне́ту (в Интерне́т)**
~ über WiFi, WiFi-Punkt	~ че́рез WiFi, то́чка до́ступа WiFi
Auf der Reise werde ich keinen Internetzugang haben.	В пое́здке у меня́ не бу́дет до́ступа к Интерне́ту.
Mein Tablet ist ständig an das Internet angeschlossen.	Мой планше́тник постоя́нно подключён к Интерне́ту.
Internetverbindung	**связь** *w.* **с Интерне́том**
unterbrechen, abbrechen	прерва́ться/прерыва́ться, оборва́ться/обрыва́ться
Hier wird die Verbindung ständig unterbrochen.	Здесь связь постоя́нно прерыва́ется.
(Web-)Browser	**(веб-)бра́узер**
ins Internet gehen	зайти́/заходи́ть в Интерне́т
aus dem Internet herausgehen	вы́йти/выходи́ть из Интерне́та
im Internet sein	**сиде́ть в Интерне́те** *ugs.*
Lass uns ins Internet gehen und nachschauen.	Дава́й зайдём в Интерне́т и посмо́трим.
Ich bin jeden Tag sehr lange im Internet.	Я ка́ждый день подо́лгу сижу́ в Интерне́те.
Internetquellen	Интерне́т-ресу́рсы
(Web)Seite	**(веб-)сайт**
Informations~, Nachrichten~	информацио́нный ~, новостно́й ~
Unterhaltungs~	развлека́тельный ~
eine ~ erstellen	созда́ть/создава́ть ~
Startseite, zur Startseite machen	ста́ртовая страни́ца, сде́лать ста́ртовой
Ich habe eine eigene Website.	У меня́ есть со́бственная страни́чка (со́бственный сайт) в Интерне́те.
Internetsurfen	веб-сёрфинг
Informationen suchen	поиска́ть/иска́ть информа́цию *что?* Akk.
~ finden	найти́/находи́ть ~
Suchmaschine	**поиско́вая систе́ма** (*ugs.* **поискови́к**)
russische ~, führende ~	русскоязы́чная ~, веду́щая ~
Ich benutze immer diese Suchmaschine.	Я всегда́ по́льзуюсь э́той поиско́вой систе́мой.
Suche, Recherche	по́иск *чего?* Gen.
Informations~, ~ nach Bildern	~ информа́ции, ~ карти́нок
~ nach Schlagwörtern, erweiterte ~	~ по ключевы́м слова́м, расши́ренный ~
~parameter	пара́метры по́иска
Link	**ссы́лка**
~ auf eine Website, ~ auf die Quelle	~ на страни́цу, ~ на исто́чник
Hyper~	акти́вная ~ (ги́пер~)

den ~ anklicken	кли́кнуть/кли́кать по ссы́лке
Lesezeichen, Bookmark	**закла́дка**
ein ~ anlegen	сде́лать/де́лать закла́дку
eine Website als ~ hinzufügen	доба́вить сайт в закла́дки
platzieren, veröffentlichen	размести́ть/размеща́ть *что?* Akk.
Material im Internet (auf der Website) ~	~ материа́лы в Интерне́те (на са́йте)
einen Link zur Website ~	~ ссы́лку на сайт
aus dem Internet herunterladen	**скача́ть/ска́чивать с Интерне́та**
Musik ~, Programme ~	~ му́зыку, ~ програ́ммы ↗ Musik: s. S. 48
eine App (Web-Anwendung) ~	~ веб-приложе́ние
illegal ~	нелега́льно ~
illegaler Download von ...	нелега́льное ска́чивание *чего?* Gen.
Urheberrechte	а́вторские права́
Verletzung der ~	наруше́ние а́вторских прав
Computervirus	**компью́терный ви́рус**
sich einen ~ einfangen	подхвати́ть/подхва́тывать ви́рус
auf (das Vorhandensein von) Viren prüfen	прове́рить/проверя́ть на нали́чие ви́русов
Antivirusprogramm	антиви́русная програ́мма
ein ~ installieren	установи́ть/устана́вливать
das ~ aktualisieren	обнови́ть/обновля́ть антиви́русную програ́мму
Hacker, Hackerangriff	ха́кер, ха́керская ата́ка
Schutz gegen Hackerangriffe	защи́та от ха́керских ата́к
Online-Shop	**онла́йн-магази́н (Интерне́т-магази́н)**
online einkaufen	соверша́ть поку́пки в онла́йн-магази́не
Internet-Auktion	Интерне́т-аукцио́н
an einer ~ teilnehmen	уча́ствовать в Интерне́т-аукцио́не
Computerspiel	**компью́терная игра́**
Onlinespiel	онла́йн-игра́
Ich spiele oft Onlinespiele.	Я ча́сто игра́ю в онла́йн-и́гры.
Internetabhängigkeit, -sucht	**Интерне́т-зави́симость** *w.*
abhängig werden	впасть/впада́ть в зави́симость
abhängig sein	зави́сим (зави́сима, зави́симы) от *чего?* Gen.
Ich glaube nicht, dass ich Internet-abhängig bin.	Не ду́маю, что я Интерне́т-зави́сим(а).

Hast du einen Blog? Bist du bei einem sozialen Netzwerk? / У тебя́ есть свой блог или акка́унт в социа́льной сети́?

virtuell	**виртуа́льный**
virtuelle Kommunikation (Bekanntschaft)	виртуа́льное обще́ние (знако́мство)
virtuelle Freundschaft, virtueller Freund	виртуа́льная дру́жба, виртуа́льный друг ↗ Freundschaft: s. S. 16
Internetforum, Internetportal	**Интерне́т-фо́рум, Интерне́т-порта́л**
im Internetforum besprechen	обсуди́ть/обсужда́ть на фо́руме *что?* Akk.
einen Kommentar schreiben	написа́ть/писа́ть коммента́рий
Profilbild	**юзерпи́к,** ава́тар

als ~ verwenden	испо́льзовать в ка́честве юзерпи́ка (авата́ра)
Benutzername	**и́мя по́льзователя**
den Benutzernamen eingeben	ввести́/вводи́ть ~
Passwort, Kennwort	**паро́ль** *m.*
sich ein ~ ausdenken (zulegen), sicheres ~	приду́мать себе́ ~, надёжный ~
durch ein ~ geschützt	защищён (защищена́) паро́лем
Geben Sie den Benutzernamen und das Kennwort ein.	Введи́те и́мя по́льзователя и паро́ль.
Internet-Community	**Интерне́т-соо́бщество**
einer ~ beitreten	вступи́ть/вступа́ть в ~
Mitglied einer ~ sein	быть чле́ном соо́бщества
Internet-Mobbing	Интерне́т-мо́ббинг
Opfer von ~ werden	стать же́ртвой Интерне́т-мо́ббинга
Blog	**блог**
einen ~ erstellen, einen ~ führen	завести́/заводи́ть свой ~, вести́ ~
einen Post für den Blog schreiben	написа́ть/писа́ть пост в бло́ге
Blogger	бло́гер (бло́ггер)
Vor Kurzem habe ich einen eigenen Blog erstellt.	Неда́вно я завёл (завела́) свой блог.
Ich lese oft Posts zu Themen, die mich interessieren.	Я ча́сто чита́ю посты́ на интересу́ющие меня́ те́мы.
soziales Netzwerk	**социа́льная се́ть**
Account bei einem ~	акка́унт в социа́льной сети́
einen Account haben (erstellen)	име́ть (завести́/заводи́ть) акка́унт
Alle meine Freunde haben einen Account bei diesem Netzwerk.	У всех мои́х друзе́й есть акка́унт в э́той сети́.

Der russischsprachige Teil des Internet wird als **Руне́т** bezeichnet. Zu den bekanntesten Suchmaschinen (поиско́вые систе́мы) zählen Яндекс und Rambler. Es gibt unzählige Nachrichtensites (новостны́е са́йты), wie z.B. lenta.ru, newsru.com u.a. Zu den beliebtesten sozialen Netzwerken (социа́льные се́ти) gehören ВКонта́кте, Одностла́ссники, Мой мир. Gebloggt wird unter anderem im Живо́й журна́л (ЖЖ, engl. Live Journal)

hochladen	**загрузи́ть/загружа́ть, вы́ложить/выкла́дывать** *что?* Akk.
Fotos ~, Videos ~, Musik ~	~ фотогра́фии, ~ ви́део, ~ му́зыку
Auf meiner Seite (auf meinem Account) habe ich Fotos vom Urlaub hochgeladen.	На свое́й страни́чке я вы́ложил(а) фотогра́фии с о́тпуска. ↗Tourismus: s. S. 108
austauschen	**обменя́ться/обме́ниваться** *чем?* Instr.
Fotos ~, Multimedia-Dateien ~	~ фотогра́фиями, ~ мультиме́диа-фа́йлами
Erfahrungen ~, Ideen ~, Informationen ~	~ о́пытом, ~ иде́ями, ~ информа́цией
kommunizieren	**пообща́ться/обща́ться**
im sozialen Netzwerk ~, über Skype ~, im Chat ~	~ в социа́льной сети́, ~ по ска́йпу, ~ в ча́те
chatten	**ча́титься** с *кем?* Instr.
Meine Freunde und ich kommunizieren ständig im Netz (im Internet).	Мы с друзья́ми постоя́нно обща́емся в сети́. ↗Freunde: s. S. 16

in Verbindung sein (bleiben)	**находи́ться на свя́зи (в конта́кте)**
auf dem Laufenden sein	быть в ку́рсе собы́тий
Meine Freunde und ich sind ständig in Kontakt.	Мы с друзья́ми постоя́нно на свя́зи.
Ich weiß, was im Leben meiner Freunde passiert.	Я зна́ю, что происхо́дит в жи́зни у мои́х друзе́й.

Wie lautet deine E-mail-Adresse? / Како́й у тебя́ электро́нный а́дрес?

E-mails	**электро́нная по́чта**
E-mails schreiben (*allg.*)	воспо́льзоваться/по́льзоваться электро́нной по́чтой
E-mail-Postfach	электро́нный (почто́вый) я́щик
E-mail-Adresse	**электро́нный а́дрес**
Gib (Geben Sie) mir deine (Ihre) Email-Adresse.	Да́й(те) мне свой электро́нный а́дрес!

Das @-Zeichen wird im Russischen mit dem Wort соба́ка bezeichnet.

eine E-mail	электро́нное письмо́ (сообще́ние), и-ме́йл, *ugs. auch* мы́ло (*eigentl.* Seife)
eine E-mail schreiben	написа́ть/писа́ть ~
(ab)schicken	**отпра́вить/отправля́ть** *что?* Akk. *кому?* Dat.
per E-mail ~	~ по электро́нной по́чте (по e-mail)
Wahrscheinlich habe ich die E-mail an die falsche Adresse geschickt.	Наве́рное, я отпра́вил(а) e-mail не на тот а́дрес.
erhalten, bekommen	**получи́ть/получа́ть** *что?* Akk. от *кого?* Gen.
per E-mail zuschicken	присла́ть/присыла́ть *что?* Akk.
~ übersenden	пересла́ть/пересыла́ть *что?* Akk.
Ich schicke dir Fotos per E-mail zu.	Я пришлю́ тебе́ фотогра́фии по и-ме́йл.
Anhang, Attachment	**приложе́ние**
einige Dateien an die E-mail anhängen	приложи́ть к письму́ не́сколько фа́йлов
eine Datei hochladen	загрузи́ть/загружа́ть файл
eine Datei hinzufügen	прикрепи́ть/прикрепля́ть файл
maximal zulässige Dateigröße	максима́льно допусти́мый разме́р фа́йла
Newsletter	рассы́лка
einen ~ abonnieren	подписа́ться/подпи́сываться на рассы́лку
Ich bekomme Newsletter zum Thema ...	Я получа́ю рассы́лку по те́ме ...
Spam	спам
sich gegen ~ schützen	защити́ться/защища́ться от спа́ма
einen Spam-Filter installieren	установи́ть фильтр от спа́ма

Schreibst du manchmal auch Briefe? / Ты пи́шешь хоть иногда́ обы́чные письма́?

Post	**по́чта**
zur ~ gehen, auf der ~	пойти́/идти́ на по́чту, на по́чте

per Post kommen	прийти́/приходи́ть по по́чте
Das kam heute mit der Post.	Э́то сего́дня пришло́ по по́чте.
Postamt	почта́мт
Haupt~, auf dem ~	гла́вный ~, на почта́мте
Postfiliale	почто́вое отделе́ние (отделе́ние свя́зи)
Briefträger, Postkurier	почтальо́н
die Post austragen	разнести́/разноси́ть по́чту
Brief	**письмо́**
~ per Einschreiben, postlagernd	заказно́е ~, до востре́бования
Briefumschlag	конве́рт
den ~ schließen, zukleben	запеча́тать/запеча́тывать ~
in den ~ hineinlegen	вложи́ть/вкла́дывать *что?* Akk. в ~
Absender	**отправи́тель**
Adressat, Empfänger	**получа́тель**
Name und Adresse des Absenders	и́мя и а́дрес отправи́теля ↗Wohnort: s. S. 11
~ angeben	указа́ть/ука́зывать ~
Postleitzahl	почто́вый и́ндекс
Briefmarke	(почто́вая) ма́рка
die ~ aufkleben	накле́ить/накле́ивать ма́рку на *что?* Akk.
Postkarte	**откры́тка**
Glückwunschkarte	поздрави́тельная ~ ↗Feste: s. S. 76
Ansichtskarte, Karte mit Ansicht(en) von ...	~ с ви́дом (ви́дами) *чего?* Gen.
Meine Freundin hat mir eine schöne Ansichtskarte vom Baikalsee geschickt.	Подру́га присла́ла мне краси́вую откры́тку с ви́дами Байка́ла.
Ich schicke meinen Freunden immer Postkarten aus dem Urlaub.	Я всегда́ отправля́ю друзья́м откры́тки из о́тпуска.
Paket, Päckchen	**посы́лка,** бандеро́ль *w.*
Ich kaufe oft Sachen im Internet, daher bekomme ich oft Pakete.	Я ча́сто покупа́ю ве́щи че́рез Интерне́т, поэ́тому я ча́сто получа́ю посы́лки.
Da ist ein Paket für dich gekommen.	Тебе́ пришла́ посы́лка.
liefern, zustellen	**доста́вить/доставля́ть** *что?* Akk.
an die (angegebene) Adresse ~	~ по (ука́занному) а́дресу
(Express-)Lieferung	(экспре́сс-)доста́вка
Fax, faxen	**факс**, отпра́вить/отправля́ть по фа́ксу

Telefonierst du viel? / Ты мно́го разгова́риваешь по телефо́ну?

Telefon	**телефо́н**
Festnetz~, Privat~ (Privatnummer)	стациона́рный ~, дома́шний~
Dienst~ (Dienstnummer)	рабо́чий (служе́бный) ~
Handy, Smartphone	моби́льный (со́товый) ~ (*ugs.* моби́льник), смартфо́н
Telefonnummer	**но́мер телефо́на** (*ugs. nur* телефо́н)
Kannst du mir deine Nummer geben?	Мо́жешь дать мне свой но́мер телефо́на?
Weißt du meine Nummer noch?	По́мнишь мой телефо́н?

Vorwahl	код *чего?* Gen.
~ für die Stadt, ~ für das Land	~ го́рода, ~ страны́
wählen	набра́ть/набира́ть *что?* Akk.
eine Nummer ~, die Vorwahl ~	~ но́мер, ~ код
Taste	кно́пка
Telefontasten drücken	нажа́ть/нажима́ть (на) кно́пки телефо́на
Mein Handy hat einen Touchscreen.	У меня́ на моби́льном се́нсорный диспле́й.
jmdn. **anrufen**	**позвони́ть/звони́ть** (по телефо́ну) *кому?* Dat.
vom Handy ~	~ с моби́льного
Ich rufe dich am Abend an.	Я позвоню́ тебе́ ве́чером.
zurückrufen, später anrufen	**перезвони́ть/перезва́нивать** *кому?* Dat.
Ich habe jetzt zu tun, ich rufe später zurück.	Я сейча́с за́нят(а́), я перезвоню́ попо́зже.
Anruf	**звоно́к**
Wir werden auf deinen (Ihren) Anruf warten!	Бу́дем ждать твоего́ (Ва́шего) звонка́!
Ich muss einen wichtigen Anruf tun.	Мне на́до сде́лать ва́жный звоно́к.
klingeln	**зазвони́ть/звони́ть**
Plötzlich klingelte das Telefon.	Вдруг зазвони́л телефо́н.
Hörer	**тру́бка**
den ~ abnehmen	взять/брать тру́бку
den ~ auflegen	положи́ть/класть трубку
ans Telefon gehen	подойти́/подходи́ть к телефо́ну
Ich habe das Telefon lange klingeln lassen, aber keiner hat abgenommen.	Я до́лго звони́л(а), но никто́ не брал тру́бку.
Warum gehst du nicht ans Telefon?	Почему́ ты не подхо́дишь к телефо́ну?
besetzt	**за́нято** *где?* у *кого?* Gen.
Bei dir ist immer besetzt.	У тебя́ всё вре́мя за́нято.
Man kann ihn telefonisch überhaupt nicht erreichen.	До него́ невозмо́жно дозвони́ться.
telefonieren	**разгова́ривать по телефо́ну, созвони́ться/созва́ниваться** с *кем?* Instr.,
am Telefon plaudern	поболта́ть/болта́ть по телефо́ну
Meine Freundin und ich plaudern manchmal stundenlang am Telefon.	Мы с подру́гой иногда́ часа́ми болта́ем по телефо́ну.
Mein Freund und ich telefonieren jeden Tag.	Мы с дру́гом ка́ждый день созва́ниваемся.
Lass uns am Abend telefonieren!	Дава́й созвони́мся ве́чером!
ans Telefon bitten, am Telefon verlangen	**попроси́ть/проси́ть** *кого?* Akk. **к телефо́ну**
Hallo, hier ist ...	Здра́вствуйте, это ...
Kann ich bitte mit ... sprechen?	Попроси́те, пожа́луйста, ... *кого?* Akk.; Мо́жно ... *кого?* Akk.
Einen Moment, bitte!	Одну́ мину́ту (мину́точку)!
Du wirst (Sie werden) am Telefon verlangt.	Тебя́ (Вас) к телефо́ну!
Das ist für dich (Sie)!	Э́то тебя́ (Вас)!
Sie haben sich verwählt. Sie sind falsch verbunden.	Вы не туда́ попа́ли.

Anrufbeantworter, Mailbox	**автоотве́тчик**
eine Nachricht auf dem ~ hinterlassen	оста́вить/оставля́ть сообще́ние на автоотве́тчике
SMS	**смс-сообще́ние** (*ugs.* смс-ка)
eine ~ abschicken	отпра́вить/отправля́ть ~ *кому?* Dat.
eine ~ schicken, zuschicken	посла́ть/посыла́ть, присла́ть/присыла́ть ~
eine ~ bekommen	получи́ть/получа́ть ~ от *кого?* Gen.
eine ~ beantworten	отве́тить/отвеча́ть на ~
eine ~ löschen	удали́ть/удаля́ть ~
die ~ im Ordner „Entwürfe" speichern	сохрани́ть ~ в па́пке «Черновики́»
Hast du meine SMS bekommen?	Ты получи́л(а) мой смс?
ausschalten, abschalten	**отключи́ть/отключа́ть** *что?* Akk.
das Telefon ~, den Ton ~	~ телефо́н, ~ звук
den Vibrationsalarm einschalten	включи́ть/включа́ть вибровы́зов
Im Unterricht schalte ich mein Telefon immer ab.	На уро́ках я всегда́ отключа́ю телефо́н.
Akku	**аккумуля́тор**, батаре́йка
Der Akku ist fast leer (ist leer).	Батаре́йка сади́тся (се́ла).
Bei meinem Handy ist der Akku leer.	У меня́ разряди́лся телефо́н.
aufladen	**заряди́ть/заряжа́ть** *что?* Akk.
Ladegerät	заря́дное устро́йство (*ugs.* заря́дка)
Ich muss mein Handy aufladen.	Мне на́до заряди́ть телефо́н.
Mobilverbindung, Funknetz	**моби́льная связь**
Hier gibt es keine Mobilverbindung.	Здесь нет (моби́льной) свя́зи.
Telefonbuch	**телефо́нный спра́вочник**, телефо́нная кни́га
im ~ nachschlagen	посмотре́ть/смотре́ть в телефо́нном спра́вочнике

Habt ihr viele Unterhaltungs- und Haushältsgeräte zu Hause?

У вас до́ма мно́го электро́ники и бытово́й те́хники?

Technik, Elektronik	**те́хника, электро́ника**
Unterhaltungs~, Haushalts~	развлека́тельная ~, бытова́я ~
Gerät	**прибо́р**
Fernseher	**телеви́зор**
~ mit einem Flach-, Plasmabildschirm	~ с пло́ским (пла́зменным) экра́ном
Musikanlage, Stereoanlage	музыка́льный центр ↗ Musik: s. S. 48
DVD-Player	**DVD-пле́йер**
Fernbedienung	дистанцио́нное управле́ние (Abk. ДУ, *ausgesprochen* дэ-у́)
Bedienungsanleitung	руково́дство по эксплуата́ции
Videokamera, digitale ~	**видеока́мера,** цифрова́я ~
Fotoapparat, digitaler ~	**фотоаппара́т,** цифрово́й ~
mit der Videokamera aufnehmen	снять/снима́ть на видеока́меру
mit dem Handy ~	~ на моби́льный телефо́н
Foto	фотогра́фия

Farb~, Schwarz-Weiß~	цветна́я ~, чёрно-бе́лая ~
Auflösung, hohe ~	разреше́ние, высо́кое ~
Spielkonsole	**игрова́я приста́вка**
E-Book(-Reader)	электро́нная кни́га, букри́дер (*ugs.* чита́лка) ↗ Literatur: s. S. 45
Haushaltsgeräte	**бытовы́е прибо́ры**
Wir haben viele Haushaltsgeräte.	У нас мно́го бытово́й те́хники.
Lampe	ла́мпа
Schreibtisch~, Steh~, LED~	насто́льная ~, торше́р, светодио́дная ~
Unsere Küche ist mit modernen Haushaltsgeräten ausgestattet.	На́ша ку́хня обору́дована совреме́нной бытово́й те́хникой. ↗ Wohnung: s. S. 14
Herd, Ofen	плита́, печь *w.*
Elektro~, Gas~	электри́ческая ~, га́зовая ~
Backofen mit Umluft	духо́вка с вентиля́цией
Ceran-Kochfeld	сте́клокерами́ческая плита, *ugs.* сте́клокера́мика
Mikrowelle	микроволно́вая печь, *ugs.* микроволно́вка
Kaffeemaschine	кофе́йная маши́на, *ugs.* кофева́рка
Wasserkocher	электроча́йник
Wasser im ~ kochen	вскипяти́ть/кипяти́ть во́ду в электроча́йнике
Toaster	то́стер
Kühlschrank	**холоди́льник**
im ~ aufbewahren	храни́ть в холоди́льнике
Der Kühlschrank ist völlig leer.	Холоди́льник соверше́нно пуст.
Gefrierschrank, Gefrierfach	морози́льная ка́мера, *ugs.* морози́лка
Waschmaschine	**стира́льная маши́на** ↗ Haushalt: s. S. 15
Wäsche in die ~ laden	загрузи́ть/загружа́ть бельё в стира́льную маши́ну
Geschirrspülmaschine	посудомо́ечная маши́на, *ugs.* посудомо́йка
Staubsauger	пылесо́с
Bügeleisen	утю́г
Fön	фен
die Haare mit dem ~ trocknen	вы́сушить/суши́ть во́лосы фе́ном *чем?* Instr.

10

Allgemeines | Общее

Zeitangaben	**Указа́ние вре́мени**
Zeit	**вре́мя** (*Pl.* времена́)
zu dieser ~, zu jener ~, zu gleicher ~	в э́то ~, в то ~, в то же ~
jeder ~, für eine lange ~	в любо́е ~, на до́лгое ~
von ~ zu ~, ab und zu	~ от вре́мени
während des Krieges (des Studiums)	во вре́мя войны́ (учёбы) *чего?* Gen.
schwere ~, glückliche Zeiten	тяжёлое ~, счастли́вые времена́
Ich habe (hatte, werde) keine Zeit (haben).	У меня́ нет (не́ было, не бу́дет) вре́мени.
Wann hast du Zeit?	Когда́ у тебя́ (есть) бу́дет вре́мя?
zeitweilig, vorübergehend, befristet	**вре́менно**, вре́менный
Ich wohne vorübergehend bei meiner Oma.	Я вре́менно живу́ у ба́бушки.
gleichzeitig	**одновре́ме́нно**, одновреме́нный паралле́льно, паралле́льный *ugs.*
Mein Bruder studiert an der Uni und arbeitet gleichzeitig bei einer Firma.	Мой брат у́чится в университе́те и паралле́льно рабо́тает в одно́й фи́рме.
wann (*auch:* wenn, als), irgend~	**когда́,** когда́-нибудь
Wann wirst du zu Hause sein?	Когда́ ты бу́дешь до́ма?
Ich liebe es, wenn ...	Я люблю́, когда́ ...
Als wir in Moskau waren, ...	Когда́ мы бы́ли в Москве́, ...
immer	**всегда́**
manchmal	**иногда́**
niemals, nie	**никогда́**
nie wieder	бо́льше никогда́ (никогда́ бо́льше)
Gegenwart	**настоя́щее**
in der ~, heutzutage	в настоя́щее вре́мя, в на́ши дни
Vergangenheit, in der ~	**про́шлое**, в про́шлом
vergangen	про́шлый
Zukunft, in der ~	**бу́дущее,** в бу́дущем
künftig, zukünftig	бу́дущий
zukünftiger Beruf	бу́дущая профе́ссия ↗ Berufe: s. S. 40–43
Sie hat ihren zukünftigen Mann während des Studiums kennen gelernt.	Она́ познако́милась со свои́м бу́дущем му́жем во вре́мя учёбы в институ́те.
Jahrhundert (*auch:* Zeitalter)	**век** (*Pl.* века́)
in unserem ~, im (vor)letzten ~	в на́шем ве́ке, в (поза)про́шлом ве́ке
im 21. Jahrhundert	в два́дцать пе́рвом ве́ке
jahrhundertelang	из ве́ка в ~, века́ми
das Computerzeitalter, das goldene Zeitalter	~ компью́теров, золото́й ~
Jahrhundert, 100. Jahrestag	столе́тие
Jahrzehnt, 10. Jahrestag	десятиле́тие

Jahrtausend, 1000. Jahrestag	тысячелéтие
Wir feiern den 20. Jahrestag der Schule.	Мы отмечáем двадцатилéтие шкóлы. ↗ Feste: s. S. 74
Jahr	**год**
zwei Jahre, fünf Jahre, pro (im) ~, zweimal im ~, fünf Mal im (pro) ~	два гóда, пять лет, в годý, два рáза в ~, пять раз в год(ý) ↗ Altersangabe: s. S. 6
in diesem (letzten) ~, im nächsten ~	в э́том (прóшлом) годý, в слéдующем (бýдущем) годý
von ~ zu ~, ein ganzes ~, das ganze ~	из гóда в ~, цéлый (весь) ~
vor einem ~, in (nach) einem ~, Schalt~	~ назáд, чéрез ~, високóсный ~
(das Jahr) 1998	ты́сяча девятьсóт девянóсто восьмóй год
(das Jahr) 2013	две ты́сячи тринáдцатый год
im Jahr 2013	в две ты́сячи тринáдцатом годý
die 90er Jahre	90-е (девянóстые) гóды
die Nuller-Jahre (Jahre nach 2000)	«нулевы́е» гóды (*ugs.*)
In welchem Jahr ...?	В какóм годý ...?
Jahreszeit	**врéмя гóда**, *Pl.* временá гóда
Winter, im ~, Winter- (winterlich)	**зимá**, зимóй, зи́мний
Frühling, im ~, Frühlings- (frühlingshaft)	**веснá**, веснóй, весéнний
Sommer, im ~, Sommer- (sommerlich)	**лéто**, лéтом, лéтний
Herbst, im ~, Herbst- (herbstlich)	**óсень**, óсенью, осéнний
Ich mag den Winter, weil ich im Winter Geburtstag habe.	Я люблю́ зи́му, потомý что зимóй у меня́ день рождéния.
In den Sommerferien waren wir in Italien.	На лéтних кани́кулах мы бы́ли в Итáлии. ↗ Urlaub: s. S. 108
Monat	**мéсяц**
in diesem (letzten, nächsten) Monat	в э́том (прóшлом, слéдующем) мéсяце
vor zwei Monaten, in (nach) drei Monaten	два мéсяца назáд, чéрез три мéсяца
Januar, Februar, März, April, Mai, Juni	янвáрь, феврáль, март, апрéль, май, ию́нь
Juli, August, September, Oktober, November, Dezember	ию́ль, áвгуст, сентя́брь, октя́брь, ноя́брь, декáбрь
Im Juli fahre ich nach Russland.	В ию́ле я поéду в Росси́ю.
Anfang September kommt mein Freund.	В начáле сентября́ приéдет мой друг.
Ende Mai haben wir Prüfungen.	В концé мáя у нас экзáмены.
Woche	**недéля**
in dieser ~, in der letzten ~	на э́той (прóшлой) недéле
in der nächsten ~	на слéдующей (бýдущей) недéле
vor einer ~, Arbeits~	недéлю (томý) назáд, рабóчая ~
Tag	**день**
jeden ~, an diesem ~, Wochen~	кáждый ~, в э́тот ~, ~ недéли
Arbeits~, Wochenend~ (arbeitsfreier ~)	рабóчий ~, выходнóй (~)
Montag, Dienstag, Mittwoch, Donnerstag	понедéльник, втóрник, средá, четвéрг
Freitag, Samstag, Sonntag	пя́тница, суббóта, воскресéнье
An welchem Tag ...?	В какóй день ...? Akk.
am Montag, am Dienstag	в понедéльник, во втóрник

am Mittwoch, am Freitag	в сре́ду, в пя́тницу
An welchen Tagen ...?	По каки́м дням? Dat.
montags, samstags	по понеде́льникам, по суббо́там
Samstags gehe ich ins Fitness-Studio.	По суббо́там я хожу́ на фи́тнес.
Wochenende	выходны́е (дни)
Was machst du am Wochenende?	Что ты бу́дешь де́лать в выходны́е?
Hast du am Wochenende etwas vor?	У тебя́ есть пла́ны на выходны́е?
Am Wochenende waren wir in Hamburg.	На выходны́х мы бы́ли в Га́мбурге.
heute	**сего́дня**
heutig, von heute	сего́дняшний
Ist das die heutige Zeitung?	Э́то сего́дняшняя газе́та? ↗ Medien: s. S. 131
gestern, vorgestern	**вчера́,** позавчера́
gestrig, von gestern	вчера́шний
morgen, übermorgen	**за́втра,** послеза́втра
morgig, von morgen	за́втрашний
Morgen werde ich nicht zu Hause sein.	За́втра меня́ не бу́дет до́ма.
Datum (Tag)	**число́**
Der wievielte ist heute (war gestern)?	Како́е сего́дня (вчера́ бы́ло) число́?
Heute ist der 15. September 2013.	Сего́дня пятна́дцатое сентября́ две ты́сячи трина́дцатого го́да.
Am wievielten kommst du?	Како́го числа́ ты прие́дешь?
Am 15. September.	Пятна́дцатого сентября́.
Seit wann ...? Ab (seit) welchem Tag ...?	С како́го числа́ ... ?
Bis wann? Bis zu welchem Tag ... ?	До како́го числа́ ... ?
Bis einschließlich wann?	По како́е число́ ...?
Datum *(allg.)*	да́та
ein wichtiges ~, historisches ~	ва́жная ~, истори́ческая ~ ↗ Feiertage: s. S. 74
Ich beginne meine Arbeit am 1. August.	Я начина́ю рабо́тать с пе́рвого а́вгуста.
Anmeldungen zum Wettbewerb können bis zum 10. März eingereicht werden.	Зая́вки на уча́стие в ко́нкурсе мо́жно пода́ть до деся́того ма́рта.
Wir werden vom 5. Mai bis (einschließlich) 2. Juni in Berlin sein.	Мы бу́дем в Берли́не с пя́того ма́я по второ́е ию́ня (включи́тельно).
Tag	**день**
jeden ~, am Tage (tagsüber)	ка́ждый ~, днём
Tag und Nacht (24 Stunden)	су́тки
Morgen, Morgen- (morgendlich)	**у́тро**, у́тренний
jeden ~, am ~, morgens	ка́ждое ~, у́тром, по утра́м
früh, früher	**ра́но**, *Komp.* ра́ньше
~ am Morgen, der frühe Morgen	~ у́тром, ра́ннее у́тро
Vormittag	**пе́рвая полови́на дня**
am ~, vormittags	в пе́рвой полови́не дня, до обе́да
Nachmittag	**втора́я полови́на дня**
am ~, nachmittags	во второ́й полови́не дня, по́сле обе́да
Abend, Abend- (abendlich)	**ве́чер**, вече́рний
jeden ~, am ~, abends	ка́ждый ~, ве́чером, по вечера́м

Nacht, Nacht- (nächtlich)	**ночь** *w.*, ночно́й
jede ~, in der ~, nachts	ка́ждую ночь, но́чью, по ноча́м (ноча́ми)
spät, später	**по́здно**, *Komp.* по́зже
~ am Abend, ~ in der Nacht	~ ве́чером, ~ но́чью
Stunde	**час**
eine ganze ~, über eine ~	це́лый ~, бо́льше ча́са
in (nach) einer ~, stundenlang	че́рез ~, часа́ми
Ich kann stundenlang telefonieren.	Я могу́ часа́ми говори́ть по телефо́ну.
Minute	**мину́та**
in der ersten ~, in (im Laufe) einer ~	в пе́рвую мину́ту, за одну́ мину́ту
Sekunde	**секу́нда**
Einen Moment!	Одну́ мину́ту! Мину́точку! Секу́нду!

eine halbe Stunde, eine halbe Minute	полчаса́, полмину́ты
eine Stunde, eine Minute	оди́н час, одна́ мину́та
zwei (drei, vier) Stunden, zwei Minuten	два (три, четыре) часа́, две мину́ты
zweieinhalb Stunden, zweieinhalb Minuten	два с полови́ной часа́, две с полови́ной мину́ты
fünf (... bis 20) Stunden, fünf Minuten	пять часо́в, пять мину́т

Wie spät ist es?	**Ско́лько вре́мени? Кото́рый час?**
13:20 Uhr (dreizehn Uhr zwanzig Minuten)	трина́дцать часо́в два́дцать мину́т
ugs. zwanzig nach eins	час два́дцать
3:00 Uhr nachts	три часа́ но́чи
6:00 Uhr morgens	шесть утра́
halb fünf (16:30 Uhr oder 4:30 Uhr)	полови́на пя́того (полпя́того)
zehn vor sieben (18:50 Uhr oder 6:50 Uhr)	без десяти́ семь
zehn nach sechs (18:10 Uhr oder 6:10 Uhr)	де́сять мину́т седьмо́го
Viertel nach vier (16:15 Uhr oder 4:15 Uhr)	че́тверть пя́того
Viertel vor fünf (16:45 Uhr oder 4:45 Uhr)	без че́тверти пять
Um wie viel Uhr?	**Во ско́лько?** в Akk.
um 13 Uhr	в трина́дцать часо́в
um eins (am Tage, in der Nacht)	в час (дня, но́чи)
um 9 Uhr morgens (abends)	в де́вять часо́в утра́ (ве́чера)
um halb zwei	в полови́не второ́го (в полвторо́го)
Von wann bis wann?	**С како́го вре́мени до како́го вре́мени?** Gen. Со скольки́ до скольки́? *ugs.*
von 10 Uhr, von 13 (1) Uhr	с десяти́ часо́в, с ча́са (Gen.)
bis 17 (5) Uhr, bis 13 (1) Uhr	до пяти́ часо́в (Gen.), *aber* до ча́су (Gen. alt)
seitdem, bis jetzt	с тех пор, до сих пор
seit dem letzten Jahr, seit letzter Woche	с про́шлого го́да, с про́шлой неде́ли
bis nächsten Monat	до сле́дующего ме́сяца
Punkt ..., genau	**то́чно, ро́вно**

Ich stehe Punkt acht Uhr auf.	Я встаю́ ро́вно в во́семь. ↗ Tagesablauf: s. S. 67
ungefähr, um	**приблизи́тельно**
Wir sind ungefähr um fünf da.	Мы бу́дем приблизи́тельно в пять.
gegen	о́коло
~1 (2, 5 ...) Uhr, in ca. 1 (2, 5...) Stunde(n)	~ ча́са (дву́х, пяти́ ... часо́в)
die Uhr	**часы́** *Pl.*
eine genaue ~, Armband~, Wand~	то́чные ~, нару́чные ~ , насте́нные ~
die ~ eine Stunde vor (zurück) stellen	перевести́/переводи́ть ~ на час вперёд (наза́д)
Zeiger (*auch:* Pfeil), Uhr~, Minuten~	стре́лка, часова́я ~, мину́тная ~
im (gegen den) Uhrzeigersinn	по часово́й стре́лке (про́тив часово́й стре́лки)
Meine Uhr geht richtig.	Мои́ часы́ иду́т пра́вильно.
~ 10 Minuten nach (vor).	~ отстаю́т (спеша́т) на 10 мину́т.
beginnen, anfangen	**нача́ться/начина́ться**
Der Unterricht beginnt um 8 Uhr.	Заня́тия начина́ются в 8 часо́в. ↗ Schule: s. S. 32
Bald fängt meine Lieblingssendung an.	Ско́ро начнётся моя́ люби́мая переда́ча.
beginnen, anfangen *etw. zu tun*	нача́ть/начина́ть *что?* Akk.
mit der Arbeit ~, mit dem Studium ~	~ рабо́ту, ~ учёбу в университе́те
mit dem Wichtigsten ~	~ с гла́вного
Ich habe angefangen, Französisch zu lernen.	Я на́чал(а́) учи́ть францу́зский. ↗ Sprachen: s. S. 35
Anfang	нача́ло *чего?* Gen.
Unterrichts~, Ferien~, von ~ (an)	~ заня́тий, ~ кани́кул, с (са́мого) нача́ла
sich fortsetzen, weitergehen	**продо́лжиться/продолжа́ться**
Das Leben geht weiter.	Жизнь продолжа́ется.
Der Wettbewerb beginnt um 11 Uhr und geht bis 16 Uhr.	Соревнова́ние начнётся в 11 часов и продо́лжится до 16 часо́в. ↗ Sport: s. S. 54
etw. fortsetzen, weitermachen	продо́лжить/продолжа́ть *что?* Akk.
Wir setzen unsere Reise fort.	Мы продолжа́ем на́ше путеше́ствие. ↗ Reisen: s. S. 107
Fortsetzung	продолже́ние
Fortsetzung folgt.	Продолже́ние сле́дует.
enden, zu Ende gehen	**зако́нчиться/зака́нчиваться**
Die Ferien sind in einer Woche zu Ende.	Кани́кулы зака́нчиваются че́рез неде́лю.
etw. beenden, zu Ende machen	зако́нчить/зака́нчивать
Wir haben unser Projekt erfolgreich abgeschossen.	Мы успе́шно зако́нчили наш прое́кт.
Beendigung, (Ab)Schluss (*auch:* Endung)	оконча́ние
Schulabschluss, Abschluss der Bauarbeiten	~ шко́лы, ~ строи́тельных рабо́т
Ende	коне́ц
bis zum ~, am (gegen) ~ von ...	до конца́, в конце́ (к концу́) *чего?* Gen.
letztendlich	в конце́ концо́в
sich dem ~ zuneigen	подойти́/подходи́ть к концу́
Der Sommer neigt sich dem Ende zu.	Ле́то подхо́дит к концу́.

endlich	наконе́ц
Na, endlich!	Наконе́ц-то!
aufhören	переста́ть/перестава́ть
Der Regen hat aufgehört.	Дождь переста́л.
Die Kinder haben aufgehört zu spielen.	Де́ти переста́ли игра́ть.
Hör (Hören Sie) auf!	Переста́нь(те)!
eilen, sich beeilen	**поторопи́ться/торопи́ться, спеши́ть** *куда?* Akk.
zum Unterricht ~, zum Zug ~, in die Schule ~	~ на уро́к, ~ на по́езд, ~ в шко́лу
ohne Eile	не спеша́ (без спе́шки)
Beeil dich!	Потороп́ись! Дава́й быстре́е! (*ugs.*)
zu spät kommen, sich verspäten	**опозда́ть/опа́здывать** *куда?* Akk.
zum Film ~, zum Unterricht ~, zur Arbeit ~	~ на фильм, ~ в шко́лу, ~ на рабо́ту
zwei Stunden ~, 10 Minuten ~	~ на два часа́, ~ на де́сять мину́т
Gestern kam ich zu spät zum Unterricht.	Вчера́ я опозда́л(а) в шко́лу.
Komm (Kommen Sie) nicht zu spät!	Не опа́здывай(те)!
Verspätung	опозда́ние
Das Flugzeug startete mit 40 Minuten Verspätung.	Самолёт вы́летел с опозда́нием в 40 мину́т.
rechtzeitig kommen, da sein	**успе́ть/успева́ть** *куда?* Akk.
zum Filmanfang ~, zum Flugstart ~	~ к нача́лу фи́льма, ~ на самолёт
Was denkst du, schaffen wir es noch?	Как ты ду́маешь, мы успе́ем?
Wir liegen gut in der Zeit.	Мы успева́ем.
rechtzeitig, pünktlich	во́время
~ kommen	прийти́/приходи́ть ~
vorher, im Voraus	**зара́нее**
jetzt, gerade, gleich, sofort	**сейча́с**
Was machst du gerade?	Что ты сейча́с де́лаешь?
Ich bin gleich zurück (wieder da)! Sofort!	Я сейча́с! Сейча́с!
jetzt, nun	тепе́рь
Mein Bruder hat seinen Führerschein gemacht und kann nun selbst Auto fahren.	Мой брат получи́л права́ и тепе́рь мо́жет сам води́ть маши́ну.
sofort, umgehend	сра́зу
Wenn ich zu Hause bin, rufe ich dich gleich an.	Когда́ я бу́ду до́ма, я тебе́ сра́зу позвоню́.
zuerst, erst	**снача́ла**
dann, danach	**пото́м, зате́м**
Lass uns zuerst ins Café gehen und dann ins Kino!	Дава́й снача́ла пойдём в кафе́, а пото́м в кино́!
schon	**уже́**
noch	**ещё**
Meine Schwester ist schon zu Hause und ich bin noch in der Schule.	Сестра́ уже́ до́ма, а я ещё в шко́ле.
erst (*auch:* lediglich, nur)	**то́лько**
Papa kam erst am Abend nach Hause.	Папа пришёл домо́й то́лько ве́чером.
solange, bisher, bis	**пока́**

Solange du krank bist, darfst du kein Eis essen.	Пока́ ты бо́лен (больна́), тебе́ нельзя́ есть моро́женое.
Ich warte, bis du mich anrufst.	Я бу́ду ждать, пока́ ты не позвони́шь мне.
damals, zu jener Zeit	**тогда́**
Damals wussten wir noch nichts.	Тогда́ мы ещё ничего́ не зна́ли.
vor langer Zeit, seit Langem	давно́
Es ist lange her.	Э́то бы́ло о́чень давно́.
vor Kurzem	**неда́вно**
Vor kurzem haben wir uns wieder getroffen.	Неда́вно мы сно́ва встре́тились.
einmal	**одна́жды**
Einmal habe ich erfahren, dass ...	Одна́жды я узна́л(а), что ...
plötzlich, unerwartet	**вдруг**, неожи́данно
eine unerwartete Begegnung	неожи́данная встре́ча
oft, häufig	**ча́сто**
selten	**ре́дко**
von Zeit zu Zeit	и́зредка
regelmäßig	**регуля́рно**
zufällig	**случа́йно**
täglich	**ежедне́вно**, ежедне́вный
(all)wöchentlich, (all)monatlich, (all)jährlich	еженеде́льно, ежеме́сячно, ежего́дно
alle zwei Wochen (drei Stunden)	ка́ждые две неде́ли (три часа́)
Wir treffen uns regelmäßig – alle zwei, drei Wochen.	Мы регуля́рно встреча́емся – ка́ждые две-три неде́ли.
(ein) Mal, -mal	**раз**
einige Male, das erste (letzte) ~	не́сколько ~, пе́рвый (после́дний) ~
zum ersten (letzten) ~, zum ersten ~	в пе́рвый (после́дний) ~, впервы́е
nächstes ~, noch einmal	в сле́дующий ~, ещё ~
Wie viele Male ...? Wie oft ...?	**Ско́лько раз ...? Как ча́сто ... ?**

einmal	оди́н раз
zweimal (drei-, viermal)	два (три, четы́ре) ра́за
fünfmal (bis 20)	пять раз

Ich war schon einige Male in Russland.	Я уже́ не́сколько раз был(а́) в Росси́и.
Ich bin noch kein einziges Mal geflogen.	Я ещё ни ра́зу не лета́л(а) на самолёте.
wieder	**сно́ва**
erneut, schon wieder	опя́ть
Du rauchst ja schon wieder!	Ты опя́ть ку́ришь!
schnell	**бы́стро**, бы́стрый
doppelt so schnell	в два ра́за быстре́е
bald, schnell	**ско́ро;** ско́рый
Schnellzug	ско́рый по́езд
langsam	**ме́дленно**, ме́дленный
lange, lang (langwierig, lang andauernd)	**до́лго**, до́лгий (дли́тельный)

Der Zug fährt schnell, wir sind bald da.	По́езд е́дет бы́стро, мы ско́ро бу́дем на ме́сте.
ewig, Ewigkeit	**ве́чно**, ве́чный, ве́чность *w.*
Wir haben uns eine Ewigkeit nicht gesehen.	Мы не ви́делись це́лую ве́чность.
vergehen	**пройти́/проходи́ть**
Es ist ein Jahr her, seit ...	Прошёл год с тех пор, как ...
Es sind drei Jahre vergangen.	Прошло́ три го́да.
verfliegen *(über Zeit u. ä.)*	пролете́ть/лете́ть
Wie schnell die Zeit vergeht!	Как бы́стро лети́т вре́мя!
Die Zeit ist im Nu vergangen.	Вре́мя пролете́ло незаме́тно.

Ortsangaben / Указа́ние ме́ста

Raum *(allg.)*, **Weite**	**простра́нство**
Raum, Räumlichkeit	помеще́ние
den Platz wechseln, sich bewegen	перемести́ться/перемеща́ться *где?* Dat.
sich durch Raum und Zeit bewegen	~ во вре́мени и простра́нстве
sich befinden	**находи́ться**
Wo befindest du dich jetzt?	Где ты сейча́с нахо́дишься?
wo, irgendwo	**где**, где́-нибудь
überall, nirgendwo	везде́ (всю́ду), нигде́
hier	**тут, здесь**
dort	**там**
da, dort (*auch:* hier) ist ...	вот ...
Wer ist da?	Кто там?
Da bin ich!	А вот и я!
wohin, irgendwohin	**куда́,** куда́-нибудь
nirgendwohin	никуда́
In den Ferien sind wir nirgendwo hingefahren.	На кани́кулах мы никуда́ не е́здили.
dorthin, hierher	туда́, сюда́
hin und her	туда́-сюда́
woher	**отку́да**
dorther (von dort), hierher (von hier)	отту́да, отсю́да
von überall her	отовсю́ду
Zuerst fahren wir nach München und von dort aus nach Salzburg.	Снача́ла мы е́дем в Мю́нхен, а отту́да в За́льцбург.
Seite (*auch:* Richtung)	**сторона́**
von beiden Seiten, abseits stehen	с обе́их сторо́н, стоя́ть в стороне́
zur Seite gehen (treten)	отойти́/отходи́ть в сто́рону
von der Seite betrachten	смотре́ть *на что?* Akk. со стороны́
Wir müssen in die gleiche Richtung.	Нам в одну́ сто́рону.
	↗Verkehr: s. S. 100
Richtung	**направле́ние**
in ~ (auf *jmdn.*, *etw.* zu)	по направле́нию к *кому? чему?* Dat.
in die ~	в направле́нии *чего?* Gen.
rechts von ..., von rechts	**спра́ва** от *чего?* Gen.

nach rechts	напра́во
der (die) rechte	пра́вый (пра́вая)
rechte Hand (rechter Arm)	пра́вая рука́ ↗ Körperteile: s. S. 21, 71
Rechtsverkehr	правосторо́ннее движе́ние
links von ... , von links	**сле́ва** от *чего?* Gen.
nach links	нале́во
der (die) linke	ле́вый (ле́вая)
geradeaus, direkt	**пря́мо**
Zentrum, Mitte	**центр, середи́на**
im Zentrum der Aufmerksamkeit sein	быть в це́нтре внима́ния
in der Mitte von ...	посереди́не *чего?* Gen.
genau in der ~	в (са́мой) середи́не

Твой ключи́ лежа́т на столе́.
в, на *ком? чём?* Präp.

Сади́сь (Сади́тесь) ря́дом со мной!
ря́дом с *кем? чем?* Instr.

Пе́ред до́мом останови́лась маши́на.
пе́ред *кем? чем?* Instr.

Пря́мо за лесо́м течёт река́.
за *кем? чем?* Instr.

Ми́мо нас пробежа́ла соба́ка.
ми́мо *кого? чего?* Gen.

Ко́шка сиди́т под столо́м.
под *кем? чем?* Instr.

auf, in *(wohin?)*	**в, на** *кого? что?* Akk.
Mein Bruder fährt ins Zentrum zum Stadion.	Мой брат е́дет в це́нтр на стадио́н.
auf, in *(wo?)*	в, на *ком? чём?* Präp.
Dein Schlüssel liegt auf dem Tisch.	Твой ключ лежи́т на столе́.
hinauf, nach oben, oben	**наве́рх,** наверху́ (вверху́)
ganz nach oben, ganz oben	на (в) са́мый верх, на (в) са́мом верху́
Ganz oben auf dem Hügel steht ein Haus.	На са́мом верху́ холма́ стои́т дом.
der (die) obere, Ober-	ве́рхний (ве́рхняя)
von oben nach unten	све́рху вниз
von unten nach oben	сни́зу вверх
Er schaut auf alle von oben herab.	Он на всех смо́трит све́рху вниз.
hinein, innen, nach innen	**внутри́**, внутрь *кого? чего?* Gen.

innerer, Innen-	вну́тренний
Wir gingen in das Innere der Höhle.	Мы прошли́ внутрь пеще́ры.
Drinnen war es kalt.	Внутри́ бы́ло хо́лодно.
aus	**из** *кого? чего?* Gen.
aus *etw.* herausholen (herausnehmen)	доста́ть/достава́ть *что?* Akk. ~
Hole, bitte, die Milch aus dem Kühlschrank!	Доста́нь молоко́ из холоди́льника, пожа́луйста!
hinaus, außen, nach außen	**снару́жи,** нару́жу
äußerer, Außen-	вне́шний
draußen, nach draußen	на у́лице *(где?)*, на у́лицу *(куда?)*
bei, an	**у** *кого? чего?* Gen.
Ich sitze gern am Fenster und schaue auf die Straße.	Я люблю́ сиде́ть у окна́ и смотре́ть на у́лицу.
Das Wochenende habe ich bei meiner Freundin verbracht.	Выходны́е я провёл (провела́) у подру́ги.
Meine Oma wohnt in einem Dorf bei Moskau.	Моя́ ба́бушка живёт в дере́вне <u>под</u> Москво́й.
in der Nähe, neben	**о́коло, во́зле** *кого? чего?* Gen.
In der Nähe von unserem Haus gibt es eine Schwimmhalle.	О́коло на́шего до́ма есть бассе́йн.
gegenüber	**напро́тив** *кого? чего?* Gen.
Mein Freund wohnt (mir) direkt gegenüber.	Мой друг живёт пря́мо напро́тив меня́.
entgegen	**навстре́чу** *кому? чему?* Dat.
Uns kam ein schönes Mädchen entgegen.	Нам навстре́чу шла краси́вая де́вушка.
entlang	**вдоль** *чего?* Gen.
Entlang des Flusses wurde eine Bahnstrecke gebaut.	Вдоль реки́ постро́или желе́зную доро́гу.
hinter, hinten; von hinten	**за** *кем? чем?* Instr. *(где?), кого? что?* Akk. *(куда?)*, **позади́** *кого? чего?* Gen.; сза́ди
weit hinter sich lassen	оста́вить далеко́ позади́ себя́
über *(wohin?)*, **durch**	**по** *чему?* Dat., **че́рез** *кого? что?* Akk.
durch die Straßen bummeln	гуля́ть по у́лицам
über die Brücke gehen	идти́ по мосту́
Wir müssen durch den Wald gehen.	Нам на́до идти́ че́рез лес.
Ich bin durch die ganze Stadt zu dir gefahren.	Я е́хал(а) к тебе́ че́рез весь го́род.
über *(wo?)*	**над** *кем? чем?* Instr.
Über uns wohnt ein Musiker.	Над на́ми живёт музыка́нт.
um … herum	**вокру́г** *кого? чего?* Gen.
Die Kinder tanzen um den Weihnachtsbaum.	Де́ти во́дят хорово́д вокру́г ёлки.
ringsum	**круго́м**
unter *(wohin?)*	**под** *кого? что?* Akk.
Die Eltern legten die Geschenke unter den Weihnachtsbaum.	Роди́тели положи́ли пода́рки под ёлку.
unter *(wo?)*	**под** *кем? чем?* Instr.
Die Katze sitzt unter dem Tisch.	Ко́шка сиди́т под столо́м.
hinunter, nach unten, unten	**вниз**, внизу́

ganz nach unten, ganz unten	в са́мый низ, в са́мом низу́
die (die) untere, Unter-	ни́жний (ни́жняя)
Die Adresse ist unten auf der Seite angegeben.	А́дрес ука́зан внизу́ страни́цы.
unter, inmitten von	**среди́** *кого? чего?* Gen.
Mitten im Zimmer steht ein Flügel.	Посереди́не ко́мнаты стои́т роя́ль.
Diese Webseite ist unter Studenten sehr beliebt.	Э́тот сайт о́чень популя́рен среди́ студе́нтов.
von	**с** *кого? чего?* Gen.
Ich komme gerade erst von der Arbeit (von der Schule, vom Bahnhof).	Я то́лько иду́ с рабо́ты (со шко́лы, с вокза́ла).
von … bis (nach, zu) …	**от** *кого? чего?* Gen. **до** *кого? чего?* Gen.
Von Moskau nach Berlin fliegt man 2,5 Stunden.	От Москвы́ до Берли́на лете́ть два с полови́ной часа́.
Wir sind von Kopf bis Fuß nass geworden.	Мы промо́кли с головы́ до ног.
vor *jmdm./etw.*, voran	**впереди́** *кого? чего?* Gen.
allen voran	~ всех
vorwärts, nach vorn	вперёд
~ gehen, ein Schritt ~, vorlassen	идти́ ~, шаг ~, пропусти́ть/пропуска́ть ~
zu	**к** *кому? чему?* Dat.
an *jmdn., etw.* herantreten, auf *jmdn.* zugehen	подойти́/подходи́ть ~
Lass(t) uns zu mir gehen!	Пошли́ ко мне!
Der junge Mann ging auf die junge Frau zu und forderte sie zum Tanz auf.	Молодо́й челове́к подошёл к де́вушке и пригласи́л её на та́нец.
Komm (Kommen Sie) nicht näher!	Не подходи́(те) ко мне!
zurück, rückwärts	**наза́д**
~ gehen, zurück (an seinen Platz) legen	идти́ ~, положи́ть/класть ~
(den Film, das Videoband) ~ spulen	прокрути́ть (фильм, видеоплёнку) ~
zurückkehren	верну́ться/возвраща́ться (~)
Ich habe meine Brille zu Hause liegen lassen und musste zurückgehen.	Я забы́л(а) до́ма очки́, и мне пришло́сь верну́ться наза́д.
Rück-, zurück, entgegengesetzt	**обра́тно**, обра́тный
Rückfahrkarte, in die entgegengesetzte Richtung	обра́тный биле́т, в обра́тную сто́рону
hin und zurück	туда́ и обра́тно
zwischen, unter	**ме́жду** *кем? чем?* Instr.
Zwischen meinem Haus und der Schule sind es nur 2 Stationen.	Ме́жду мои́м до́мом и шко́лой всего́ две остано́вки.
Das bleibt unter uns, okay?	То́лько ме́жду на́ми, ла́дно? (*ugs.*)
Ecke, in der ~, an der ~	**у́гол**, в углу́, на углу́
Rand, am ~ des Tisches	**край**, на краю́ стола́
Ende, am anderen ~ der Stadt	**коне́ц**, на друго́м конце́ го́рода
am ~ des Flurs	в конце́ коридо́ра
unendlich, Unendlichkeit	бесконе́чный, бесконе́чность *w.*
Entfernung, Strecke	**расстоя́ние** ме́жду *кем? чем?* Instr.
eine ~ von 3 Kilometern	~ в три киломе́тра
3 (5) Kilometer entfernt	на расстоя́нии трёх (пяти́) ме́тров
eine ~ überwinden, zurücklegen	преодоле́ть/преодолева́ть ~

An einem Tag haben wir eine Strecke von 10 Kilometer zurückgelegt.	За день мы преодоле́ли расстоя́ние в де́сять киломе́тров.
Unser Lager befindet sich 2 Kilometer von hier entfernt.	Наш ла́герь нахо́дится на расстоя́нии двух киломе́тров отсю́да.
Distanz, ~ wahren	диста́нция, соблюда́ть диста́нцию
gelegen (sein)	**располо́жен** (располо́жена, располо́жены) ↗ Geographie: s. S. 91
weit, fern, weit entfernt	**далеко́** от *кого? чего?* Gen., *Komp.* да́льше
unweit, nah	недалеко́
Unser Hotel ist (nicht) weit vom Bahnhof.	На́ша гости́ница (не)далеко́ от вокза́ла.
weit, fern	далёкий, да́льний
ein weiter Weg, ferne Länder	далёкий путь, да́льние стра́ны
nahe	**бли́зко**, бли́зкий; *Komp.* бли́же
in der Nähe	побли́зости
Das ist ganz nahe.	Э́то совсе́м бли́зко.
nicht weit entfernt voneinander	на бли́зком расстоя́нии друг от дру́га
nächst(gelegen), benachbart	ближа́йший
ein benachbarter Bezirk	~ райо́н
Ort, Platz, Stelle	**ме́сто**
Platz einnehmen	заня́ть/занима́ть ~
Das Klavier nimmt viel Platz ein.	Пиани́но занима́ет мно́го ме́ста.
stellen	**поста́вить/ста́вить**
in die Ecke ~, an die Wand ~, nach oben ~	~ в у́гол, ~ к стене́, ~ наве́рх
stehen	**стоя́ть**
in der Ecke ~, an der Wand ~, oben ~	~ в углу́, ~ у стены́, ~ наверху́
etw. **legen**	**положи́ть/класть**
sich (hin)legen	лечь/ложи́ться
an seinen Platz ~, auf den (Fuß)Boden ~	~ на ме́сто, ~ на зе́млю (на́ пол)
Der Hund hat den Ball auf den (Fuß)boden gelegt und legte sich auf seinen Platz.	Соба́ка положи́ла мяч на́ пол и легла́ на своё ме́сто.
liegen	**лежа́ть**
an seinem Platz ~, auf dem (Fuß)Boden ~	~ на ме́сте, ~ на земле́ (на полу́)
hängen *(wohin?)*	**пове́сить/ве́шать**
an die Decke ~, über den Tisch ~	~ на потоло́к, ~ над столо́м
hängen *(wo?)*	**висе́ть**
an der Decke ~, über dem Tisch ~	~ на потолке́, ~ над столо́м
etw. (hin)**setzen**	**посади́ть/сажа́ть**
sich ~	сесть/сади́ться
~ unter den Baum ~	~ под де́рево
sitzen	**сиде́ть**
unter dem Baum ~	~ под де́ревом

Größenangaben / Указа́ние разме́ра

Größe, Ausmaß, Maß	**разме́р**
Schuh~, Datei~	~ о́буви, ~ фа́йла
Ausmaß der Katastrophe	~ катастро́фы
maximale ~, minimale ~	максима́льный ~, минима́льный ~
Welche Größe hat ...?	Како́го разме́ра *что?* Nom.
Welche Kleidergröße hast du?	Како́й у тебя́ разме́р оде́жды? ↗ Bekleidung: s. S. 23
Größe (*auch:* Dimension, Wert)	**величина́**
~ des Sees, Stadt~, ~ des Gebäudes	~ о́зера, ~ го́рода, ~ зда́ния ↗ Geografie: s. S. 91
Mittelwert, Maximalwert	сре́дняя ~ , максима́льная ~
der zweitgrößte, der dritte größte	второ́й (тре́тий) по величине́
Sankt Petersburg ist die zweitgrößte Stadt Russlands.	Санкт-Петербу́рг – второ́й по величине́ го́род Росси́и.
der (die) Größte sein	заня́ть/занима́ть пе́рвое ме́сто по величине́
Umfang	**объём**
umfangreich, voluminös	объёмный
groß	**большо́й**
(sehr viel) größer als	(гора́здо) бо́льше *кого? чего?* Gen.
Dein Zimmer ist größer als meins.	Твоя́ ко́мната бо́льше мое́й.
riesig, gewaltig	огро́мный
ein riesiges Land, ein gewaltiger Eindruck	огро́мная страна́, огро́мное впечатле́ние
groß, bedeutend, stark	кру́пный
ein großes Unternehmen, ein bedeutender Wissenschaftler	кру́пное предприя́тие, кру́пный учёный ↗ Wirtschaft: s. S. 90
(sich) vergrößern	увели́чить(ся)/увели́чивать(ся)
Vergrößerung, Zunahme, Steigerung	увеличе́ние
klein	**ма́ленький**
kleiner als	ме́ньше *кого? чего?* Gen.
Sie haben ein kleines Kind.	У них ма́ленький ребёнок. ↗ Familie: s. S. 8
klein, gering, unbedeutend	небольшо́й
Ich habe eine kleine Bitte.	У меня́ небольша́я про́сьба.
(sich) verkleinern, schrumpfen	уме́ньшить(ся)/уменьша́ть(ся)
Verkleinerung, Reduzierung	уменьше́ние
Länge	**длина́**
Die Länge des Flusses beträgt ...	Длина́ реки́ составля́ет ...
lang	**дли́нный**, *Komp.* длинне́е
kurz	**коро́ткий**, *Komp.* коро́че
Im Winter werden die Tage kürzer, und die Nächte länger.	Зимо́й дни стано́вятся коро́че, а но́чи – длинне́е.
Kurz gesagt, ...	Коро́че говоря́, ...
kurz (gefasst)	кра́ткий
Kurzbericht, zusammengefasster Inhalt	~ докла́д, кра́ткое содержа́ние
kürzen, abkürzen	сократи́ть/сокраща́ть

Ausgaben ~, den Text ~	~ расхо́ды, ~ текст
Kürzung, Abkürzung	сокраще́ние
Breite, Weite	**ширина́**
Straßenbreite, Rockweite	~ у́лицы, ~ ю́бки
breit (weit)	**широ́кий**, *Komp.* ши́ре
(sich) ausweiten, ausdehnen	расши́рить(ся)/расширя́ть(ся)
Ausdehnung	расшире́ние
schmal, eng	**у́зкий**; *Komp.* у́же

> Das Wort у́же (enger) wird auf der 1. Silbe betont. Wird stattdessen die 2. Silbe betont, ändert sich gleich die Bedeutung: уже́ heißt „schon, bereits".

Wir haben einen sehr schmalen Korridor in der Wohnung.	У нас в кварти́ре о́чень у́зкий коридо́р. ↗Wohnung: s. S. 12
eng, gedrängt (*auch:* innig)	те́сный
enge Kleidung, enge Beziehungen	те́сная оде́жда, те́сные свя́зи
Höhe	**высота́**
~ des Gebäudes, Flug~	~ зда́ния, ~ полёта
in großer ~	на большо́й высоте́
hoch	**высо́кий**, *Komp.* вы́ше
ein großer Mann, hohe Berge	~ мужчи́на, высо́кие го́ры
siehe oben (s. o.)	смотри́ вы́ше (см. в.)
(sich) erhöhen, steigen	повы́сить(ся)/повыша́ть(ся)
Erhöhung, Steigerung	повыше́ние
niedrig (*auch:* gemein, fies)	**ни́зкий**, *Komp.* ни́же
ein niedriger Tisch, eine tiefe Stimme	~ стол, ~ го́лос
niedrige Preise, eine gemeine Tat	ни́зкие це́ны, ~ посту́пок
siehe unten (s. u.)	смотри́ ни́же (см. н.)
sinken	пони́зить(ся)/понижа́ть(ся)
Senkung, Rückgang	пониже́ние
Tiefe	**глубина́**
50 Meter tief, in 50 Meter Tiefe	на глубине́ 50 ме́тров
tief	**глубо́кий**, *Komp.* глу́бже
ein tiefer Fluss, tiefe Gefühle	глубо́кая река́, глубо́кие чу́вства
flach (*auch:* klein)	**ме́лкий**
flacher Bach, feiner Sand, Kleinunternehmer	~ ручéй, ~ песо́к, ~ предпринима́тель
flach, eben, platt	пло́ский
ein flacher Bauch, ein platter Witz	~ живо́т, пло́ская шу́тка
Früher dachten die Menschen, dass die Erde eine Scheibe sei.	Ра́ньше лю́ди ду́мали, что Земля́ пло́ская.
Meter	**метр**
Quadrat~ (m^2), Kubik~ (m^3)	квадра́тный ~ (кв. м.), куби́ческий ~ (кубоме́тр)
Zentimeter (cm), Kilometer (km)	сантиме́тр (см.), киломе́тр (км.)

ein halber Meter	полови́на ме́тра, полме́тра
ein Meter (Zentimeter, Kilometer)	оди́н метр (сантиме́тр, киломе́тр)
anderthalb Meter	полтора́ ме́тра
zwei (drei, vier) Meter (Zentimeter, Kilometer)	два (3, 4) ме́тра (сантиме́тра, киломе́тра)
zweieinhalb Meter	два с полови́ной ме́тра
fünf (bis 20) Meter (Zentimeter, Kilometer)	пять ме́тров (сантиме́тров, киломе́тров)

Mein Zimmer ist nicht besonders groß: Es ist fünf Meter lang und drei Meter breit.	Моя́ ко́мната не о́чень больша́я: пять ме́тров в длину́ и три в ширину́.
	↗ eigenes Zimmer: s. S. 14
messen, ausmessen	**изме́рить/измеря́ть** *что?* Akk.
die Maße ~, die Länge ~, die Höhe ~	~ разме́ры, ~ длину́, ~ высоту́

Gewichtsangaben / Указа́ние ве́са

Gewicht (*auch:* Bedeutung, Autorität)	**вес**
das ~ des Kindes, Gesamt~	~ ребёнка, о́бщий ~
Über~, Ideal~	~ ли́шний (изб́ыточный) ~, идеа́льный ~
an ~ zunehmen	набра́ть/набира́ть ~
Wie viel wiegst du?	Како́й у тебя́ вес?
Ich möchte mein Übergewicht loswerden.	Я хочу́ сбро́сить ли́шний вес. ↗ Sport: s. S. 54
Seine Worte haben keine große Bedeutung.	Его слова́ не име́ют большо́го ве́са.
Er genießt ein hohes Ansehen in der Gesellschaft.	Он по́льзуется (облада́ет) больши́м ве́сом в о́бществе.
Masse, Gewicht, Menge	ма́сса
Körpergewicht, kritische ~	~ те́ла, крити́ческая ~
eine Menge Probleme (Nachteile)	~ пробле́м, ~ недоста́тков
Ich habe gerade eine Menge Arbeit.	У меня́ сейча́с ма́сса рабо́ты.
schwer (*auch:* schwierig)	**тяжёлый, тяжело́**
ein schwerer Koffer, eine schwere Tasche	тяжёлый чемода́н, тяжёлая су́мка
eine schwere Arbeit, schweres Schicksal	тяжёлая рабо́та, тяжёлая судьба́
Es ist schwer für mich, die Tasche zu tragen.	Мне тяжело́ нести́ су́мку.
Beruf und Familie zu vereinbaren ist sehr schwer.	Совмеща́ть семью́ и рабо́ту о́чень тяжело́.
Schwere, Last (*auch:* Härte, Mühseligkeit)	тя́жесть *w.*
Schneelast, Arbeitslast, Schwerkraft	~ сне́га, ~ рабо́ты, си́ла тя́жести
leicht (*auch*: unkompliziert, einfach)	**лёгкий, легко́** *(statt г wird weiches х ausgesprochen)*
eine leichte Aufgabe, ein leichter Charakter	лёгкое зада́ние, лёгкий хара́ктер
Leichtigkeit	лёгкость *w.*
ohne (die geringste) Mühe	с лёгкостью
heben	**подня́ть/поднима́ть** *что?* Akk.
Gewichte ~, Schweres ~	~ тя́жести

Du darfst jetzt nichts Schweres heben. — Тебе́ сейча́с нельзя́ поднима́ть тя́жести.
Kilogramm (kg, Kilo) — **килогра́мм** (кг., *ugs.* кило́)
Gramm — грамм

ein halbes Kilo(gramm)	полкилогра́мма (*ugs.* полкило́)
ein Kilo(gramm)	оди́н килогра́мм
anderthalb Kilo(gramm)	полтора́ килогра́мма
zwei (drei, vier) Kilo(gramm)	два (3, 4) килогра́мма
zweieinhalb Kilo(gramm)	два с полови́ной килогра́мма
fünf (bis 20) Kilo(gramm)	пять килогра́ммов

Ins Flugzeug nehme ich zehn Kilo Gepäck mit. — В самолёт я беру́ бага́ж ве́сом в де́сять килогра́ммов. ↗Fliegen: s. S. 105

Waage — **весы́** (*Pl.*)
eine genaue ~, Personen~ — то́чные ~, напо́льные ~
auf die ~ stellen — поста́вить/ста́вить *что?* Akk. на ~
sich wiegen — вста́ть/встава́ть на ~
wiegen — **ве́сить**
Wie viel wiegst du? — Ско́лько ты ве́сишь?
Ich weiß nicht, wie viel ich wiege. — Я не зна́ю, ско́лько я ве́шу.
jmdn., etw. wiegen — взве́сить/взве́шивать *кого? что?* Akk.
das Für und Wider abwägen — ~ все «за» и «про́тив»

Formen — Фо́рмы

Form — **фо́рма**
Standard~, eine ungewöhnliche ~ — станда́ртная ~, необы́чная ~
eine komische ~, natürliche ~, abstrakte ~ — стра́нная ~, есте́ственная ~, абстра́ктная ~
Welche Form hat ...? — Како́й фо́рмы *что?* Nom. ...?
Кака́я фо́рма *у чего?* Gen. ... ?

Figur — **фигу́ра**
geometrische ~, dreidimensionale ~ — геометри́ческая ~, трёхмерная ~
Quadrat — **квадра́т**
quadratisch, in Form eines Quadrats — квадра́тный, в фо́рме квадра́та
Dreieck — **треуго́льник**
dreieckig, Dreiecksbeziehung — треуго́льный, любо́вный ~ ↗Liebe: s. S. 25
Rechteck, rechteckig — **прямоуго́льник,** прямоуго́льный
Kreis, rund — **круг,** кру́глый
oval — ова́льный
Kugel — шар
Würfel — куб
Pyramide, Zylinder, Kegel — пирами́да, цили́ндр, ко́нус

Farben und Muster / Цвета́ и рису́нок

Farbe	**цвет** (*Pl.* цвета́)
Lieblings~, eine schöne ~	люби́мый ~, краси́вый ~
eine ungewöhnliche ~, eine grelle	необы́чный ~, крича́щий ~
Welche Farbe hat ...? In welcher Farbe ...?	Како́го цве́та *что?* Nom. ...?

Für Farbe zum Malen wird im Russischen nicht цвет, sondern das Wort кра́ска verwendet: ма́сляные кра́ски, рисова́ть кра́сками. ↗ Malen: s. S. 51

schwarz, pechschwarz	**чёрный,** ~ как смоль
die Schwärze, das Schwarz	чернота́
Die ganze Kleidung meines Freundes ist schwarz.	У моего́ дру́га вся оде́жда чёрного цве́та.
weiß	**бе́лый**
das Weiß, schneeweiß	белизна́, белосне́жный
schwarz-weiß	чёрно-бе́лый
grau	**се́рый**
das Grau (*auch:* Fadheit, Ideenarmut)	се́рость *w.*
farbig, bunt, mehrfarbig	**цветно́й**, пёстрый, разноцве́тный
Farbfilm, Farbfoto	цветно́й фильм, цветна́я фотогра́фия
Buntheit	пестрота́
rot	**кра́сный**
Röte (Rötung), rötlich	краснота́, краснова́тый
~ werden	покрасне́ть/красне́ть
weinrot, bordeaux	бордо́вый
rosa	ро́зовый
orange	ора́нжевый
gelb	**жёлтый**
das Gelb, zitronen~, gelblich	желтизна́, лимо́нно-жёлтый, желтова́тый
Eigelb	желто́к ↗ Lebensmittel: s. S. 59
grün	**зелёный**
smaragd~, gras~, gift~	изумру́дный, травяно́й, ядови́то-зелёный
(dunkel)blau	**си́ний**
Bläue (Blau), bläulich	синева́, синева́тый
hellblau	голубо́й
Himmelblau, Bläue, Azur	голубизна́
violet, lila, fliederfarben	фиоле́товый, лило́вый, сире́невый
braun	кори́чневый
braune Augen, ~ Haare	ка́рие глаза́, кашта́новый цвет воло́с ↗ Äußeres: s. S. 21
beige	бе́жевый

Um sich die Regenbogenfarben (цвета́ ра́дуги) zu merken, lernen russische Kinder den Satz **К**а́ждый **о**хо́тник **ж**ела́ет **з**нать, **г**де **с**иди́т **ф**аза́н (Jeder Jäger möchte wissen, wo der Fasan sitzt). Die Anfangsbuchstaben der Wörter geben die richtige Reihenfolge der Farben an: **к**ра́сный, **о**ра́нжевый, **ж**ёлтый, **з**елёный, **г**олубо́й, **с**и́ний, **ф**иоле́товый.

dunkel	**тёмный**
~ werden, Dunkelheit	потемне́ть/темне́ть, темнота́
dunkelrot, dunkelblau	тёмно-кра́сный, тёмно-си́ний
Ich möche eine dunkelblaue Jeans kaufen.	Я хочу́ купи́ть тёмно-си́ние джи́нсы.
Es ist (wird) schon dunkel.	Уже́ (стано́вится) темно́.
hell	**све́тлый**
~ werden	посветле́ть/светле́ть
Draußen ist es schon ganz hell.	На у́лице уже́ совсе́м светло́.
blass, bleich, farblos	**бле́дный**
hellgelb, hellgrün	бле́дно-жёлтый, бле́дно-зелёный
ein blasses Gesicht, Blässe	бле́дное лицо́, бле́дность *w.*
Er (Sie) ist sehr blass.	Он (Она́) о́чень бле́ден (бледна́).
intensiv, leuchtend	**я́ркий**
knallrot, leuchtend grün	я́рко-кра́сный, я́рко-зелёный
Helligkeit	я́ркость *w.*
Schattierung, Stich	отте́нок
mit einem Stich ins Grüne	с зелёным отте́нком
Kontrast	**контра́ст**
im ~ zu *etw.* stehen	находи́ться в контра́сте *с чем?* Instr.
kontrastreich	контра́стный
einfarbig, in einer Farbe, eintönig	**одното́нный**
einfarbiger Rock	одното́нная ю́бка
Muster	**рису́нок**
gemusterte Tapete	обо́и в ~ ↗Wohnung: s. S. 14
Karomuster, kariert	кле́тка, в кле́тку, кле́тчатый
Streifen, gestreift	поло́ска, в поло́ску, полоса́тый
mit Blumenmuster	в цвето́чек, цвета́стый
ein Schultertuch ~, ein Blümchenkleid	цвета́стый плато́к, пла́тье в цвето́чек, ↗Kleidung: s. S. 23
gepunktet, gesprenkelt	в горо́шек, в кра́пинку
ein gepunktetes Kleid	пла́тье в горо́шек

Ursache und Folge — Причи́на и сле́дствие

warum, wozu	**почему́, заче́м**
aus irgendeinem Grund	почему́-то
Warum weinst du?	Почему́ ты пла́чешь?
weil, da, denn	**потому́ что, так как**
Ich war nicht in der Schule, weil ich krank war.	Я не был(а́) в шко́ле, потому́ что боле́л(а). ↗Krankheit: s. S. 68

Da der Lehrer krank war, hatten wir heute kein Mathe.	Так как заболе́л учи́тель, у нас сего́дня не́ было матема́тики.
deshalb, deswegen	**поэ́тому**
Ich hatte schlechte Laune, deswegen bin ich nicht zur Party gegangen.	У меня́ бы́ло плохо́е настрое́ние, поэ́тому я не пошёл (пошла́) на вечери́нку. ↗ Laune: s. S. 116
passieren	**произойти́/происходи́ть**
wegen	**из-за** *кого? чего?* Gen.
weil	из-за того́, что ...
Das ist alles wegen dir!	Э́то всё из-за тебя́!
Der Verkehrsunfall (die Autopanne) ist wegen des schlechten Wetters passiert.	Ава́рия произошла́ из-за плохо́й пого́ды. ↗ Unfall: s. S. 72
Wir haben verloren, weil wir den Gegner unterschätzt hatten.	Мы проигра́ли из-за того́, что недооцени́ли проти́вника.
Grund, Ursache	**причи́на** *чего?* Gen.
~ der Verspätung, ~ der Krankheit, Todesursache	~опозда́ния, ~ болезни́, ~ сме́рти
Schadensursache, Unfall~	~ ава́рии, ~ несча́стного слу́чая
(kein) triftiger Grund, ernsthafter ~	(не)уважи́тельная ~, серьёзная ~
Haupt~, aus technischen Gründen	основна́я ~, по техни́ческим причи́нам
aus dem Grund, dass ...	по причи́не того́, что ...
Warum ist das passiert?	По како́й причи́не э́то произошло́?
Was ist der Grund (die Ursache)?	Какова́ причи́на?
Woran liegt es?	В чём причи́на?
Es liegt daran, dass ...	Причи́на в том, что ...
Ich habe den Unterricht aus einem wichtigen (triftigen) Grund verpasst.	Я пропусти́л(а) уро́к по уважи́тельной причи́не.
verursachen, auslösen	быть (яви́ться/явля́ться, стать/станови́ться) причи́ной *чего?* Gen.
Was die Brandursache war, ist noch nicht klar.	Что ста́ло причи́ной пожа́ра, ещё не я́сно.
auslösen, hervorrufen	**вы́звать/вызыва́ть** *что?* Akk.
eine Epidemie ~, einen Konflikt ~	~ эпиде́мию, ~ конфли́кт
bereiten, verursachen	**причини́ть/причиня́ть** *что?* Akk. *кому? чему?* Dat.
Ärger ~, Kummer ~	~ неприя́тности, ~ го́ре
Das hat uns soviel Ärger bereitet (gebracht)!	Э́то причини́ло нам сто́лько неприя́тностей!
bereiten	доста́вить/доставля́ть *что?* Akk. *кому? чему?* Dat.
viele Probleme ~, Freude ~	~ мно́го пробле́м, ~ ра́дость
Die Weisheitszähne machen mir viele Probleme.	Зу́бы му́дрости доставля́ют мне мно́го пробле́м.
auftreten, entstehen	**возни́кнуть/возника́ть**
aus dem Nichts ~	~ на пусто́м ме́сте
aufgrund ... ~	~ на по́чве *чего?* Gen.
Dadurch entstehen oft Konflikte.	На э́той по́чве ча́сто возника́ют конфли́кты.

Grundlage, Grund, Anlass	**основа́ние** *для чего?* Gen.
auf der ~, dass ...	на основа́нии того́, что ...
Ich habe keinerlei Grund, so zu denken.	У меня́ нет основа́ния так ду́мать.
Wieso (Mit welchem Recht) ...?	На како́м основа́нии ...?
folgen	**после́довать/сле́довать**
nach *jmdm., etw.* ~, auf *etw.*~	~ за *кем? чем?* Instr.
einen Rat befolgen	~ сове́ту
aus *etw.* resultieren	~ *из чего?* Gen.
Auf die wirtschaftliche Krise folgte eine politische.	За экономи́ческим кри́зисом после́довал кри́зис полити́ческий.
Daraus folgt, dass ...	Из э́того сле́дует, что ...
Folge, Ergebnis, Konsequenz	**сле́дствие**
Das Ergebnis der Krise war die Schließung vieler Betriebe.	Сле́дствием кри́зиса ста́ло закры́тие мно́гих предприя́тий.
Folge, Auswirkung	после́дствие
ernsthafte Folgen haben	име́ть серьёзные после́дствия
schwere Folgen nach sich ziehen	повле́чь за собо́й тяжёлые после́дствия
Das kann katastrophale Auswirkungen haben.	Э́то мо́жет привести́ к катастрофи́ческим после́дствиям.
wirken, einwirken	**поде́йствовать/де́йствовать** на *кого? что?* Akk.
positiv ~, negativ ~	положи́тельно ~, отрица́тельно ~
Dieser Vorfall hat auf uns alle unterschiedlich gewirkt.	Э́тот слу́чай на всех нас поде́йствовал по-ра́зному.
Die Medizin hat nicht gewirkt.	Лека́рство не поде́йствовало.
Wirkung (*auch:* Handlung)	**де́йствие**
eine starke (gewaltige) ~, eine schwache ~	си́льное ~, мо́щное ~, сла́бое ~
Neben~, zerstörerische ~	побо́чное ~, разруши́тельное ~
eine ~ haben, ausüben	оказа́ть/ока́зывать ~ на *кого? что?* Akk.
Die Vorwürfe haben keinerlei Wirkung auf ihn gehabt.	Упрёки не оказа́ли на него́ никако́го де́йствия.
Der Reaktorunfall hatte eine zerstörerische Wirkung auf die Natur.	Ава́рия на а́томной ста́нции оказа́ла разруши́тельное возде́йствие на приро́ду.
schlussfolgern, schließen	**сде́лать/де́лать вы́воды** из *чего?* Gen.
Was kann man daraus schließen?	Каки́е из э́того мо́жно сде́лать вы́воды?
beeinflussen	**повлия́ть/влия́ть** на *кого? что?* Akk.
Einfluss, ~ ausüben	влия́ние, оказа́ть/ока́зывать ~
Zweck, Ziel	**цель** *w.*
~ verfolgen	пресле́довать ~
Zu welchem Zweck ...?	С како́й це́лью ...?
damit, um ... zu ..., dass	**что́бы**
mit dem Zweck, dass ...	с це́лью того́, что́бы ...
Die Umweltschützer wollen, dass die Regierung entsprechende Maßnahmen trifft.	Эко́логи хотя́т, что́бы прави́тельство при́няло соотве́тствующие ме́ры.

↗ Umwelt: s. S. 97

Bedingung, Voraussetzung	**усло́вие**
zu unseren Bedingungen	на на́ших усло́виях
unter der ~, dass ...	при усло́вии, что ...
Unter welchen Bedingungen ...?	При каки́х усло́виях ...?
Wir sind zu einer Zusammenarbeit bereit, unter der Bedingung, dass dieser Punkt in den Vertrag aufgenommen wird.	Мы согла́сны сотру́дничать при усло́вии, что э́тот пункт бу́дет включён в догово́р.

Besitzangaben / Облада́ние, нали́чие и принадле́жность

viel, wenig	**мно́го, ма́ло** *кого? чего?* Gen.
~ Zeit, ~ Geld, ~ Kinder	~ вре́мени, ~ де́нег, ~ дете́й
einige	**не́сколько** *кого? чего?* Gen.
~ Stunden, ~ Rubel	~ часо́в, ~ рубле́й
Ich habe ...	**У меня́** (Gen.) **(есть)** ... *кто? что?* Nom.
~ hatte ...	~ был (была́, бы́ло, бы́ли) ~
~ werde ... haben.	~ бу́дет (бу́дут) ~
Heute habe ich Zeit (Geld).	Сего́дня у меня́ есть вре́мя (де́ньги).
Ich habe wenig Zeit (Geld).	У меня́ ма́ло вре́мени (де́нег).
Wir werden viele Kinder haben.	У нас бу́дет мно́го дете́й.
Ich habe keinen (keine, keins)/nicht ...	**У меня́** (Gen.) **нет ...** *кого? чего?* Gen.
~ hatte ~	~ не́ было ~
~ werde ~ haben.	~ не бу́дет ~
Hast du keine Geschwister?	У тебя́ нет бра́та или сестры́?
Früher hatte ich keine Probleme.	Ра́ньше у меня́ не́ было пробле́м.
In der Zukunft wird es solche Krisen nicht geben.	В бу́дущем не бу́дет таки́х кри́зисов.
haben *(oft mit Abstrakta oder Infinitiv)*	**име́ть** *кого? что?* Akk.
Erfolg ~, Bedeutung ~, große Macht ~	~ успе́х, ~ значе́ние, ~ большу́ю вла́сть
Ich möchte (keine) Kinder haben.	Я (не) хочу́ име́ть дете́й.
Ich habe nichts dagegen.	Я не име́ю ничего́ про́тив.
Dafür muss man viel Geld haben.	Для э́того ну́жно име́ть мно́го де́нег.
besitzen, beherrschen	**владе́ть** *кем? чем?* Instr.
Die königliche Familie besaß das Schloss bis 1834.	Короле́вская семья́ владе́ла за́мком до 1834 го́да.
Besitzer(in)	владе́лец, владе́лица
Die Besitzer des Hauses wohnen nicht darin.	Владе́льцы до́ма в нём не живу́т.
über *etw.* **verfügen, sich durch** *etw.* **auszeichnen,**	**облада́ть** *кем? чем?* Instr.
~ Mut ~, ~ eine angenehme Stimme ~	~ му́жеством, ~ прия́тным го́лосом
~ ein attraktives Äußeres ~	~ привлека́тельной вне́шностью
alle Rechte genießen	~ все́ми права́ми
jmdm. **gehören**	**принадлежа́ть** *кому?* Dat.
Die Zukunft gehört den Kindern.	Бу́дущее принадлежи́т де́тям.
Diese Idee hatte mein Freund.	Э́та иде́я принадлежи́т моему́ дру́гу.
Wem gehört das (diese Tasche)?	Это чьё (чья́ су́мка)?

zu *etw.*, *jmdm.* zählen, angehören	принадлежáть к *кому? чему?* Dat.
zur Kategorie der ... ~, der Gruppe ... ~	~ к категóрии ... *Gen.*, ~ к грýппе ... *Gen.*
der Mittelschicht angehören	~ к срéднему клáссу
Dieses Museum gehört zu den zehn besten der Welt.	Э́тот музéй принадлежúт к десятке лýчших музéев мúра.
zu *etw.* gehören, zählen	входúть в числó *кого? чего?* Gen.
Er zählt zu den besten Spielern der Welt.	Он вхóдит в числó лýчших игрокóв мúра.
Ich gehöre nicht zu denjenigen, die ...	Я не вхожý в числó тех, кто ...
Besitz, Eigentum	**имýщество,** собственность *w.*
Immobilien	недвúжимое имýщество
eigen	сóбственный
eigene Meinung	сóбственное мнéние
ein eigenes Auto fahren	éздить на сóбственной машúне
privat	**чáстный**
Privathaus, ~detektiv, ~stunden	~дом, ~ детектúв, чáстные урóки
Vorhandensein	**налúчие**
vorhanden sein	быть в налúчии
anwesend sein, dabei sein	**присýтствовать**
Meine Eltern waren bei der Elternversammlung nicht dabei.	Моú родúтели не присýтствовали на родúтельском собрáнии.
fehlen	**отсýтствовать**
Abwesenheit	отсýтствие
Heute fehlten viele Schüler.	Сегóдня отсýтствовали мнóгие ученикú.
Du warst nicht zu Hause, als ich kam.	Тебя́ нé было дóма, когдá я приходúл(а).
Niemand war zu Hause.	Дóма никогó нé было.
Morgen werde ich nicht zu Hause sein.	Зáвтра меня́ не бýдет дóма.

Stichwortregister

Das Stichwortregister hilft dir beim schnellen Finden von Wörtern zu bestimmten Themen.
Es ist nach Oberbegriffen sortiert.
Suchst du z.B. das russische Wort für „Juni“, musst du unter „Monatsnamen“ nachschauen.

Давайте общаться! – Themenwortschatz Russisch

Autorin: Natalia Maximova

Beratung: Dr. Christina Schindler *Soest*
Astrid Grundmann *Bretnig-Hauswalde*

Redaktion: Kristina Müller

Illustrationen: Roland Beier
Umschlaggestaltung: Ungermeyer. grafische Angelegenheiten, Berlin
Layout und technische Umsetzung: Marina Goldberg

www.cornelsen.de

1. Auflage, 1. Druck 2013

Druck: H. Heenemann, Berlin

ISBN 978-3-06-021075-6

Inhalt gedruckt auf säurefreiem Papier aus nachhaltiger Forstwirtschaft.